TRIZ

김성완 지음

트리즈를
활용한
창의적
문제해결

박영story

본 연구는 2022년도 나사렛대학교
교내연구비 지원으로 이루어졌음

• 머리말 •

　불명확성과 모호함이 가득한 4차 산업혁명시대에 살고 있는 우리 자신이 현명한 삶을 살고자 한다면 그리고 우리 후손들이 참살이well-being하는 삶을 살아갈 수 있도록 도움을 주어야 한다면 문제를 찾아내어 그것을 해결하는 역량을 갖추게 하는 것이 무척이나 중요하다. 작금의 학교교육 교육내용과 평가는 대부분 배운 내용을 얼마나 기억하는가와 연관되어 있다. 그것을 어떤 상황에서 어떻게 활용할 것인지에 대한 고려는 찾기 어려운 시대를 살고 있다. 4차 산업혁명 사회를 이끌어갈 선도자first mover를 길러내기 위해서는 복합적인 문제로 점철되는 일상생활에서 창의적 문제해결능력을 발휘하도록 학습자를 훈련할 필요가 있다.

　우리는 학습자에게 창의적 문제해결능력을 갖추도록 어떻게 교육훈련을 시키고 있는가? 혹시 대학에서는 각 전공과 교양수업에 열심히 참여하다 보면 자연스럽게 학생들의 문제해결능력이 생긴다고 생각하는가? 창의성과 내용지식이 서로 상관관계에 있지만 내용지식을 습득한다고 해서 이것이 창의적 문제해결로 직접 이어지지는 않는다. 따라서 창의적 문제해결능력을 기르기 위해서는 이것을 직접적으로 목적으로 삼는 교육훈련이 필요하다. 창의적 문제해결능력은 어떻게 기를 수 있는가? 해 아래 새것이 없는 것처럼 우리 주변에서 발생하는 문제들을 창의적으로 해결할 수 있는 해결책이 이미 있는 것은 아닐까? 인류가 존재한 이후, 인류의 경험과 지식은 축적되어 왔으며, 선조들의 지혜를 후손들이 이어받아 인류의 삶을 지속발전시켜왔다. 거인 위에 앉은 난쟁이가 거인보다 멀리 내다볼 수 있는 것처럼, 인류의 이전 지식은 새로운 미래를 개척하는 데 엄청난 유익을 제공해 왔다. 혹시, 문제를 창의적으로 해결하는 공통원리가 있다면, 이것을 익혀볼 만하지 않겠는가?

　러시아인 겐리히 알트슐러는 창의적 문제해결을 위한 사고도구인 '트리즈TRIZ'를 개발하였으며, 이것은 문제, 즉 모순의 특성, 종류, 해법에 관한 체계적 지식을 제시하고 있다. 트리즈는 공학, 경영, 교육 등 다양한 분야에서 효과적이고 효율적인 문제해결방법론으로 받아들여지고 있다. 특히, 대학교육에서는 캡스톤디자인과 같은 프로젝트형 수업에서 유익하게 활용되고 있다.

이 책은 총 11장으로 구성되어 있다. 제1장은 4차 산업혁명시대에서의 창의적 문제해결방법론인 트리즈를 소개하고, 디자인씽킹과 6시그마와의 차이점을 제시한다. 제2장부터 제9장까지는 트리즈의 문제해결단계와 단계별 주요 분석도구 및 해결도구를 설명한다. 제2장은 모순의 종류(기술적 모순, 물리적 모순, 관리적 모순)를 설명함으로써 『문제인식』 방법을 다룬다. 또한 문제해결의 이상적 목표인 『이상성』에 대해서 다룬다. 제3장과 제4장은 원인분석을 위한 도구로 기능분석, 트리밍, 자원분석, 근본원인분석, 물질-장 분석, 물질-장 모델에 대해 소개한다. 제5장부터 제9장까지는 40개 발명원리, 분리원리, 기능지향검색, 76가지 표준해결책, S-Curve, 기술진화법칙, 특성전이법, ARIZ 등 트리즈가 제시하는 문제해결안 도출 방법에 대해 다룬다. 제10장은 인문학에서의 문제해결을 위한 트리즈 접근법에 대해서 다루고, 제11장은 비즈니스에서의 문제해결을 위한 트리즈 접근법을 소개한다.

기존에는 교과목을 열심히 배우면 창의적 문제해결능력을 자연스럽게 습득한다는 믿음을 가지고, 문제해결역량을 기르기 위한 직접적인 노력에 관심이 덜했다. 그러나 역량중심의 교육에 대한 관심의 증대와 더불어 4차 산업혁명시대에서의 선도자 육성과정에서 창의적 문제해결역량의 필요성 및 중대성으로 인해, 트리즈는 지금까지 각광을 받아 왔고 앞으로도 그러할 것이다.

"트리즈는 매일매일의 우리 삶, 우리를 둘러싼 사회, 국가, 세계, 더 나아가 우주의 문제를 해결함으로써 이 지구와 인류에게 더 나은 삶을 가져오게 할 것이다."

"새 술은 새 부대에 담아야 한다. 여러분이 새로운 아이디어를 찾기 원한다면 새 부대가 되기 위해 기존의 사고 틀을 과감히 벗어 던져야 한다."

목차

제1장

4차 산업혁명시대와
문제해결을 위한 트리즈

1. 4차 산업혁명과 문제해결역량

우리나라는 2021년 7월 유엔무역개발회의에서 공식적으로 선진국 그룹으로 진입하게 되었다. 그간 중진국으로서 다른 선진국을 모델로 삼아 빠른 추격자fast follower로서의 역할을 매우 잘 수행해 왔다. 지금까지는 선진국을 잘 따라 하기만 하면 되는 국제적 위치였으나, 이제는 선진국으로서 지구상 여타 다른 국가들의 모델이 되어야 하기 때문에 선도자first mover로 자리매김할 것을 요구받고 있다. 이에 따라 창의적 문제해결역량[1]이 강력히 요구되고 있다.

1.1. 창의적 문제해결역량의 필요성

최근 교육계에서 가장 널리 회자되는 핵심어는 '4차 산업혁명'이다. 이 단어가 내포하고 있는 핵심 의미는 VUCA(Volatility, Uncertainty, Complexity, Ambiguity), 즉 변동성, 불확실성, 복잡성, 모호성이다. 시시각각 너무 빠르게 정치, 경제, 사회, 문화, 교육 등의 주변 상황이 변화하고 있기 때문에, 이렇게 규정하기 어려운 세계 속에서 가장 요구되는 능력은 창의적 문제해결역량이라고 할 수 있다. 이전의 교과서적 축적 지식만 가지고는 제대로 변화에 대응할 수 없기 때문이다.

새롭고 적절한 일을 만드는 능력인 창의성(Sternberg & Lubart, 1991)은 문제해결역량과 매우 긴밀한 관계에 있다. 독특하고 새롭고 신선한 '새로움'의 요소뿐만 아니라, 유용하며 가치와 의미가 있어서 주어진 문제를 해결하는 데 '적절성'의 요소를 갖추어야 창의적일 수 있다(송인섭 외, 2013). 즉, 문제를 해결하는 데 있어서 새로움과 적절성이라는 요소를 갖추어야 창의적 문제해결이라고 판단할 수 있는 것이다.

이러한 필요성에도 불구하고, 창의적 문제해결은 심리적 관성, 간학제적 지식 부족, 잘못된 문제설정, 모순해결 회피 등의 요인(김은경, 2016)으로 인해 달성하기 쉽지 않은 것으로 판단되고 있다. 새로운 것을 주저하고 이전에 해왔던 것을 지속해 나가려는 '심리적 관성'psychological inertia으로 인해 자신의 지식과 경험 안에서만 해결책을 찾기 때문이다. 이러한 관습적 사고는 혁신적인 접근에 방해가 된다. 또한 자신의 한정된 지

---

[1] 대다수의 주요 선진국 교육기관과 대학들이 Creative thinking(창의적 사고), Critical thinking(비판적 사고), Communication(의사소통), Collaboration(협업) 등 4Cs를 미래핵심역량으로 제시하고 있다.

식만으로 문제를 해결하고자 함으로 인해 발생하는 '간학제적 지식 부족의 문제'lack of interdisplinary knowledge를 들 수 있다. 삶의 문제는 대부분 답이 명료한 구조적 과제라기보다는 다양하고 복잡한 비구조적 과제이기 때문에, 어느 한 사람의 한 영역 지식보다는 다양한 영역의 지식을 복합적인 문제해결을 위해 통합적으로 활용해야 한다. 진짜 문제가 아닌 겉으로 드러난 문제를 문제해결의 목표로 설정하는 '잘못된 문제설정'도 오류이다. 문제의 근본원인을 찾지 못하면 대증적인 요법과 같은 해결책만이 제시되어 문제를 해결할 수 없게 된다. 모순에 직면했을 때, 이를 해결하고자 하는 태도보다는 '모순을 회피하고자 하는 경향'이 창의적 문제해결을 방해하기도 한다. 이는 자신의 사고에 맞지 않는 현상을 부정하고자 하는 심리이다.

활동 1

연필이나 볼펜으로 백지 위에 물고기를 5번 그려보세요. 물고기의 눈이 어느 방향을 향하고 있나요?

활동 2

4명 또는 5명의 손님이 집에 올 예정이며, 이들이 오기 전 미리 생일 케이크를 잘라 놓아야 한다. 4명이 오든지 5명이 오든지 모두에게 같은 양을 나눠줄 수 있도록 미리 잘라 놓을 수 있는 최소의 조각 수는 몇 개일까? 단, 케이크는 손님만 먹을 수 있고 남은 조각은 없어야 한다.

출처: 신정호(2017) 중에서

활동 3

어린 자녀 2명의 아버지이자 화물트럭 운전사인 A씨는 빗길 과속운전을 자주 하는 편이다. 이 문제를 근본적으로 해결하기 위한 방안을 세워보시오.

활동 4   창의적 문제해결을 방해하는 4가지 주요 요인의 구체적인 사례를 제시하시오.

심리적 관성의 사례	간학제적 지식 부족의 문제 사례
잘못된 문제설정 사례	모순을 회피하고자 하는 사례

1.2. 창의적 문제해결을 위한 방법론

그간 창의적으로 문제를 해결하기 위해 다양한 접근을 시도해 왔다. 대표적으로 디자인씽킹, 6시그마, 트리즈 등이 있다.

1.2.1. 디자인씽킹

디자인씽킹은 1991년 IDEO를 설립한 데이비드 켈리David Kelly가 사업목적으로 창의적 문제해결을 위해 채택하면서 널리 알려지게 되었다. 디자인씽킹의 문제해결 단계는 공감하기emphathize, 문제 정의하기define, 아이디어 도출하기ideate, 프로토타입 만들기prototype, 시험해 보기test 등 5단계로 이루어지며(김성완, 2021), 이것은 스탠퍼드 대학교 d.School에서 사용하는 문제해결 디자인 과정이다.

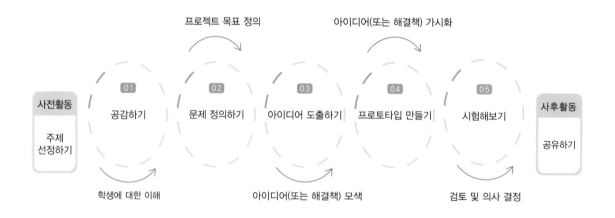

[그림 1-1] 디자인씽킹 문제해결 단계: 스탠퍼드 대학교 d.School

출처: 김성완(2021)

『1단계 공감하기』는 디자이너들이 학습자 또는 사용자들의 입장에서 문제상황을 바라보고 공감하는 과정이다. 이 단계에서는 도전과제를 최대한 단순하게 기술함으로써 도전과제를 정의하고, 사용자여정(경험)지도 또는 공감지도 그리기, 그리고 관련 주제전문가 면담 또는 성공사례 조사를 실시하여 정보를 수집한다. 이외에도 1단계에서는 도전과제 관련한 최신 동향 파악을 실시한다.

『2단계 문제 정의하기』는 공감하기 단계에서 얻은 정보를 토대로 문제해결을 위한 궁극적인 목표를 정한다. 진짜 문제를 찾기 위해서 근본원인분석Root Cause Analysis, 이하 RCA을 실시하기 위한 대표적인 방법으로 5Whys가 있다. 5Whys는 '왜'라는 질문을 반복적으로 묻는 과정에서 근본원인을 찾아가는 분석방법이다.

『3단계 아이디어 도출하기』는 앞 단계에서 도출한 근본문제를 해결하기 위해 창의적인 아이디어를 찾아내는 과정이다. 이 단계에서는 Six Thinking Hats와 같은 브레인스토밍, 무작위단어random word 연상기법, 친밀도 지도affinity diagram 등을 통해 아이디어를 도출한다.

『4단계 프로토타입 만들기』는 아이디어를 시각적으로 표현하는 과정이다. 현 상태의 문제해결 아이디어가 가지는 문제점을 드러낼 목적으로 아이디어를 시각적으로 표현하는 작업을 수행한다. 스토리보딩, 모형화, 다이어그램, 역할극, 9 building blocks 등이 대표적인 프로토타입의 형태이다.

『5단계 시험해 보기』는 프로토타입을 보여주어 피드백을 받고 개선하는 과정이다. 다른 해결책을 찾거나 심화반복 및 정련을 위해 이전 디자인씽킹 단계로 되돌아가서 활동할 수도 있다.

1.2.2. 6시그마

6시그마에는 DMAIC와 DMADV의 방법론이 있다.[2] DMAIC Define Measure Analyze Improve Control는 주로 기존의 프로세스를 향상시키기 위해 쓰이고, DMADV Define Measure Analyze Design Verify는 새로운 제품을 만들거나 예측가능하고 결함이 없는 성능을 내는 디자인을 만들기 위한 목적으로 쓰인다.

DMAIC 방법론은 기본적인 6시그마 방법론으로서 정의하기Define, 측정하기Measure, 분석하기Analyze, 개선하기Improve, 관리하기Control를 거친다.

[그림 1-2] 6시스마 문제해결 단계: DMAIC

『1단계 정의하기』에서는 프로세스의 향상 목적을 규명하며, 『2단계 측정하기』에서는 프로세스의 현재 상태를 측정하고 향후 비교를 위한 연관 데이터를 수집한다. 『3단계 분석하기』에서는 각 요소들 간의 관련성과 인과관계를 밝히며, 『4단계 개선하기』는 프로세스를 향상시키거나 최적화시키는 과정이다. 『5단계 관리하기』는 결함에 영향을 미치는 모든 변수들이 적절하게 관리되고 있는지를 확인한다.

DMADV 방법론은 정의하기Define, 측정하기Measure, 분석하기Analyze, 디자인하기Design, 검증하기Verify를 거친다.

[그림 1-3] **6시그마 문제해결 단계: DMADV**

『1단계 정의하기』에서는 디자인 활동의 목표를 정하며, 『2단계 측정하기』에서는 현 프로세스 능력, 제품의 수준, 위험 수준을 측정하고 어떤 것이 품질에 결정적 영향을 끼치는 요소(CTQs, Criticals to qualities)인지를 밝혀낸다. 『3단계 분석하기』는 디자인 대안, 상위 수준의 디자인 만들기, 그리고 최고의 디자인을 선택하기 위한 디자인 가능성을 평가한다. 『4단계 디자인하기』는 세부사항, 디자인의 최적화, 디자인 검증을 위한 계획을 수립한다. 『5단계 검증하기』는 디자인, 시험 작동, 제품개발 프로세스의 적용과 프로세스 담당자로의 이관 등에 관련된 활동 단계이다.

1.2.3. 디자인씽킹, 6시그마, 트리즈의 차이점 비교

'디자인씽킹'은 트리즈에 비해서 상대적으로 포괄적인 접근의 문제해결 방식이다. 따라서 문제해결을 위한 전문가적인 지식이 없어도 누구나 쉽게 활용할 수 있는 방법론으로서 디자인씽킹은 장점이 있지만, 구체적인 문제해결도구 등 미시적인 차원에서 방법론이 한계를 가진다는 약점이 있다. 이러한 상황을 고려하여, 디자인씽킹과 트리즈 방법론을 통합하여 '트리즈 씽킹'이라는 접근도 가능할 수 있다. 즉, 전체적으로는 디자인씽킹의 단계를 진행하면서, 각 단계에서 부족한 문제해결도구로 트리즈의 분석도구와 문제해결도구들을 적극적으로 도입하여 활용하는 방법이다.

'6시그마'는 '측정하면 개선할 수 있다'는 주장과 사용자의 요구VOC Voice Of Customer를 바탕으로 문제를 해결하고자 하는 방법론, 즉 상황을 측정하고 개선하는 방법론이다. 6시그마는 주어진 조건에서 최적화를 통해 기업의 이익을 극대화시키는 방법인 반면, 트리즈는 주어진 조건의 모순관계를 해결해서 한계를 돌파하는 방법으로, 6시그마의 한계를 극복하게 하는 다른 수준의 방법론이자, 6시그마 문제해결과정에서 사용될 수 있는 유익한 도구로 활용될 수 있다.[3]

2. 트리즈란 무엇인가?

2.1. 트리즈 발명자 및 역사

트리즈(TRIZ, Teoriya Resheniya Izobretatelskikh Zadatch[4])는 구 소련 출신 겐리히 알트슐러Genrich Altshuller에 의해 개발되었다. 트리즈는 발명문제해결이론Theory of Inventive Problem Solving이란 의미를 가진 창의적 문제해결방법론 또는 도구이다. 알트슐러는 1946년부터 해군 특허 파트에서 근무하면서 군 관련 기술 문제를 해결하는 발명에 어떤 공통적인 법칙과 유형이 있음을 인식하고, 1946년부터 1963년까지 약 200만 건의 전 세계 특허 중에서 기술적 모순해결과 관련된 약 22% 정도에 해당하는 제3수준과 제4수준의 특허 4만 건을 분석하여 문제해결에 적용되는 공통적인 규칙성을 체계화하였다(Terninko et al., 1998). 알트슐러는 창조적 발상이 시공간을 넘어 반복적으로 나타난다는 점(문제해결의 규칙성)에 착안해서 개인 차원의 창의성을 시스템 차원으로 승화시켜 방법론화한 것이다.

3　[QR코드] 의 내용을 참조하여 정리함

4　ТРИЗ(Теория(쩨오리아-이론), Решения(레세니아-해결), Изобретательских (이조브레따쨀스키흐-발명), Задач(자다취-문제)의 머리글자를 영어식으로 표현한 것임

[표 1-1] 특허단계와 관련 내용

특허단계	내용	비율	시행착오 방식의 수준	필요지식
1	• 해당 분야에서 누구나 쉽게 도달할 수 있는 해결책 • 발명이라기보다는 실질적 변화가 없는 좁은 확장과 개선 • 해당 분야 전문가들의 익숙한 방법을 이용한 해결책	32	1-10회	개인적 지식
2	• 기존 시스템의 개선 • 해당 산업분야의 지식 이용	45	10-100회	협동적 지식
3	• 모순의 해결, 동일한 기술 분야에서 모순이 해결됨 • 현재 시스템의 획기적 개선	18	100-1,000회	동일 산업 내 지식
4	• 새로운 디자인 개념 제시, 신개념의 시스템 창조 • 해당 산업분야 밖의 지식을 이용하여 모순해결	4	1,000-10,000회	타 산업 내 지식
5	• 해결책이 동시대 과학적 지식 밖에 존재 • 획기적 신개념의 선구자적 발견	1	10,000-100,000회	새로운 과학

출처:

트리즈는 창의적 문제해결을 사고도구 또는 생각하는 방법으로서, 모순상황의 해결을 위한 단초를 제공하는 도구이며 문제의 성질과 종류, 해법에 관한 문제 지식을 정리해 놓은 것이다. 트리즈는 초기 기술적 모순을 해결하기 위해 기술분야를 중심으로 적용되어 왔으며, 이후 비즈니스 모순, 교육적 모순 등을 다루기 위해 경영계와 교육계에서 각각 비즈니스 트리즈, 교육문제해결 트리즈로 확장되어 왔다.

읽어보기　　**겐리히 알트슐러는 누구인가?**

(1924~1998)

- 고등학교 2학년 시절 친구 라파엘 샤피로(R. Shapiro)와 이고르 탈리안스키(Igor Talyansky)와 함께 과산화수소에서 산소를 추출해 내는 장치를 개발하여 특허받음(1943년)

- 해군 특허 파트에서 근무함(1946년)

- 당시 해군에서 보관하고 있던 20만 건의 특허를 읽고 분석해 트리즈의 뼈대가 되는 핵심 이론을 40년대 후반에 완성함

- 소련연방발명자대회에서 발명상을 두 번 받음

– '소비에트연방의 창의적 사고능력 향상을 위한 조언'이라
는 제목으로 스탈린에게 편지를 보냄. 소련 정부는 그를
사회에 불만을 품은 자로 인식해 곧바로 체포했고 25년형
을 선고받아 수용소(굴락)에서 스탈린이 사망할 때까지 5
년간 감금됨

출처:

트리즈 방법론의 역사는 고전 트리즈Classical TRIZ와 현대 트리즈Modern TRIZ로 구분
할 수 있다. 1946년에서 1985년까지 알트슐러의 주도하에 개발된 것을 고전 트리즈,
알트슐러의 제자들과 현대의 트리즈 전문가들이 개발한 것을 현대 트리즈라 부른다.

2.2. 트리즈의 핵심원리

트리즈 시스템은 트리즈 철학, 프로세스, 도구로 구성된다. '트리즈 철학이자 핵심
사상'은 모순을 해결 목표로 삼으며, 자원활용을 극대화하여 이상적인 해결안을 추구
한다는 것이다. 또한 이러한 트리즈 철학을 구체적으로 구현해 내는 과정으로서의 '프
로세스'는 문제인식, 목표설정, 원인분석, 문제해결안 도출, 적용 및 피드백 등 5단계
이루어진다. 이러한 과정에서 사용되는 '도구'로는 분석도구와 해결도구가 있으며, 분
석도구는 현대 트리즈(근본원인분석, 기능분석, 트리밍)와 고전 트리즈(자원분석, 물질-장 분석, 기능
지향검색, 다차원분석)로 구분된다. 해결도구에는 40개 발명원리, 분리원리, 76개 표준해결
책, 기술진화법칙, 아리즈ARIZ, 등이 있다.

[표 1-2] **트리즈 시스템의 핵심원리**

구분		내용
트리즈 철학		이상적인 해결안 추구, 모순해결 목표, 자원활용 극대화
트리즈 프로세스		트리즈 철학을 구체적으로 구현해 내는 과정 문제인식 → 목표설정 → 원인분석 → 문제해결안 도출 → 적용 및 피드백
트리즈 도구	분석도구	현대 트리즈: 근본원인분석, 기능분석, 트리밍 고전 트리즈: 자원분석, 물질-장 분석, 기능지향검색, 다차원 분석
	해결도구	40개 발명원리, 분리원리, 76개 표준해결책, 기술진화법칙, 아리즈 등

일반적으로 사람들은 수많은 시행착오 과정을 통해 문제를 해결하지만 이 방법
은 너무 많은 시간과 노력이 허비되고 만다. 이러한 단점을 극복하고자 트리즈는 아
래 그림과 같이, 특정 현실 문제를 일반화(추상화)하여 문제모델링을 함으로써 일반적
문제로 전환시킨다. 그리고 이 일반 문제모형을 해결하기 위한 해결방안(해결모델)을
찾은 후, 특수화(유추)를 통해 당면 문제를 해결하는 해결책으로 바꾼다(김은경, 2015;
Souchkov, 2007)

[그림 1-4] **트리즈 문제해결 기본 패러다임**

[그림 1-5] **트리즈 문제해결 기본 패러다임 적용 사례: 곱셈공식**

2.3. 트리즈 핵심 구성요소

트리즈의 3대 핵심 구성요소는 모순contradiction, 이상성ideal final result, 이하 IFR, 자원 resources이다. 트리즈에서는 문제의 원인을 '모순'이라 부르며 이상해결책, 즉 이상성으로 가기 위한 해결과제이다. 예를 들어, 노트북이 가벼우면 기능에 한계가 있고, 노트북에 다양한 기능을 탑재하면 휴대하기에 무거워진다. 이상성은 모순, 즉 문제에 대한 이상적 해결방향을 가리킨다. 예를 들어, 노트북은 휴대하기에 매우 가볍고 기능도 좋아야 한다. 자원은 이상성 달성을 목적으로 모순을 해결하기 위해 동원되는 수단을 말한다. 예를 들어, 노트북을 가볍지만 다양한 기능을 가지도록 개발하기 위해서는 노트북 케이스, 내부 부품, 공기 순환 등 다양한 시스템 수준(macro, mezo, micro)을 고려하는 체제적 접근이 요구된다.

3. 트리즈의 문제해결 단계

트리즈의 문제해결 단계는 다음과 같이 크게 다섯 단계로 이루어진다.[5]

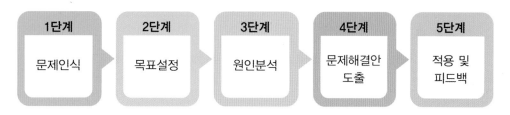

[그림 1-6] **트리즈 문제해결을 위한 주요 5단계**

☐ 문제인식

첫 번째 『문제인식 단계』에서는 문제로서의 '모순contradiction'이 어떤 유형(기술적 모순, 물리적 모순, 관리적 모순)인지를 파악하는 단계이다. 모순의 유형에 따라 다른 문제해결 방안을 적용하기 때문이다. 예를 들어 두루마리 화장지가 두꺼우면 질기지만 분리가 어렵다. 그러나 두께가 얇으면 분리는 쉽지만 견고성이 떨어진다. 이런 문제는 기술적

---

5 저자가 제시한 트리즈 문제해결 5단계는 일반 사람들이 이해하기 너무 복잡한 트리즈 이론을 여타의 기존 문제해결 방법론과 연결 지어 쉽게 이해할 수 있도록 재구조화한 것임

모순에 속한다. 따라서 40개 발명원리와 같은 문제해결방법을 적용한다.

□ 목표설정

두 번째 『목표설정 단계』에서는 원하는 결과로서 '이상성'을 정한다. 예를 들어, '두루마리 화장지를 쉽게 잘라 사용할 수 있다'는 목표를 설정할 수 있다.

□ 원인분석

세 번째 『원인분석 단계』에서는 고전 및 현대 트리즈 분석도구(예. 기능분석, 트리밍, 자원분석, 물질-장 분석, 다차원분석, 기능지향검색 등)를 활용하여 핵심문제를 선정한다. 예를 들어, 두루마리 화장지가 잘 잘리지 않는 근본원인을 찾는다.

□ 문제해결안 도출

네 번째 『문제해결안 도출 단계』에서는 트리즈의 각종 문제해결도구(예. 40개 발명원리, 분리원리, 76개 표준해결책, 기술진화법칙, ARIZ 등)를 활용하여 핵심문제의 해결방안을 도출한다. 예를 들어, 두루마리 화장지가 잘 분리되는 문제해결방안으로 40개 발명원리 중 첫 번째 '분할'원리를 적용하여 '사전에 분리 점선 만들기'를 도출할 수 있다.

□ 적용 및 피드백

다섯 번째 『적용 및 피드백 단계』에서는 도출된 핵심문제 해결방안을 실제 적용하고 현장의 피드백을 받아 수정 및 보완하는 과정이다.

토론

트리즈는 모든 학문계열에서 적용가능한가?

참고문헌

김무웅(2010). 바이오 분야에서의 트리즈(TRIZ) 적용사례 연구. 대전: 생명공학정책연구센터.

김성완(2021). 창의적 문제해결을 위한 디자인씽킹. 서울: 동문사.

김은경(2016). 창의적 공학설계. 서울: 한빛아카데미.

나흥열(2020). 창의적 문제해결의 사고도구로서 트리즈 40가지 발명원리의 활용에 관한 연구. 박사학위청구논문 성균관대학교 기술경영전문대학원.

박양미(2018). 디자인수업에서 트리즈의 모순을 통한 문제해결 적용사례 연구. 기초조형학연구, 19(1), 225-235.

박영택(2019). 결국, 아이디어는 발견이다. 한국능률협회컨설팅.

송인섭, 정미경, 김혜숙, 최지은, 박소연, 이희현(2013). 교육심리학. 서울: 양서원.

Altshuller, G. S., & Shapiro, R. (1956). About technical creativity. *Questions of Psychology, 6,* 37-49.

Souchkov, V. (2007). Breakthrough thinking with TRIZ for business and management: An overview. *ICG Training & Consulting*, 3-12

Sternberg, R. J., & Lubart, T. L. (1991). An investment theory of creativity and its development. *Human Development, 34,* 1-31.

Terninko, J., Zusman A., & Zlotin, B. (1998). *Systematic Innovation: An Introduction to TRIZ.* New York: CRC Press.

제2장

문제인식과 목표설정

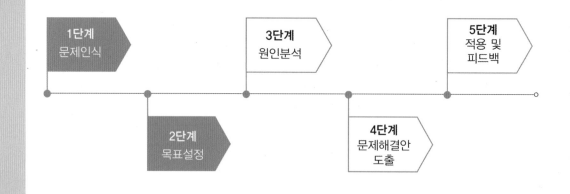

| 학습목표 | 트리즈 기반 문제해결과정 중 『문제인식』 단계와 『목표설정』 단계를 이해하고 적용할 수 있으며 시스템 사고를 이해한다. |

| 주요 학습내용 | 1. 문제인식 단계 이해하고 적용하기: 모순 다루기
2. 목표설정 단계 이해하고 적용하기: 이상성 다루기
3. 시스템 사고 이해하기 |

생각해보기

단짝 친구 네 명이 오랜만에 만났는데 갑자기 소낙비가 내린다. 비를 피할 곳도 마땅치 않은데 우산은 하나밖에 없다. 어떻게 하면 하나의 우산을 사용해서 4명이 비를 피할 수 있을까?

1. 문제인식 단계 이해하고 적용하기: 모순 다루기

트리즈 창의적 문제해결 첫 번째 단계에서는 문제, 즉 모순contradiction을 인식하는 것이다. 트리즈에서는 모순된 상황[1]을 문제상황으로 받아들인다. 알트슐러는 창의적이라고 판단되는 특허 4만여 건을 분석한 결과, 창의성은 모순을 해결 또는 극복하는 것이라는 결론에 이른다. 모순을 극복하는 행위는 매우 쉽지 않기 때문에 창의 활동이 고통스럽기 마련이다. 따라서 많은 사람들이 모순 상태를 해결하기보다는 '회피'하려 한다. 또한 사람들은 모순의 상황에 직면하면 적당히 '타협'하고자 한다. 모순은 기술적 모순technical contradiction, 물리적 모순physical contradiction, 관리적 모순administrative contradiction으로 구분될 수 있다.

1　한때 인기를 끌었던 KBS 프로그램 개그콘서트의 '창과 방패'라는 코너는 모순을 소재로 삼아 이야기를 풀어간다. 예를 들어, 머리는 자고 다리는 움직이는 상황 또는 남성성이 강하기도 하고 때로는 여성성이 강하기도 한 모순 상황을 코미디의 소재로 활용하였다.

1.1. 기술적 모순

기술적 모순은 어떤 특성(A)을 개선하면 다른 특성(B)이 악화되는 특징을 가진다. 즉, 2개의 특성이 충돌하는 상황을 기술적 모순이라고 한다. 예를 들어, 비행기 엔진이 크면 비행기 속도(A)는 개선되지만, 비행기 소음(B)은 악화된다(기술적 모순1, 이하 TC1). 비행기 엔진이 작으면 비행기 소음(B)은 개선되지만, 비행기 속도(A)는 악화된다(기술적 모순2, 이하 TC2). 즉, 비행기 속도(A)와 비행기 소음(B)이 서로 충돌하는 기술적 모순 상황이다.

기술적
모순
발생

TC1: 비행기 엔진이 크면 비행기 속도(A)는 개선되지만 비행기 소음(B)은 악화됨

TC2: 비행기 엔진이 작으면 비행기 소음(B)은 개선되지만 비행기 속도(A)는 악화됨

이상성(IFR)

비행기 속도(A)가 빠르면서도
비행기 소음(B)이 크지 않은 상황
(모순해결)

[그림 2-1] **기술적 모순 사례1: 비행기 속도(A)와 비행기 소음(B)의 충돌**

스마트폰 화면 크기를 크게 하면, 사용성(A)은 개선되지만 휴대성(B)은 악화된다 (TC1). 스마트폰 화면 크기를 작게 하면, 휴대성(A)은 개선되지만 사용성(B)은 악화된다 (TC2).

기술적
모순
발생

TC1: 스마트폰 화면 크기가
크면 사용성(A)은 개선되지만
휴대성(B)은 악화됨

TC2: 스마트폰 화면 크기가
작으면 휴대성(B)은 개선되지만
사용성(A)은 악화됨

이상성(IFR)

화면이 넓어서 사용성(A)이
좋으면서도 휴대성(B)도
좋은 상황(모순해결)

[그림 2-2] **기술적 모순 사례 2: 스마트폰 사용성과 휴대성**

이러한 기술적 모순의 경우, 39가지 기술특성과 모순 매트릭스에 기반[2]해서 40가지 발명원리를 활용하여 문제를 해결할 수 있다.

1.2. 물리적 모순

물리적 모순은 하나의 특성이 가지는 2개의 상반된 값들이 서로 상충하는 문제상황이다. 예를 들어, 비행기 바퀴가 있으면(+) 안전한 이착륙은 가능하지만 비행기의 무게를 증가시키고 공기의 저항을 일으켜 속도를 감속시킨다. 비행기 바퀴가 없으면(-) 속도는 개선되지만 안전한 이륙과 착륙이 불가능하다. 즉, 비행기 바퀴는 있기도(+) 하고 없기도(-) 해야 한다. 이 상황에서는 비행기 바퀴라는 특성 또는 변수가 서로 상충

---

2   제3장 참조

한다. 이러한 물리적 모순의 상황에서는 '시간분리의 원리'를 활용하여, 이착륙할 때는 바퀴를 사용하고, 비행할 때는 바퀴를 접어 비행기 안으로 넣는 해결방법이 있다.

| 비행기 이착륙 시, 안전성을 위해 바퀴가 있어야(+) 함 | 비행 시 공기저항을 줄여 속도를 높이기 위해서는 바퀴는 접어서 비행체 내에 두어야 함(−) |

[그림 2-3] **물리적 모순 사례**

물리적 모순은 아래의 모순상황 도식에서 보는 바와 같이 기술적 모순과 서로 긴밀한 관계를 가진다. 최종목표(이상성)는 모순상황(TC1, TC2)의 장점을 얻게 되는 상태(예. 비행기의 안정성이 개선되고 비행기의 속도도 개선되는 상태)를 의미한다.

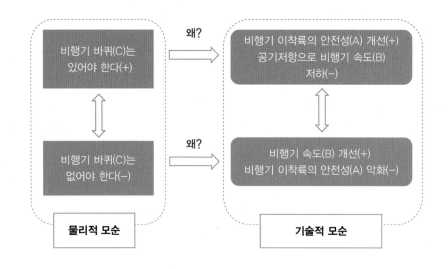

[그림 2-4] **물리적 모순과 기술적 모순의 관계 모형화**

활동 1   **밥솥 온도의 딜레마**

아래의 상황을 읽고, 이 문제상황을 모형화해서 제시하시오.

1980년대에는 전기밥솥으로 맛있는 밥을 짓기가 어려웠다. 밥을 빨리 맛있게 지으려면 고온으로 가열해야 하지만, 높은 온도로 인해 물이 밖으로 빠르게 증발해버려 밥이 퍼석거리게 되는 부작용을 낳았기 때문이다. 그렇다고 저온에서 가열하면 쌀알이 잘 익지 않거나 익히는 데 꽤 시간이 걸린다. 온도를 올려야 할까, 내려야 할까?

출처:

1.3. 관리적 모순

관리적 모순administrative contradiction은 문제해결을 위해 무엇인가를 해야 하지만 하지 못하는 상태이다. 예를 들어, 얇은 사각유리의 모서리를 연마해야 하는데, 힘을 조금만 세게 가하면 유리가 깨진다. 이를 해결하기 위해서 연마 속도를 매우 낮추어 작업하면 생산품질은 높아지고 생산성은 낮아진다. 결국 문제를 해결하지 못하는 상황이다. 생산품질을 높이면(+) 생산성은 낮아지고(-), 생산성을 높이면(+), 생산품질은 낮아지는(-) 모순이 발생한다. 이 사례의 경우, 생산품질과 생산성이라는 두 가지 변인이 서로 충돌하는 기술적 모순이 도출되고 이를 해결하기 위해 '40가지 발명원리'를 활용한다. 기술적 모순은 물리적 모순으로 이어져 이를 해결해야 하는 상황에 마주하게 된다. 즉, 생산품질을 높이기 위해 유리 연마 속도를 낮추기도 하면서, 생산성을 높이기 위해 유리 연마 속도를 높이기도 해야 하는 물리적 모순에 처하게 된다.

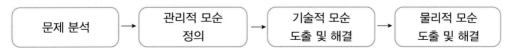

[그림 2-5] 관리적 모순, 기술적 모순, 물리적 모순의 관계

2. 목표설정 단계 이해하고 적용하기: 이상성 다루기

창의적 문제해결방법론인 트리즈는 모순을 해결하기 위해 문제를 인식한 후, 모순이 완전히 해결된 상태, 즉 '목표설정'이 필요하다. 트리즈에서 최종 달성하고자 하는 문제해결의 이상적인 목표를 이상성Ideal Final Result, 이후 IFR이라고 말한다. 알트슐러Altshuller와 샤피로Shapiro가 1950년대 제안한 '이상성'은 문제상황을 극복하고 원하는 특성이 모두 충족된 상태이다. 기능을 수행하는 기술시스템technical system이 없으면서도 원하는 기능이 수행되는 상태를 이상성이라고 말할 수 있다. 기술시스템이 이상성에 도달하면 공간을 차지하지 않으면서 에너지를 소모하지 않으며, 그 기능은 수행된다. 모든 기술시스템은 이상성을 달성해야만 효과적이고 경제적으로 발전할 수 있다. 원하는 결과를 얻기 위해서는 기술시스템과 도구tool가 필요하다.

이상성은 유해한 작용이 제거되거나 비용이 완전히 제거된 상태로 원하는 결과가 완전히 실현된 상태이다. 기존 제품에 새로운 기능을 추가하고 싶을 때 새로운 기능을 수행할 장치 또는 방법을 고민한다. 트리즈 문제해결방법론은 추가되는 장치나 방법 없이 기존의 것만으로 새로운 기능을 수행할 수 있는 방법에 초점을 맞춘다. 즉, 가격이 저렴해지고 구조가 단순해지고 부피도 작아지고 신뢰성은 높아지고 에너지 사용량은 줄어드는 방향으로 개선되고 있는지를 분석한다. 이상성은 문제해결의 방향을 제시해 준다.

이상성은 비용cost과 기능functionality의 함수로 표현할 수 있다. 트리즈의 최종 목표는 유해한 작용(예. 공간, 시스템의 소비연료, 시스템이 만드는 소음과 폐기물 등)이 0이 되고 유익한 작용이 작동됨으로써 이상성이 무한대가 되는 것이다.

이상성을 정의하기 위해서는 모순을 정의해야 하며, 모순을 정의하는 데 있어서 다이아몬드 모델([그림 2-6])을 활용하는 것이 유익하다. 앞서 언급된 비행기의 바퀴 사례를 다시 생각해 보자.

[표 2-1] 비행기 바퀴 관련 물리적 모순과 기술적 모순

구분	내용
기술적 모순	비행기 바퀴가 있으면 이착륙이 가능(안전성+)하지만 공기저항으로 인해 고속비행(비행속도-)이 어렵다. 그러나 비행기 바퀴가 없으면 공기저항이 줄어 고속비행(비행속도+)이 가능하지만 이착륙이 불가(안전성-)하다.
물리적 모순	비행기 바퀴가 있기도(+) 하고 없기도(-) 해야 한다.

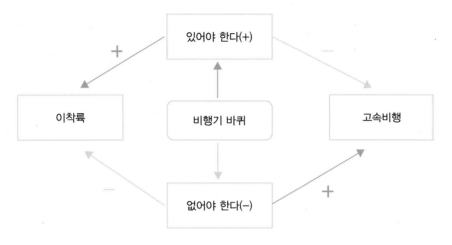

[그림 2-6] **모순정의를 위한 다이어몬드 모델링 사례**

이러한 모순상황을 극복한 이상성은 다음과 같이 기술될 수 있다.

- 비행기 바퀴가 있을지라도, 고속비행이 만족되는 상태
- 비행기 바퀴가 없을지라도, 이착륙이 만족되는 상태

위 그림에서 부정적 영향(-)을 해소할 때, 이상성에 도달할 수 있다.

활동 2

주변 모순상황을 하나 선정하여 다이아몬드 모델로 기술해 보세요.

2단계 목표설정

3. 시스템 사고 이해하기

　문제해결을 통한 혁신의 가장 좋은 전략은 시스템[3]적 접근systems approach이다. 우리 주변 현실의 문제는 다양한 요소들이 통합적으로 작용하기 때문에 매우 복합적인 특성을 가진다. 따라서 어떤 문제를 해결하고 현 문제상황을 혁신하고자 한다면, 각 시스템 수준을 고려하는 것이 중요하다. 시스템 수준은 크게 거시수준macro, 중간수준meso, 미시수준micro으로 구분할 수 있다. 거시수준은 철학, 정책, 제도 등 환경(조직환경서비스 시스템, 조직서비스 시스템), 중간수준은 프로그램(프로그램서비스 시스템), 미시수준은 개인(참여자 서비스시스템)이 포함된다.

구분		투입 참여경험	과정 학습경험	산출 가치경험
거시수준 (환경)	조직환경서비스 시스템	정책 지역사회와 국가 자원 인프라 정책수립 및 결정에의 참여	파트너십 계획과 실천 체계적이고 현장중심적인 교육지원시스템	정책효과성 인프라 네트워크 긍정적 네트워크 (기관 평판, 만족감 등)
	조직서비스 시스템	구조, 리더십, 전략, 자원(시설), 문화 교육철학 수립, 시설운영 등에 대한 참여	행정, 관리지원시스템 (LMS 포함) 감동적이고 합리적이며 인상적인 교육환경	교육성과 (졸업, 취업, 진학, 자격, 이수) 긍정적 소속감, 동질감, 조직몰입 교육지원역량
중간수준 (프로그램)	프로그램서비스 시스템	교육목표, 교육과정, 수업계획서, 요구분석 교육목표, 교육과정, 수업계획 수립에 대한 참여	수업설계, 개발, 운영 유익한 교육 및 훈련프로그램, 기억에 남고 유용한 수업	프로그램효과성 (만족도, 성취도, 전이, 활용도) 핵심역량 (또는 직무능력) 학습의 질
미시수준 (개인)	참여자서비스 시스템	동기, 사전지식 및 기능 동기증진을 위한 생활지도 및 상담에의 참여	동기증진서비스, 교사-학생 상호관계 참여, 협력, 몰입 학습몰입	행동변화 긍정적 수업참여 의지, 교수역량

[그림 2-7] 시스템 수준을 고려한 교육시스템 분석 사례(김성완, 2019)

3　시스템system은 그리스어 'systema', 즉 sy(함께) + stema(두다)의 합성어로서, 각 구성요소들이 긴밀한 상호관계 속에 있는 상태를 의미한다. 즉, 특정목적을 달성하기 위한 관련 구성요소의 상호작용 집합체이다. 시스템은 상위시스템, 하위시스템을 가진다. 예를 들어, 단위학교(시스템)는 상위시스템으로 교육청, 하위시스템으로 교사와 직원 등이 있다. 또한 교육청은 상위시스템인 교육부의 하위시스템이 된다.

대부분의 사람들은 문제해결을 위해 단편적인 접근piecemeal approach을 취하기 때문에 문제해결에 실패하든지 근본적으로 문제를 해결하지 못하는 시행착오를 겪게 된다. 시스템적인 접근을 통해 복합적인 현실 문제에 통합적 다각적으로 접근할 때, 온전히 해결될 가능성을 높이게 된다. 예를 들어, 대학교수들의 새로운 교수법 수행역량을 높이기 위해 신교수법 프로그램(프로그램 서비스시스템) 제공만으로 교수자의 참여를 높여 교육적 성과를 도출할 수 있는 것은 아니다. 교수자들이 적극적으로 참여할 수 있도록 교수업적규정을 변경하여 인센티브를 제공하는 거시적 수준의 행·재정적 지원, 미시적 수준의 교수자 참여 동기 유도와 함께 고려되어야 한다.

트리즈는 문제를 해결하는 데 있어서 이러한 시스템적 접근을 취한다. 대상을 과학적 기계론적 시각으로 바라보던 패러다임으로부터 유기체적 통합적 시각으로 바라보는 패러다임에 기초해 있다. 이는 트리즈가 기계적 사고에서 벗어나 시스템적 사고를 지원하는 방법론으로 유익한 역할을 할 수 있을 것으로 기대되는 이유이다. 통합적 패러다임은 전체를 나누지 않고 통합성, 전체성, 질적 발달 등을 기초로 실재를 이해하려고 시도한다. 모순(문제)을 근본적으로 해결하기 위해서는 국소적인 문제를 각각 해결하고자 하는 접근법에서 벗어나 복잡계complex system에 속하는 문제 전체에 대한 해결에 초점을 두는 시스템적 접근이 필히 요구된다. 초·중·고등교육 및 대학교육이 실제 삶을 단순화해서 교과서 속에서 넣어 다루기 때문에 현실의 삶과 지식이 괴리되고 지식의 전이가 되지 않고 있다. 교육시스템의 혁신을 위해서도 시스템적 접근이 필요한 이유이다. 시스템 접근은 상향식 접근이 요구되기 때문에 학습자 참여 중심의 활동이 이루어질 수 있는 문제기반 교수학습 환경을 제공하는 전략을 수립하는 데 있어서 매우 유익하다.

4차 산업혁명은 경계를 넘어서 모든 범위에서의 융복합과 초연결주의를 통한 시스템 사고Systems thinking를 기반으로 한다. 기계론적이고 환원주의reductionism적인 사고방식으로는 세계화와 초연결주의 시대의 변화와 흐름을 따라가지 못한다. 4차 산업혁명시대에 선도적 역할을 하려면 시스템 사고가 필요하다. 시스템 사고는 시스템과 그 시스템을 구성하는 하위요소들에 대한 인식, 시스템 내의 상호작용에 대한 인식, 시스템의 역동성과 시간에 따른 변화를 직관적으로 파악하고 향후 시스템의 변화를 성공적으로 예측할 수 있는 고등사고능력이다(이효녕 외, 2018; [표 2-2] 참조). 시스템 사고는 문제상황을 이해하고 다양한 주변 환경과의 상호작용을 통해 목표달성을 도와주는 사고능력, 역동적 사고, 인과관계 파악, 시스템에서 원인을 생각하는 사고, 전체를 바라보는 능력, 피드백 사고, 시스템 내의 저장과 흐름을 파악하는 것을 의미한다(Bez-zvietal 등, 2005, 2009, 2010; Checkland, 1981; Ossimitz, 2000; Richmond, 2000). 시스템 사고는 연결성connectedness, 관계relationship, 맥락context에서 이루어지는 사고이며 거시적, 통합적, 상호소통적이라는 특징을 가진다.

[표 2-2] 시스템 사고에 대한 다양한 정의와 특징

연구자	정의와 특징
Checkland(1981)	문제상황을 이해하고 다양한 주변 환경과의 상호작용을 통해 목표달성이 가능하도록 도와주는 사고능력
Bez-Zvi 등 (2005, 2009, 2010)	• 시스템 내 구성요소를 식별하는 능력, 시스템 구성요소 간의 관계를 식별하는 능력 • 관계 내에서 시스템 구성요소와 과정을 조직하는 능력 • 일반화 능력 • 시스템 내의 동적 관계를 식별하는 능력, 시스템 내의 숨겨진 차원을 파악하는 능력, 시스템 내의 주기성을 이해하는 능력 등
Stave 등 (2007)	• 시스템 내의 요소들이 이동하는 과정 또는 이동된 요소들의 위치 파악 • 서로 떨어진 하위요소들 사이의 체계성 파악 • 시스템의 주기적인 특성 이해, 시스템의 감추어진 부분을 인식하거나 시간지연을 인식하는 것
Richmond(2000)	• 역동적 사고 • 인과관계 파악 • 시스템에서 원인을 생각하는 사고 • 전체를 바라보는 능력 • 피드백 사고 • 시스템 내의 저장과 흐름을 파악하는 것
Ossimitz(2000)	• 모델 안에서의 사고 • 피드백 사고 • 역동적 사고 • 사고의 조정

출처: 이효녕 외 (2018), 5쪽 내용 수정 및 보완.

　　이러한 시스템적 접근을 취하게 되면, 더 큰 사회체제에 개방적으로 적응함으로써 문제의 복잡성을 인식하고 그 복잡성의 문제를 이해하고 다룰 수 있는 문제인식 틀을 가지게 된다. 네트워크 시대의 유기체들은 생태학적 공동체의 일원이자 하나의 복잡한 생태계로서, 전체의 기능에 조화롭게 통합된다. 상당한 자율성을 가진 더 작은 유기체들이 그 내부에 있다. Arnold와 Wade(2015)는 '상호연결성', '동적 행태의 이해', '시스템 구조', '부분이 아닌 전체로서의 시스템', 이상 4가지를 시스템 사고의 공통요소로 도출하였으며, 시스템 사고를, '시스템을 식별하고 이해하는 능력을 향상시키고, 그들의 행태를 예측하며, 원하는 결과를 만들어내기 위해 시스템을 수정하는 데 사용되는 분석 기술들의 집합'으로 정의하였다. 그들은 시스템 사고의 구체적 내용을 상호연결의 인식, 피드백의 식별과 이해, 시스템 구조의 이해, 저량Stock 유량Flow 변수의 구별, 비선형 관계의 식별과 이해, 동적 행태Dynamic Behavior의 이해, 개념적 시스템 모델링을 통한 복잡성 감소, 다양한 규모의 시스템의 이해 등 8가지를 제시하였다. 이러한 시스템적 접근을 하게 되면, 동일한 목적을 위해 함께 작동하는 시스템의 요소들이 분리되어 작동하는 것보다 더 많은 것을 성취하게 된다(Jonassen, 2006).

토론

트리즈는 어떤 측면에서 시스템적 접근을 취하는가?

참고문헌

김상욱(2018). 시스템 사고와 창의. 충북: 충북대학교 출판부.

김성완, 백평구, 홍정순, 장환영(2019). 교육서비스컨설팅은 교육혁신을 위한 새로운 길이 될 수 있는가?. 기업교육과인재연구, 21(4), 1-17.

이효녕, 전재돈, 이현동(2018). 학생들의 시스템 사고 수준 측정을 위한 Framework와 Rubric의 개발. 한국과학교육학회지, 38(3), 355-367.

Arnald. R. D., & Wade. J. P. (2015). A Definition of Systems Thinking: A Systems Approach. *Procedia Computer Science, 44*, 669-678.

Ben-Zvi Assaraf, O., & Orion, N. (2005a). Development of System Thinking Skills in the Context of Earth System Education. *Journal of Research in Science Teaching, 42*(5), 518-560.

Ben-Zvi Assaraf, O., & Orion, N. (2005b). A Study of Junior High Students'Perceptions of the water cycle. *Journal of Geoscience Education, 53*(4), 366-373.

Ben-Zvi Assaraf, O., & Orion, N. (2009). A Design Based Research of an Earth Systems Based Environmental Curriculum. *Eurasia Journal of Mathematics, Science & Technology Education, 5*(1), 47-62.

Ben-Zvi Assaraf, O., & Orion, N. (2010). Four Case Studies, Six Years Later: Developing System Thinking Skills in Junior High School and Sustaining Them over Time. *Journal of Research in Science Teaching, 47*(10), 1253-1280.

Checkland, P. (1981). *Systems thinking, systems practice.* Chichester: John Wiley & Son Ltd.

Jonassen, D. H. (2006). *Modeling with technology: Mindtools for conceptual change.* Prentice Hall.

Maani, K., & Cavana, R. Y. (2007). *Systems thinking, system dynamics: Managing change and complexity.* Prentice Hall.

Ossimitz, G. (2000). Teaching system dynamics and systems thinking in Austria and Germany. In P. Davidsen, D. N. Ford & A. N. Mashayekhi (Eds.), *Proceedings of the 18th International Conference System Dynamics Society_2000_*4p.pdf.

Richmond, B. (1993). Systems thinking: critical thinking skills for the 1990s and beyond. *System Dynamics Review, 9,* 113-133.

Sibley, D., Anderson, C., Heidemann, M., Merrill, J., Parker, J., & Szymanski, D. (2007). Box Diagrams to Assess Students' Systems thinking about the Rock, Water and Carbon Cycle. *Journal of Geoscience Education, 55*(2), 138-146.

Stave, K., & Hopper, M. (2007). What Constitutes Systems Thinking? A Proposed Taxonomy. *Proceedings of the 25th International Conference of the System Dynamics Society.* Boston, MA, July 29-August 3, 2007.

제3장

원인분석:

기능분석, 트리밍, 자원분석

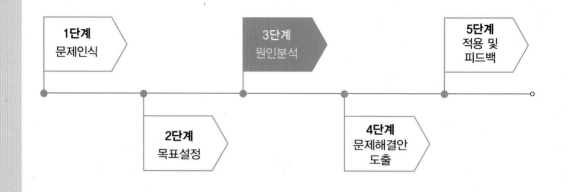

| 1단계 문제인식 | 3단계 원인분석 | 5단계 적용 및 피드백 |
| 2단계 목표설정 | 4단계 문제해결안 도출 |

학습목표

트리즈 기반 문제해결과정 중 『원인분석』 단계
(기능분석, 트리밍, 자원분석)를 이해하고 적용할 수 있다.

주요 학습내용

1. 기능분석 이해하고 적용하기
2. 트리밍 이해하고 적용하기
3. 자원분석 이해하고 적용하기

모순(문제)을 해결하기 위한 다음 단계는 '원인분석' 단계이다. 트리즈는 문제의 원인을 분석하기 위한 대표적인 도구로 '기능분석functional analysis', '트리밍trimming', '자원분석', 다차원분석, 근본원인분석, 물질-장 분석, 기능지향검색function oriented search, 이하 FOS 등이 있다. 이 장에서는 기능분석, 트리밍, 자원분석에 대해서 먼저 다루고자 한다.

1. 기능분석[1] 이해하고 적용하기

문제의 원인을 통합적이고 시스템적으로 찾아내기 위해서는 기능을 수행하는 기술시스템에 대한 이해가 필요하다. 기술시스템은 기능function을 수행하도록 설계된 시스템(도구)이다. 예를 들어, 길가의 돌멩이는 시스템이라고 할 수 있지만 기술시스템은 아니다. 그러나 돌멩이를 나무에 묶어 망치로 사용하는 경우, 기술시스템이 된다. 즉, 기술시스템은 물질이나 장field 또는 물질과 장의 조합으로 구성된다.

돌멩이: 시스템

돌도끼: 기술시스템

[그림 3-1] 시스템과 기술시스템

기술시스템은 엔진engine, 전달transmission, 도구tool, 통제control unit로 구성된다. 다음 그림에서 보는 바와 같이, 기술시스템은 에너지로 시작되며 엔진과 전달체를 통해 도구가 대상object에 행위(기능)를 수행하게 된다. 그리고 이 행위는 통제시스템에 의해 제어될 수 있다.

---

1 기능분석은 문제현상과 관련된 기술시스템과 상위시스템을 구성하는 요소들의 기능, 특성, 비용 등을 분석하는 방법론이다.

3단계 원인분석

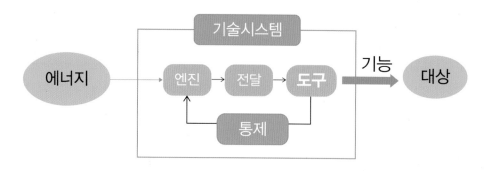

[그림 3-2] **기술시스템 구성**

기능은 주체가 되는 도구가 대상이 되는 객체에 수행하는 작용을 의미한다. 즉, 기능이란 원하는 결과wanted result 또는 이상성을 얻기 위해서 대상의 속성을 변화시키는 행위를 말한다. 기능으로 인정되기 위해서는 대상의 속성이 직접적으로 변화되거나 유지되어야 한다. 예를 들어, 진공청소기(롤러 브러시)와 망치의 기능은 다음과 같이 각각 정의될 수 있다.[2]

사례1. 진공청소기(롤러 브러시)(주어, 도구)는 먼지(목적어, 대상)를 제거한다(동사)

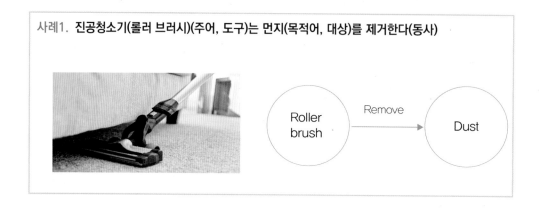

---

2 기능을 정의할 때, 다음 사항을 고려해야 한다. 첫째, 기능을 수행하는 도구tool는 대상object과 직접적인 상호작용을 해야 한다. 예를 들어, '프로펠러 비행기의 프로펠러 기능은 비행기를 이동시키는 것이다.'라는 표현보다는 '프로펠러 기능은 공기를 뒤로 밀어내는 것이다.'로 기술하는 것이 타당하다. 즉, 대상은 도구에 의해 직접적으로 제어가 되어야 한다. 둘째, 기능은 기술시스템을 구성하는 물리적 요소(물질, 장) 간의 상호작용이어야 한다. 예를 들어, '공기청정기는 환경을 쾌적하게 한다.'로 표현하기보다는 '공기청정기는 공기를 정화한다.'라는 표현을 사용하는 것이 좋다. 즉, 물질(또는 장) 간의 주고받는 기능(예. 공기 정화)과 기능의 결과로 나타나는 특성값(예. 환경 쾌적화)을 구분해서 기능정의를 해야 한다.

* 출처: TRIZ Level 3 인증과정 교재, 92-93쪽 수정보완함

사례2. 망치(주어, 도구)는 못(목적어, 대상)을 박는다(동사)

망치 —때리기→ 못

활동 1

기술시스템(도구)을 1개 선정한 후, [그림 3-2]와 같이 해당 기술시스템의 구성요소를 표현해 보시오.

지금부터는 문제원인을 분석하기 위해 본격적으로 기능분석functional analysis에 대해서 살펴볼 것이다. 기능분석은 기술시스템(시스템)과 상위시스템을 구성하는 요소들 간의 상호작용을 기능관점에서 분석하는 기법이다. 기능분석은 구성요소 분석component analysis, 상호작용 분석interaction analysis, 기능모델링function modeling 등 3단계로 실행된다.

1.1. 구성요소 분석

구성요소 분석은 기술시스템(시스템)engineering system을 구성하는 요소와 상위시스템 요소를 분석한다. 기술시스템의 구성요소system component는 문제해결과정에서 설계 변경과 제어가 가능하다. 예를 들어, 기술시스템 '진공청소기 플로어 헤드'electric floor head의 구성요소에는 모터 팬, 클리닝 롤러 브러시, 배터리 팩, 메탈 튜브 등이 있다. 상위시스템의 구성요소는 기술시스템 외부에 존재하며 설계 변경과 제어가 어렵고 기술시스템과 상호작용하는 특징을 가진다. 진공청소기의 경우, 전기에너지, 공기, 먼지 등이 상위시스템에 속한다.

System Level	Detail	
Supersystem Component	Electrical energy Dust (Target) Air	
Engineering System	Electric floor head	
System Component	Motor Fan Cleaning rollbrush Battery Pack Metal Tube	

[그림 3-3] 시스템 구성요소 분석 사례: 진공청소기

활동 2

기술시스템(도구)을 1개 선정한 후, 시스템 수준을 고려하여 시스템 구성요소 분석을 실행하시오.

시스템 수준	내용
상위시스템 구성요소	
기술시스템	
시스템 구성요소	

1.2. 상호작용 분석

상호작용 분석interaction analysis은 상위시스템 구성요소와 시스템 구성요소들 간의 상호작용을 분석한다. 가로축(X축)과 세로축(Y축)에 상위시스템 구성요소와 시스템 구성요소들을 나열하고 각 구성요소 간 상호작용이 존재하는지 여부를 +와 -로 표기한다.

이후, 상호작용이 존재하지 않는 요소는 제거한다.

Vacuum Cleaner	Electrical energy	Dust	Air	Motor	Fan	Cleaning rollbrush	Battery pack	Metal tube
Electrical energy	0	+	+	+	+	+	+	−
Dust	+	0	+	+	+	+	−	+
Air	+	+	0	+	+	+	−	+
Motor	+	+	+	0	+	+	+	−
Fan	+	+	+	+	0	+	+	+
Cleaning rollbrush	+	+	+	+	+	0	−	−
Battery pack	+	−	−	+	+	−	0	−
Metal tube	−	+	+	−	+	−	−	0

[그림 3-4] 상호작용 분석 사례: 진공청소기

활동 3

[활동 2]에서 수행한 시스템 구성요소 분석 결과를 바탕으로 상호작용 분석을 실행하시오.

기술시스템							

1.3. 기능모델링

기능모델링function modeling은 각 요소들의 기능(주기능, 기본기능[3], 보조기능[4], 추가기능[5])을 표현하는 것으로 도구와 대상 간의 관계를 나타내는 기능의 유용함과 유해함을 평가한 후, 표현한다.

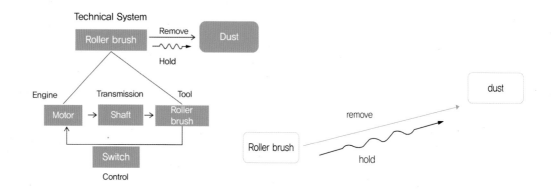

[그림 3-5] **주기능 분석 사례: 진공청소기**

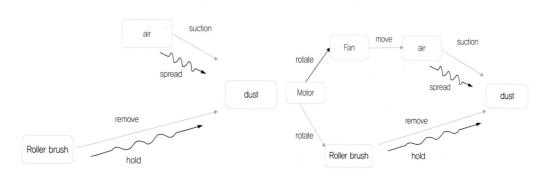

[그림 3-6] **기본기능 분석 사례: 진공청소기**   [그림 3-7] **보조기능 분석 사례: 진공청소기**

기능분석의 역할은 모순을 체계적으로 표현해 내기 위한 것으로 볼 수 있다. 다음 그림에서 보는 바와 같이 유익한 기능과 유해한 기능이 공존하는 영역(예. 진공청소기 롤러 브러시는 먼지를 제거하기도 하고 붙잡아 두기도 한다)에서 모순을 도출한다.

---

3   기본기능basic function은 주기능 외에 목표물object, target을 대상으로 하는 유익한 기능이다.

4   보조기능은 기본기능을 도와주는 기능으로 불충분, 충분, 과도 수준을 정의해 주는 기능을 보조기능이라고 한다.

5   시스템 구성요소가 상위시스템 요소에 수행하는 기능을 추가기능이라고 한다.

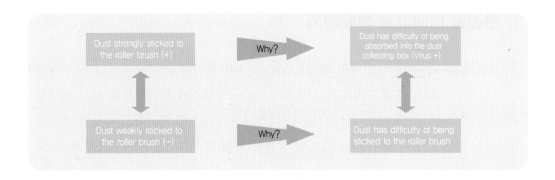

	Parameter(IF)	Characteristics to be better (A) (THEN)	Characteristics to be worse (B) (BUT)
TC1	Dust strongly sticked to the roller brush (+)	Dust well sticked	Dust not absorbed to the dust collecting box
TC2	Dust weakly sticked to the roller brush (−)	Dust well absorbed to the dust collecting box	Dust not sticked

[그림 3-8] **문제현상 유추분석**

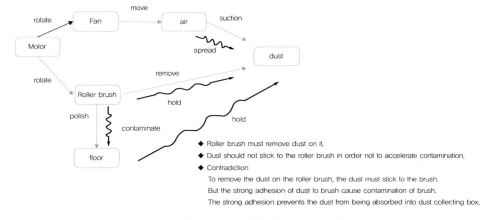

[그림 3-9] **기능모델링 완성 사례: 진공청소기**

3단계 원인분석

활동 4

[활동 2]와 [활동 3]에서 수행한 시스템 구성요소 분석, 상호작용 분석 결과를 바탕으로 기능모델링을 실행하시오.

2. 트리밍 이해하고 적용하기

트리밍trimming은 기능모델의 특정요소operation를 제거하고 제거된 요소가 수행하던 유익한 기능을 시스템 구성요소나 상위시스템 구성요소에 위임하도록 설계 변경을 유도하는 문제분석도구이다. 즉, 트리밍은 과정의 특정요소를 제거하고 유용한 기능을 남아있는 다른 작동에 전이한다. 트리밍 과정을 통해 특정요소를 제거함으로써 그 요소가 수행했던 기능이 새로운 문제로 정의되게 된다. 트리밍은 유익 기능과 유해 기능을 함께 수행하는 갈등요소를 해결하는 데 유용하게 활용된다. 따라서 트리밍은 과정의 비용을 절감하고 가치를 증가시키는 데 기여한다. 트리밍이 적용되어 가치가 높아진 사례로는 무선 이어폰, 바람개비 없는 선풍기, 테없는 안경 등이 있다.

| 무선 이어폰 | 바람개비 없는 선풍기 | 테없는 안경 |

[그림 3-10] **트리밍 산출물 사례**

과정에서의 유용한 기능은 크게 생산적 기능, 제공기능, 수정기능 등 세 가지로 분류할 수 있다. 생산적 기능productive function은 비가역적 변화를 유발하는 기능으로, 예를 들어 딸기를 활용해서 잼을 만드는 과정은 비가역적 과정이다. 제공기능providing function은 다른 유용한 기능을 수행하는 데 도움을 제공하는 기능으로서, 일시적 물질 상태를 변경하는 지원기능supporting function, 물질을 이동시키고 좌표를 변경하는 전송기능transport function, 매개변수에 대한 정보를 제공하는 측정기능measurement function으로 구성된다. 수정기능corrective function은 결함을 제거하기 위한 기능이다.

[표 3-1] **기능유형**

구 분		주요 내용	예
생산적 기능		비가역적 변화를 유발하는 기능	딸기잼 만들기
제공기능	지원기능	일시적 물질 상태를 변경하는 기능	면을 건조시켜 건면 만들기
	전송기능	물질을 이동시키고 좌표를 변경하는 기능	포드자동차 컨베이어벨트식 생산
	측정기능	매개변수에 대한 정보를 제공하는 기능	물 온도에 따라 잔의 색깔 변경
수정기능		결함을 제거하기 위한 기능	

　트리밍의 수행순서는 다음과 같다. 첫째, 트리밍 대상을 선정한다. 문제해결의 목표(예. 미관상 단순화)에 맞는 제거 요소를 선정한다. 둘째, 문제가 되는 요소를 제거하고 2차 문제, 즉 기능이 없어졌다는 문제를 정의한다. 셋째, 트리밍 규칙(A,B,C)([그림 3-11])에 따라 2차 문제에 대한 해결방안을 찾는다.

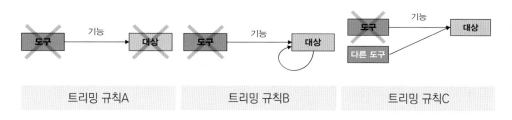

[그림 3-11] **트리밍 규칙**

　『트리밍 규칙A』는 '대상'을 없앨 수 있다면 '도구'도 필요치 않다는 규칙이다. 예를 들어, 일반적인 선풍기는 철제 보호막(도구)이 선풍기 바람개비(대상)를 보호한다. 선풍기 바람개비(대상)를 없애면 철제 보호막(도구)의 필요가 없어지는 것이다. 대표적으로 다이슨의 바람개비 없는 선풍기 '에어 멀티플라이어'가 이 규칙을 활용한 결과물이다.

　『트리밍 규칙B』는 대상이 스스로 주기능을 수행할 수 있다면 도구가 필요 없다는 규칙이다. 예를 들어, 물컵의 재료가 온도에 따라 색이 변하는 특성을 가진다면, 물의 온도를 재는 온도계가 필요 없는 상황이 된다.

　『트리밍 규칙C』는 기존 도구가 수행하던 기능을 다른 도구가 수행할 수 있다면 기존 도구는 없애도 된다는 규칙이다. 예를 들어, 예전에는 차 열쇠로 차 문을 수동으로 열었는데, 이제는 차 열쇠 없이도 리모컨으로 차 문을 열 수 있기 때문에, 차 열쇠는 필요가 없게 되었다.

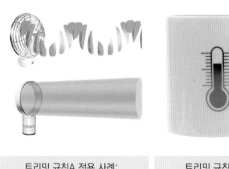
트리밍 규칙A 적용 사례:
바람개비 없는 선풍기

트리밍 규칙B 적용 사례:
온도계 필요 없는 온도변화 컵

트리밍 규칙C 적용 사례:
차 열쇠 필요 없는 스마트 자동차 키

[그림 3-12] **트리밍 규칙 적용 사례**

활동 5

다음의 문제상황(링크의 불편함)을 해결하기 위해 주기능(링크가 홈바를 지지한다)을 모델링한 후, 트리밍 규칙B를 적용해 문제를 해결해 보시오.

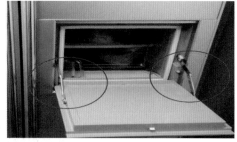

활동 6

주변에서 트리밍 규칙(A,B,C)을 적용한 사례 각 1개씩 찾은 후, 다음 표를 완성하시오.

트리밍 사례	적용된 트리밍 규칙

3. 자원분석 이해하고 적용하기

자원resource은 모순, 이상성과 더불어 트리즈의 3대 핵심개념 중 하나이며 이상성을 달성함으로써 문제를 해결하는 수단이다. 자원은 문제해결을 위해 사용할 수 있는 모든 것을 의미한다. 모순을 해결하기 위해서, 모순을 정의하고 문제해결의 이상적 목표인 이상성이 설정되면 이상성과 모순 사이의 차이gap를 메울 무엇인가가 요구되는데 이것이 바로 자원이다. 자원은 문제를 해결하기 위해 사용할 수 있는 모든 것(예. 물질, 에너지, 시간, 공간 등)을 지칭한다. 심지어 유해한 요소도 문제를 해결할 수 있는 것이라면 자원이라고 할 수 있다.

40개 발명원리를 적용함으로써 기술적 모순(문제)을 해결하고자 할 때, 자원은 각 발명원리의 목적어로서 역할을 수행하기 때문에, 자원분석은 반드시 필요한 방법론이다. 예를 들어, 1번 발명원리 '분할'에서 무엇을 분할할 것인가를 고려할 때, '자원'이 반드시 요구된다.

3단계 원인분석

활동 7

수력댐은 물의 낙차를 이용해 전기를 생산한다. 이 과정에서 발생하는 물의 낙하충격으로 인해 배수 바닥의 콘트리트가 손상이 된다. 이 문제를 해결하기 위해 사용할 수 있는 자원은 무엇이 있을까?

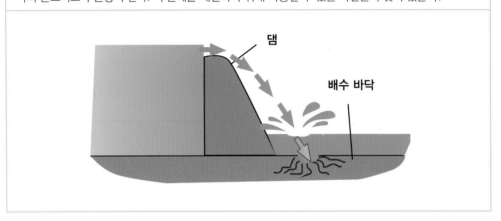

자원은 형태, 시스템 수준, 속성에 따라 구분할 수 있다. 형태에 따라서는 물질 substance, 장field, 공간space, 시간time으로 나뉜다.

[표 3-2] 형태에 따른 자원 구분

구분	내 용
물질	폐기물, 원료 물질 내지 미완성품, 시스템 구성요소, 저렴한 물질, 물질흐름substance flow, 물질 특성
장	시스템 내부 장 (에너지) - Me (Mechanical field): 기계장 - A (Acustic field): 음파장 - Th (Thermal Field): 열장 - Ch (Chemical field): 화학장 - E (Electrical field): 전기장 - M (Magnetic field): 자기장 - EM (Electromagnetic field): 전자기장
공간	빈 공간, 다른 차원other dimensions, 대상물체의 내부공간, 이동물체의 움직이는 공간
시간	이전 시간, 쉬는 시간, 노는 시간, 병렬작업시간, 시차처리시간, 과정 후 시간post-process time

출처: TRIZ Level 2 인증과정 교재(국제트리즈협회 한국교육센터) 자료 일부 수정

시스템 수준에 따라서는 환경, 상위시스템, 시스템(기술시스템), 하위시스템(시스템 내부)
으로 나뉜다.

[표 3-3] 시스템 수준에 따른 자원 구분

구분	내용	자원 사례
환경	시스템 외부에 존재하며 쉽게 구할 수 있지만 잘 인식하지 못하는 자원 -천연자원: 공기, 물, 중력, 태양열 등 -특수자원: 인터넷 네트워크, 전기, 가스 등	빛, 온도, 인터넷 네트워크, 와이파이 등
상위시스템	시스템 동작이나 수행성능에 영향을 주는 시스템 주변의 다른 시스템	PC, 스크린, 모니터 등
시스템	기술시스템	빔프로젝터
하위시스템 (시스템 내부)	시스템 내부 요소	건전지, 버튼 등

출처: TRIZ Level 2 인증과정 교재(국제트리즈협회 한국교육센터) 자료 일부 수정

활동 8

주변의 기술시스템 하나를 선택하고 환경, 상위시스템, 시스템 내부 등 시스템 수준별로 자원을 기술해 보시오.

구분	활용 자원
환경	
상위시스템	
시스템	
시스템 내부	

속성별로는 예비자원ready resource, 숨은자원hidden resource, 파생자원derived resource
으로 구분된다. 예비자원은 문제에 직접적으로 표현되는 자원(예. 얼음), 숨은자원은 예

비자원이 보유하고 있지만 활용되지 않는 자원(예. 물, 온도, 자외선, 적외선), 그리고 파생자원은 예비자원과 숨은자원의 상호작용에 의해 발생하는 자원(예. 미끄러움: 얼음+물+적외선)을 의미한다.

[표 3-4] **속성에 따른 자원 구분**

구분	내 용	자원 사례
예비자원	문제에 직접적으로 표현되는 자원	얼음, 햇빛
숨은자원	예비자원이 보유하고 있으나, 활용되지 않는 자원	물, 온도, 자외선, 적외선
파생자원	예비자원과 숨은자원의 상호작용에 의해 발생하는 자원	미끄러움(얼음+물+적외선)

출처: TRIZ Level 2 인증과정 교재(국제트리즈협회 한국교육센터) 자료 일부 수정

예를 들어, 무선 진공청소기의 경우, 롤러 브러시, 먼지, 모터 등이 '예비자원'이라고 할 수 있다. 그리고 나일론이나 순은pure silver, 박테리아, 피부세포 등은 '숨은자원'이며, 박테리아와 공기흐름의 결합을 통해 발생하는 냄새 유발 박테리아는 '파생자원'이라고 할 수 있다.

[표 3-5] **자원속성에 따른 자원분석 사례: 무선 진공청소기**

	Ready Resource	Hidden Resource	Derived Resource
Tool	roller brush	material, fiber, nylon, pure silver	
Object 1	dust	bacteria, size of particle, soil, skin cells, plant pollen, human hairs, animal fur, textile fibers, paper fibers, minerals from outdoor, electrical characteristics	Odor-causing bacteria(bacteria + airflow)
Object 2	motor	air pressure, air flow, air speed	

활동 9

주변의 모순(문제)상황 하나를 설정(예. 미국의 한 비누공장에서 완성품 비누를 상자로 포장할 때, 포장기계의 오류로 비누가 들어가지 않는 빈 상자가 발생하곤 한다. 엑스레이 투시기를 들여와 활용하면 비용이 너무 많이 드는 상황)하고, 시스템 수준(열)과 자원속성(행)을 고려하여 아래의 빈칸을 채워 보시오.

구 분	예비자원	숨은자원	파생자원
환경			
상위시스템			
시스템			
시스템 내부			

참고문헌

[기타 자료]

TRIZ Level 1 인증과정 교재 (국제트리즈협회 한국교육센터)

TRIZ Level 2 인증과정 교재 (국제트리즈협회 한국교육센터)

TRIZ Level 3 인증과정 교재 (국제트리즈협회 한국교육센터)

제 4 장

원인분석:
다차원분석, 근본원인분석,
물질-장 분석, 물질-장 모델

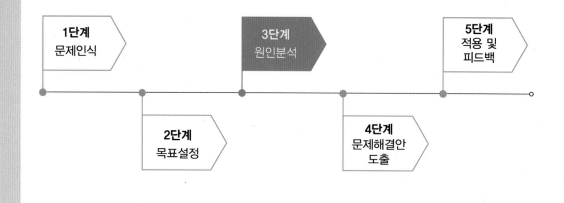

| 학습목표 | 트리즈 기반 문제해결과정 중 『원인분석』 단계(다차원분석, 근본원인분석, 물질–장 분석, 물질–장 모델)를 이해하고 적용할 수 있다. |

| 주요 학습내용 | 1. 다차원분석과 근본원인분석 이해하고 적용하기
2. 물질–장 분석 이해하고 적용하기
3. 물질–장 모델 이해하고 적용하기 |

이 장에서는 문제의 원인을 분석하기 위한 대표적인 트리즈 도구로 다차원분석, 근본원인분석, 물질-장 분석, 물질-장 모델에 대해서 다루고자 한다.

1. 다차원분석과 근본원인분석 이해하고 적용하기

1.1. 다차원분석

트리즈는 시스템 사고system thinking에 바탕을 둔 창의적 문제해결방법론이다. 다차원분석multi-screen analysis 역시 다차원사고multi-screen thinking, 즉 시스템 사고에 기반하고 있다. 다차원분석은 시스템 수준(열)에 따라 상위시스템, 시스템, 하위시스템으로 구분하고, 시간(행)에 따라 과거, 현재, 미래로 나누어 분석한다. 이 분석도구는 문제해결의 방향성을 도출하는 데 유익하다.

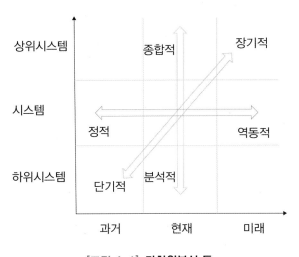

[그림 4-1] **다차원분석 틀**

다차원분석은 다차원도표 위에 현실의 문제를 시스템 문제로 인식할 수 있도록 도움을 주며, 문제 주변에 존재하는 다양한 자원의 활용을 확장해 주는 역할을 한다. 이러한 접근은 상위시스템으로 나아갈수록 종합synthesis, 하위시스템으로 나아갈수록 분석analysis, 미래방향으로 갈수록 문제를 역동적으로 분석하게 되며, 상위시스템과 미래방향으로 나아갈수록 단기적인 전망에서 장기적 전망을 하게 된다([그림 4-1] 참조).

예를 들어, 자동차를 대상으로 다차원분석을 실시하면 다음 [그림 4-2]와 같다. 자동차라는 기술시스템은 이전에 마차로부터 진화해 왔으며 향후에는 항공모빌리티의 일환으로 날아다니는 자동차가 활용될 예정이다. 현재의 자동차는 내연기관 엔진, 조향장치, 변속기 등의 하위시스템으로 구성되어 있으며, 마차는 바퀴, 축 등의 하위시스템으로 구성되며, 미래형 자동차는 항공엔진, 날개, 플라잉카 배터리 등의 하위시스템으로 구성된다. 각 기술시스템의 상위시스템을 살펴보면, 과거 마차는 말을 활용하여 운행하는 형태였으며, 현재의 자동차는 이동을 위해 GPS 시스템을 활용하고 있고, 에너지 확보를 위해 주유소를 이용한다. 미래의 하늘을 나는 자동차 운행을 위해서는 새로운 항공교통관제시스템, 법과 제도, 충전소, 착륙장 등이 요구된다.

[그림 4-2] **다차원분석 사례: 자동차**

활동 1

기술시스템(도구)(예. 스마트휴대전화, 선풍기, PC 등)을 1개 선정한 후, 다차원분석을 수행하시오.

시간 시스템 수준	과거	현재	미래
상위시스템			
시스템			
하위시스템			

1.2. 근본원인분석

문제를 근원적으로 해결하기 위해서 근본원인을 찾아내는 것이 중요하다. 겉으로 보이는 증상만 보고 처방을 내리는 대증요법만으로는 문제를 해결할 수 없기 때문이다. 예를 들어, 빗길에 과속운전을 하는 화물트럭 운전자에게 과속하면 과태료를 부과하는 방식은 과속운전에 대한 근본적인 해결책이라고 하기 어렵다. 화물트럭 운전자가 과속할 수밖에 없는 근본적인 이유(예. 수익 창출, 어린아이 양육 등)를 도출하여 그 문제를 해결하는 데 초점을 맞추는 것이 합리적이다. 근본원인을 분석하는 대표적인 방법 중 5Whys를 먼저 소개하고자 한다(김성완, 2021). 이 방법론은 일본 토요타 자동차 오노 다이이치 사장에 의해 1970년대 정립되었으며, 5번에 걸쳐 '왜?'라는 질문을 함으로써

근본원인을 찾아간다.[1]

> [문제상황] 미국 제퍼슨 기념관의 대리석이 심각하게 부식되고 있는 상황이며 이에 대한 근본대책이 필요하다.
>
> - 1차 질문: 왜? 기념관의 대리석이 부식되지?
>   1차 답변: 청소부가 너무 많은 세제를 과도하게 사용해서 청소하기 때문에
>
> - 2차 질문: 왜? 청소부는 그렇게 많은 세제를 사용하지?
>   2차 답변: 비둘기의 배설물이 너무 많아서
>
> - 3차 질문: 왜? 비둘기 배설물이 많지?
>   3차 답변: 주변에 비둘기 먹이가 되는 나방이 많아서
>
> - 4차 질문: 왜? 기념관 주위에 나방이 많지?
>   4차 답변: 기념관의 조명이 밝아서
>
> - 5차 질문: 왜? 기념관은 조명을 밝게 하지?
>   5차 답변: 기념관 경관을 아름답게 보이게 하기 위해서

[그림 4-3] 5Whys를 적용한 근본원인분석 사례1

근본원인분석Root Cause Analysis, RCA을 통해 궁극적으로 모순을 도출하게 된다.

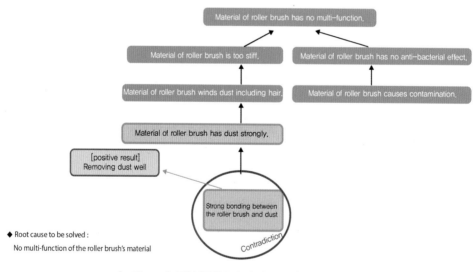

[그림 4-4] 근본원인분석 사례2: 무선 진공청소기

---

1 5Whys를 적용할 때, 반드시 5번에 걸쳐 '왜'라고 물어야 하는지에 대한 딜레마가 생기곤 한다. 때로는 3번 정도 묻고 답하다 보면 근본원인을 찾게 되는 경우도 있다. 5번을 고집함으로써 오히려 엉뚱한 방향으로 나아가 시행착오를 겪을 수도 있다.

근본원인분석을 수행하면서 다음 몇 가지 사항을 고려할 필요가 있다. 첫째, 겉으로 드러나는 증상보다는 진짜 원인에 집중해야 한다. 둘째, 최소한으로 시스템을 변경하며 빠르고 쉽게 실행할 수 있는 방향을 고려해야 한다. 셋째, 숨은자원hidden resources을 고려할 필요가 있다. 넷째, 근본원인을 찾기 위해서 자연에서 항상 적용되는 객관적인 법칙을 활용하는 것도 좋은 방법 중 하나이다.

활동 2

문제(모순)상황을 기술하고 5Whys 기법에 따라 근본원인분석을 수행하시오.

[문제상황]

- 1차 질문:
  1차 답변:

▽

- 2차 질문:
  2차 답변:

▽

- 3차 질문:
  3차 답변:

▽

- 4차 질문:
  4차 답변:

▽

- 5차 질문:
  5차 답변:

3단계 원인분석

2. 물질-장 분석 이해하고 적용하기

물질-장Substance-Field, Su-F 분석은 기능분석 후, 어떤 장field 속에서 문제가 되는 특정 부분만 떼어서 자세히 분석하는 역할을 한다. 이 분석은 문제의 핵심영역을 서로 상호작용하는 물질 두 개와 이에 관여하는 장을 이용하여 도식화하는 문제모델링 기법이다. 물질-장 분석은 기본적으로 모든 기술시스템이 유익한 기능을 수행하기 위해 최소한 두 개의 물질과 하나의 장으로 구성되어야 하며, 장은 두 물질과 상호작용한다고 가정한다. 아래 그림에서 보는 바와 같이 대상object(예. 못)은 S_1으로 표현하고, 도구tool (예. 망치)는 S_2로 표현한다.

[그림 4-5] 기능분석과 물질-장 분석

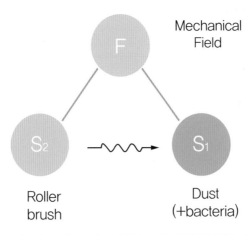

[그림 4-6] 물질-장 분석 사례: 무선 진공청소기

　　두 개 물질(S₁, S₂) 간의 상호관계는 다음 [그림 4-7]과 같이 표현된다. 기술적인 문제를 물질-장 분석을 통해 도출된 물질-장 모델은 76가지 표준해결책을 통해 해결하는 시도를 하게 된다.

| 유용한 상호작용 | 유용하지만
지나친 상호작용 | 유용하지만
불충분한 상호작용 | 유해한 상호작용 |

[그림 4-7] 물질 간 상호관계 표현

　　장field은 기계장, 음파장, 열장, 화학장, 전기장, 자기장, 전자기장 등 7개 유형으로 구분된다. 기계장의 대표적인 사례는 바람, 압력, 압력차, 토크, 중력, 부력, 가속도 등이 있다. 음파장에는 소리, 울트라 사운드, 인프라 사운드, 카비테이션 등이 속한다. 열장에는 온도, 열, 증발, 압축, 기온차, 열팽창, 열방출 등이 있으며, 화학장에는 화학반응, 화학반응통제, 결정화, 냄새, pH 등이 있다. 전기장에는 전도성, 전기충전, 전류, 수퍼전도체, 스파크 등이 있으며, 자기장은 자성물질, 자기유도 등이 속하고, 전자기장에는 라디오파, 마이크로웨이브, 엑스레이, 레이저 등이 있다.

[표 4-1] 장field의 유형 및 대표 사례

장	대표 사례
기계장 Mechanical field	바람, 압력, 압력차, 토크, 중력, 부력, 가속도, 잠재에너지, 직선운동, 곡선운동, 회전운동, 운동마찰력, 표면장력, 흡수, 회복력, 진공
음파장Acustic field	소리, 울트라 사운드, 인프라사운드, 카비테이션
열장Thermal Field	온도, 열, 증발, 압축, 기온차, 열팽창, 열방출
화학장Chemical field	화학반응, 화학반응통제, 결정화, 냄새, pH
전기장Electrical field	전도성, 전기충전, 전류, 수퍼전도체, 스파크
자기장Magnetic field	자성물질, 자기유도
전자기장 Electromagnetic field	라디오파, 마이크로웨이브, 엑스레이, 레이저

3단계 원인분석

활동 3

뜨거운 커피가 손을 뜨겁게 만드는 문제상황에 대한 물질-장 분석 결과를 제시하시오.

3. 물질-장 모델 이해하고 적용하기

지금부터는 물질-장 분석에서 사용되는 전형적인 '문제모델', 즉 물질-장 모델Su-F Model에 대해서 살펴보고자 한다. 모순(문제)상황을 표현하는 물질-장 모델은 불완전 물질-장 모델, 완전 물질-장 모델, 복합 물질-장 모델, 물질-장 모델 분해 등으로 구분된다.

3.1. 불완전 물질-장 모델

불완전 물질-장 모델의 경우, 물질-장 분석의 주요 요소인 2개의 물질(S1, S2)과 장 (F, field) 중에서 1개 또는 2개의 요소로만 구성된다. 대상으로서 물질(S1)만 있는 경우, 대상과 도구인 2개 물질(S1, S2)만 있는 경우, 장(F)과 대상(S1)만 있는 경우가 불완전 물질-장 모델에 속한다.

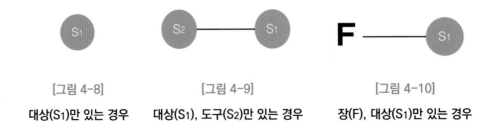

[그림 4-8]   [그림 4-9]   [그림 4-10]

대상(S1)만 있는 경우   대상(S1), 도구(S2)만 있는 경우   장(F), 대상(S1)만 있는 경우

예를 들어, 못(S1)만 있는 경우, 어떤 기능(못을 박는다)이 수행될 수는 없다. 또한 못(S1)과 망치(S2)는 있는데, 힘(F)을 가하지 못한다면 역시 기능이 수행될 수 없다. 못(S1)과 힘(F)만으로는 도구(S2)가 없이는 못을 박는 기능수행이 어렵다. 이렇기 때문에 이러한 세 가지의 모델을 불완전 물질-장 모델이라고 부른다.

3.2. 완전 물질-장 모델

완전 물질-장 모델은 불완전 물질-장 모델의 부족함을 채워 물질-장 모델의 기본요소(S1, S2, F)를 갖추었다. 이 모델은 효과적인 완전 물질-장 모델, 불충분 완전 물질-장 모델, 유해한 물질-장 모델 등으로 구분된다.

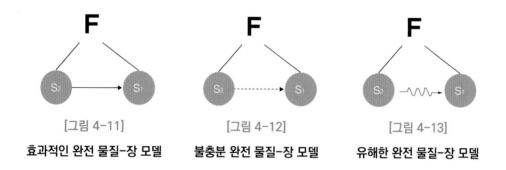

[그림 4-11]　　　　　　　[그림 4-12]　　　　　　　[그림 4-13]

효과적인 완전 물질-장 모델　　**불충분 완전 물질-장 모델**　　**유해한 완전 물질-장 모델**

예를 들어, '효과적인 완전 물질-장 모델'의 경우, 망치(S2)로 적절한 힘(F)을 주어 못(S1)을 제대로 박는 기능을 수행을 표현한 것이다. '불충분 완전 물질-장 모델'의 경우, 망치(S2)로 적절한 힘(F)을 가하지 못해서 못(S1)을 효과적으로 박지 못하는 수행을 표현한 것이다. '유해한 완전 물질-장 모델'의 경우, 망치(S2)로 힘(F)을 주어 못(S1)을 박는 기능을 수행했는데, 못이 휘어지는 결과를 표현한 것이다. 이 세 가지 모델 중 실제적인 문제모델은 '불충분 완전 물질-장 모델'과 '유해한 물질-장 모델'인 셈이다. '효과적 완전 물질장 모델'은 '불완전 물질-장 모델'이라는 문제모델에 대한 해결모델이다.

3.3. 복합 물질-장 모델

복합 물질-장 모델은 완전 물질-장 모델 중 '불충분 완전 물질-장 모델'이라는 문제모델을 해결하는 해결모델이다.

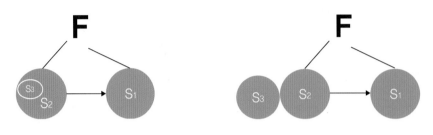

[그림 4-14] **내부 결합 물질-장 모델**   [그림 4-15] **외부 결합 물질-장 모델**

이 모델은 도구(S_2)가 대상(S_1)에 제대로 기능을 수행하지 못하는 문제를 해결하기 위해서, 제3의 물질(S_3)을 도구 내부(예. 암세포(S_2)에 형광물질(S_3) 투여) 또는 외부(예. 가스(S_2)에 냄새(S_3)나는 물질)에 합성시켜 불충분한 수행문제를 해결하고자 하는 문제해결모델이다.

3.4. 물질-장 모델의 분해

물질-장 모델의 분해는 '유해한 완전 물질-장 모델'이라는 문제모델을 해결하는 해결방안 모델이다. 물질-장 모델의 분해는 제3의 물질(S_3)을 도입해서 도구(S_2)가 대상(S_1)에 주는 유해성을 막는 방법(예. 뜨거운 음료를 담은 컵을 감싼 종이 홀더)과 기존 장(F) 이외에 새로운 장(F_2)을 도입함으로써 유해한 기능을 막는 방법이 있다.

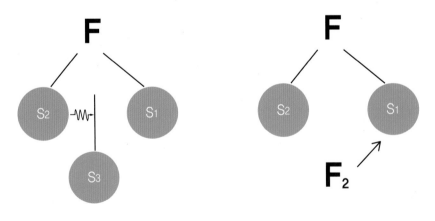

[그림 4-16] **제3의 물질 도입**   [그림 4-17] **새로운 장 도입**

3.5. 이중 물질-장 모델[2]

이중double 물질-장 모델은 기존의 장(F)에 새로운 장(F2)을 추가하여 기능을 향상시키는 방법이다. 예를 들어, 구리종이 전해과정에서 남겨진 전해물질을 제거할 때, 세척(F)만으로는 효과가 부분적이다. 따라서 초음파(F2)를 사용하여 전해물질을 제거하면 효과적이다.

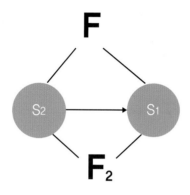

[그림 4-18] **이중 물질-장 모델**

3.6. 연속 물질-장 모델[3]

연속 물질-장 모델은 두 개의 효과적 완전 물질-장 모델을 합쳐 놓은 것이다. 기존의 장(F1)에 새로운 장(F2)을 추가하여 기능을 향상시키는 방법이다. 예를 들어, 자동차 운전자가 핸들(S2)을 돌려 자동차 바퀴(S1)를 움직이던 방식을 개선하고자, 모터(S3)를 활용해서 핸들 조작의 용이성을 확보하는 방식이다. 이렇게 되면 유압을 활용하는 새로운 기계장(F2)이 추가되는 것이다.

---

2 이중 물질-장 모델은 76가지 표준해결책 Class 2와 관련된 내용이다.
3 연속 물질-장 모델은 76가지 표준해결책 Class 2와 관련된 내용이다.

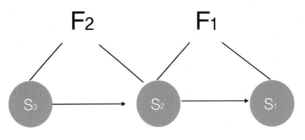

[그림 4-19] **연속 물질-장 모델**

3.7. 측정과 검출 관련 물질-장 모델[4]

측정과 검출 관련 물질-장 모델은 장(F_1)에서 발생하는 것을 물질(S)을 활용해서 새로운 장(F_2)으로 연결하는 방법과 여기에 새로운 물질(S_2)을 추가하는 방법이 있다. 예를 들어, 보온용 전기밥솥은 열을 발생시켜(열장, F_1) 밥을 보온하고, 금속(S)을 활용해서 음향적 진동(기계장, F_2)을 일으키는 경우이다. 그런데 발생하는 열을 측정하기 어렵다면 새로운 물질(S_2)을 금속(S)과 결합하도록 전이할 수 있다.

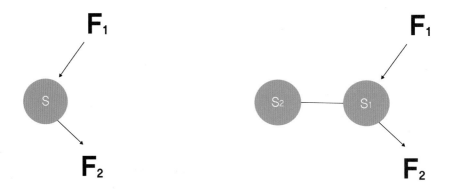

[그림 4-20] **측정과 검출 관련 물질-장 모델:**   [그림 4-21] **측정과 검출 관련 물질-장 모델:**
     새로운 장(F_2)으로 연결하는 방법   **새로운 물질(S_2)을 추가하는 방법**

---

4 측정과 검출 관련 물질-장 모델은 76가지 표준해결책 Class 4와 관련된 내용이다.

참고문헌

김무웅(2010). 바이오 분야에서의 트리즈(TRIZ) 적용사례 연구. 대전: 생명공학정책연구
　　센터.
김성완(2021). 창의적 문제해결을 위한 디자인씽킹. 서울: 동문사.

[기타 자료]
TRIZ Level 2 인증과정 교재 (국제트리즈협회 한국교육센터)

제5장

문제해결안 도출:
기술적 모순과 40개 발명원리

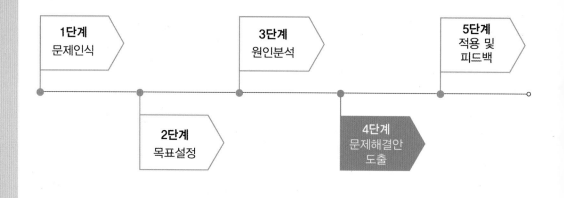

주요 학습내용

1. 기술적 모순과 발명원리
2. 40개 발명원리(1번-10번) 이해하고 적용하기
3. 40개 발명원리(11번-20번) 이해하고 적용하기
4. 40개 발명원리(21번-30번) 이해하고 적용하기
5. 40개 발명원리(31번-40번) 이해하고 적용하기

1. 기술적 모순과 발명원리

　　기술적 모순technical contradiction[1]은 하나의 특성이 개선되면 다른 특성이 악화되는 문제상황을 의미한다. 기술적 모순을 해결하기 위한 원리(또는 알고리즘)는 다음과 같다. 예를 들어, 스마트폰의 사용성과 휴대성 사이에서 발생하는 '특정 현실문제'를 해결하고자 할 때, 39가지 기술특성(예. 개선되는 특성-33번 사용 편의성, 악화되는 특성-1번 움직이는 물체의 무게)([표 5-1]), 즉 '일반적 문제로 문제를 모델링'한 후, 모순 매트릭스(286쪽 [부록 1] 참조)에서 발명원리를 찾는 '일반적 해결' 단계를 거친다. 선정된 발명원리를 기반으로 특정 현실문제를 해결할 '특정 해결방법'을 도출한다.

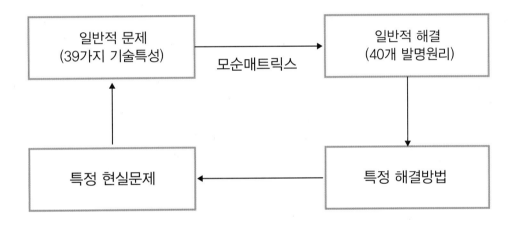

[그림 5-1] **기술적 모순해결 원리(알고리즘)**

　　'40개 발명원리'는 특허 2만 건을 분석한 결과의 공통 해결책을 토대로 도출되었으며, 기술적 모순 해결책으로 활용된다(김효준, 2009). 기술적 문제를 해결하기 위해 어떤 발명원리를 적용할 것인지를 결정할 때, 두 가지 모순된 변인의 39가지 기술특성 engineering parameters([표 5-1])을 활용한다. 39가지 기술특성은 한마디로 39가지 문제상황이라고 볼 수 있다.

1　기술적 모순은 '기술적으로 불가능하다(technically impossible)'는 뜻으로 어느 하나(특성)가 좋아지면 다른 하나(특성)가 나빠지는 문제상황이다.

[표 5-1] 39가지 기술특성 목록

번호	기술특성	번호	기술특성	번호	기술특성
1	움직이는 물체의 무게	14	강도	27	신뢰성
2	고정된 물체의 무게	15	움직이는 물체의 내구성	28	측정 정확성
3	움직이는 물체의 길이	16	고정된 물체의 내구성	29	제조 정확성
4	고정된 물체의 길이	17	온도	30	물체에 작용하는 해로운 요인
5	움직이는 물체의 면적	18	밝기	31	유해한 부작용
6	고정된 물체의 면적	19	움직이는 물체가 소비하는 에너지	32	제조 용이성
7	움직이는 물체의 부피	20	고정된 물체가 소비하는 에너지	33	사용 편의성
8	고정된 물체의 부피	21	동력	34	수리보수 편의성
9	속도	22	에너지 손실	35	적응성
10	힘	23	물질 손실	36	장치 복잡성
11	장력, 압력	24	정보 손실	37	조절 복잡성
12	모양	25	시간 손실	38	자동화 수준
13	물체의 안정성	26	물질의 양	39	생산성

출처: 박양미(2015) 수정 · 보완함

39개 기술특성에 대한 주요 내용은 다음과 같다(김은경, 2015).

움직이는 물체의 무게   기술특성 1번

중력장에 의해 움직이는 물체의 질량이 가하는 힘

고정된 물체의 무게   기술특성 2번

중력장에 의해 고정된 물체의 질량이 가하는 힘

움직이는 물체의 길이   기술특성 3번

움직이는 물체의 양 끝 사이의 거리

고정된 물체의 길이   기술특성 4번

고정된 물체의 양 끝 사이의 거리

움직이는 물체의 면적   기술특성 5번

움직이는 물체 표면의 크기

고정된 물체의 면적　　기술특성 6번

고정된 물체 표면의 크기

움직이는 물체의 부피　　기술특성 7번

움직이는 물체가 차지하는 3차원 공간

고정된 물체의 부피　　기술특성 8번

고정된 물체가 차지하는 3차원 공간

속도　　기술특성 9번

물체 움직임의 비율 또는 위치를 바꾸는 비율

힘　　기술특성 10번

시스템들 간의 상호작용 정도

장력, 압력　　기술특성 11번

물체에 단위면적 당 가해진 힘

모양(형상)　　기술특성 12번

물체의 겉모습 또는 외부적 윤곽

물체의 안정성　　기술특성 13번

중력장에 의해 움직이는 물체의 질량이 가하는 힘

강도　　기술특성 14번

파괴에 저항하는 힘

움직이는 물체의 내구성　　기술특성 15번

움직이는 시스템이 고장 나지 않고 작동할 수 있는 시간

고정된 물체의 내구성　　기술특성 16번

고정된 시스템이 고장 나지 않고 작동할 수 있는 시간

온도   기술특성 17번

물체의 차거나 뜨거운 정도

밝기   기술특성 18번

빛의 밝기를 나타내는 정도

움직이는 물체의 에너지   기술특성 19번

특정한 작업을 수행하기 위해서 요구되는 에너지

고정된 물체의 에너지   기술특성 20번

특정한 작업을 수행하기 위해서 요구되는 에너지

동력   기술특성 21번

작업이 수행되는 동안 시스템이 발생한 에너지

에너지 손실   기술특성 22번

작업이 완료되는 데 기여하지 못한 채 낭비된 에너지

물질 손실   기술특성 23번

시스템의 재료, 물질, 부품 혹은 하위 시스템의 부분적, 완전한, 영구적 혹은 잠정적인 손실

정보 손실   기술특성 24번

시스템 내부 혹은 시스템에 의한 정보의 부분적, 완전한, 영구적 혹은 잠정적인 손실

시간 손실   기술특성 25번

어떤 활동이 진행되어야 하는 시간과 실제로 진행되는 시간 간의 차이

물질의 양   기술특성 26번

완전히, 부분적으로, 영구적 혹은 잠정적으로 변화될 수 있는 시스템의 하위시스템의 총량

신뢰성   기술특성 27번

시스템이 일반적인 상태에서뿐만 아니라 예측할 수 없는 상황이나 조건에서도 시스템의 기능을 수행하고 유지하는 능력

측정 정확성   기술특성 28번

시스템이 측정한 값이 실제 값에 근접한 정도

제조 정확성   기술특성 29번

시스템이나 물체의 실제 특성 값이 특정되거나 요구된 특성 값과 일치하는 정도

물체에 작용하는 해로운 요인   기술특성 30번

외부적으로 생성된 유해한 인자에 대한 시스템의 민감성

유해한 부작용   기술특성 31번

물체나 시스템 작업의 일부로 나타나는 유해한 인자

제조 용이성   기술특성 32번

물체나 시스템을 제조 또는 조립하는 데 있어서 얼마나 쉽고 편안하고 노력이 덜 들어가는지의 정도

사용 편의성   기술특성 33번

작업이나 사용의 단순한 정도

수리보수 편의성   기술특성 34번

시스템의 결점이나 고장, 불량을 수리하는 시간이나 방법 등이 단순한 정도

적응성   기술특성 35번

시스템이나 물체가 외부 변화에 긍정적으로 반응하는 정도

장치 복잡성   기술특성 36번

시스템을 구성하는 요소의 수와 다양성, 시스템 구성요소 간의 상호작용 정도

4단계 문제해결안 도출

조절 복잡성   기술특성 37번

검출 및 측정에 요구되는 장치나 시간, 비용, 노동력 등의 정도

자동화 수준   기술특성 38번

사람의 개입 없이 시스템이나 물체가 그 기능을 수행하는 정도

생산성   기술특성 39번

단위 시간당 시스템에 의해 수행된 기능이나 작업의 수

기술적 모순이라는 문제상황을 마주했을 때, 40가지 발명원리[2]로 그것을 해결하는 단계는 다음과 같다. 첫째, 기술적 모순과 관계된 2개 특성 각각을 표현하는 기술특성(개선되는 변인, 악화되는 변인)을 39가지 기술특성 목록에서 정한다. 예를 들어, 스마트폰 화면 크기를 크게 하면, 사용성은 좋아지나 휴대성은 나빠진다(기술적 모순1, TC1). 스마트폰 화면 크기를 작게 하면, 휴대성은 좋아지나 사용성은 나빠진다(기술적 모순2, TC2). 이 경우는 사용성과 휴대성이라는 2가지 기술특성이 서로 충돌하는 모순상황이다. 기술적 모순1(TC1)과 기술적 모순2(TC2) 중에서 기술적 모순2(TC2)를 선택하여 문제를 해결하고자 한다면, 휴대성은 개선되는 특성이 되고, 사용성은 악화되는 특성이 된다. 따라서 39가지 기술특성 중 개선되는 특성(휴대성)은 1번(움직이는 물체의 무게), 악화되는 특성(사용성)은 33번(사용 편의성)으로 정해진다([그림 5-2]).

두 번째, 모순 매트릭스contradiction matrix에서 개선되는 특성과 악화되는 특성을 각각 찾아 두 특성이 만나는 접점(셀)에서 아래와 그림과 같이 발명원리(35번, 3번, 2번, 24번)를 찾는다.

32	33	34	35	36	37	38	39	악화 / 개선
27, 28, 1, 36	35, 3, 2, 24	2, 27, 28, 11	29, 5, 15, 8	26, 30, 36, 34	28, 29, 26, 32	26, 35, 18, 19	35, 3, 24, 37	1
28, 1, 9	6, 13, 1, 32	2, 27, 28, 11	19, 15, 29	1, 10, 26, 39	25, 28, 17, 15	2, 26, 35	1, 28, 15, 35	2
1, 29, 17	15, 29, 35, 4	1, 28, 10	14, 15, 1, 16	1, 19, 26, 24	35, 1, 26, 24	17, 24, 26, 16	14, 4, 28, 29	3

[그림 5-2] 모순 매트릭스에서 개선되는 특성(휴대성)과 악화되는 특성(사용성)에 따른
발명원리 찾기 사례: 스마트폰 화면 크기

---

2   상세 내용은 286쪽 부록(기술적 모순의 39개 기술특성에 따른 40개 발명원리 매트릭스) 참조

세 번째, 35번(속성 변환), 3번(국부적 품질), 2번(추출), 24번(매개체 활용)이라는 4가지 발명원리를 적용하여 모순해결방안을 찾는다. 예를 들어, 35번(속성 변환)을 활용할 경우, 스마트폰 화면을 유리(고체)가 아닌 접힐 수 있는 물질로 대체하면 평소에는 스마트폰을 접어서 휴대성을 높이고, 사용할 때는 화면을 펼쳐서 사용성을 높이게 한다는 문제해결 방안을 도출할 수 있다.

[표 5-2] **40가지 발명원리**

번호	발명원리	번호	발명원리	번호	발명원리	번호	발명원리
1	분할	11	사전예방	21	고속처리	31	다공질 물질 사용
2	추출	12	높이 맞추기	22	전화위복	32	색 변경
3	국부적 품질	13	반대로 하기	23	환류	33	동질화
4	비대칭	14	곡선화	24	매개체 활용	34	폐기 혹은 재생
5	통합	15	역동성	25	제 시중	35	속성 변환
6	다용도	16	부족/초과 조치	26	복제	36	상전이
7	포개기	17	차원 바꾸기	27	일회용품 활용	37	열팽창
8	평형추	18	기계적 진동	28	기계시스템 대체	38	활성화
9	사전반대조치	19	주기적 작동	29	공기압 또는 유압 활용	39	비활성화/ 불활성 환경
10	사전조치	20	유익한작용 지속	30	유연한 막 또는 얇은 막 활용	40	복합재료 사용

지금까지 설명한 기술적 모순을 해결하는 단계를 다음과 같이 정리할 수 있다(김은경, 2020).

1단계	기술적 모순을 도출한다. 기술적 모순1(TC1)과 기술적 모순2(TC2) 정의
2단계	두 가지 기술적 모순(TC1, TC2) 중 하나 선택
3단계	39가지 기술특성 중 개선되는 특성, 악화되는 특성 선정
4단계	모순 매트릭스에서 발명원리 확인
5단계	일반적 해결방안 도출
6단계	특정 해결방안 도출

기술적 모순해결 6단계에 따라 앞서 제시한 스마트폰 화면 크기 모순 사례의 해결 과정은 다음 [표 5-3]과 같다.

[표 5-3] 기술적 모순해결 사례

1단계 모순 정의	기술적 모순1(TC1): 스마트폰 화면 크기를 크게 하면, 사용성은 좋아지나 휴대성은 나빠진다 기술적 모순2(TC2): 스마트폰 화면 크기를 작게 하면, 휴대성은 좋아지나 사용성은 나빠진다
2단계 모순 선택	기술적 모순2(TC2) 선택 이유: 휴대전화는 특성상 사용자의 휴대성이 최적 경험의 출발점이기 때문에
3단계 기술특성 선택	개선되는 특성: 1번 움직이는 물체의 무게(휴대성) 악화되는 특성: 33번 사용 편의성(사용성)
4단계 발명원리 확인	35번(속성 변환), 3번(국부적 품질), 2번(추출), 24번(매개체 활용)

5단계 일반적 해결방안 도출	35번(속성 변환)	스마트폰 화면 재질이 유리(고체)가 아닌 접힐 수 있는 유연한 물질로 대체
	3번(국부적 품질)	스마트폰 화면 일부가 접히도록
	2번(추출)	충전단자 부분 없애고 무선충전으로 대체
	24번(매개체 활용)	블루투스 기능을 통해 무선충전

6단계 특정 해결방안 도출	플렉서블 디스플레이를 도입해서 평소에는 스마트폰을 접어서 휴대성을 높이고, 사용할 때는 화면을 펼쳐서 사용성을 높이게 하기

활동 1

다음의 문제상황을 기술적 모순 해결 알고리즘과 해결 6단계에 기초해서 해결안을 제시하시오.

강의실 스피커 소리가 크면 앞자리에 앉는 학생들은 심한 스트레스를 받으나 뒷자리에 앉는 학생들은 스피커 소리가 커야 잘 들린다.

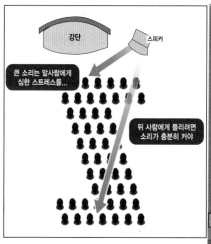

출처:

1단계 모순 정의	
2단계 모순 선택	
3단계 기술특성 선택	
4단계 발명원리 확인	
5단계 일반적 해결방안 도출	
6단계 특정 해결방안 도출	

2. 40개 발명원리(1번-10번) 이해하고 적용하기

이 절에서는 40개 발명원리 중, 분할, 추출, 국부적 품질, 비대칭, 통합, 다용도, 포개기, 평형추, 사전반대조치, 사전조치를 다룬다.

분할   발명원리 1번

『분할』segmentation은 크게 3가지 원리를 주요 내용으로 한다. 첫째, 대상을 독립된 부분으로 나눈다. 예를 들어, 대형 화물트럭은 상황에 따라 트럭과 트레일러 부분으로 나누기도 하며, 커터칼날은 무뎌진 날을 잘라내면 다시 사용할 수 있다. 자동차 범퍼가 손상된 경우, 이 부분만 교체하면 된다. 둘째, 대상을 조립하기 쉽게 만든다. 예를 들어, PC는 모듈화된 컴퓨터 부품을 조립하여 사용하기 때문에 향후 문제가 되는 부품만 교체하여 사용하면 된다. 또한 한 유명 가구업체는 가구 이동의 편리성을 위해 소비자가 집에서 쉽게 조립해서 사용하도록 가구를 판매하고 있다. 셋째, 분할의 정도를 높인다. 하나의 수도꼭지에 두 개 이상으로 분배할 수 있는 분배기를 달거나, 정원용 호스 길이를 연장할 목적으로 커넥터를 사용할 수 있다.

[표 5-4] 분할 원리의 주요 적용 예시

원리	적용 예시		
대상을 독립된 부분으로 나누기	 커다란 트럭을 트럭과 트레일러로 분리하기	 커터칼날을 분할하여 무뎌진 칼날 쉽게 바꾸기	 부서진 부분만 교체하는 자동차 범퍼
대상을 조립하기 쉽게 만들기	 모듈화된 컴퓨터 부품		 조립식 가구
분할의 정도 높이기	 수돗물 분할용 분배기		 확장가능한 정원 호스 커넥터
분할 원리가 적용될 수 있는 모순 쌍(예)	1/13　1/18　1/27　1/32　2/4　2/13　2/20　2/29　2/31　2/32 2/33　2/36　2/39　3/11　3/12　3/13　3/21　3/24　3/30　3/32 3/34　3/35　3/36　3/37　4/11　4/16　4/30　4/35　4/36　5/30 5/32　5/34　5/36　6/10　6/31　6/36　7/3　　7/5　　7/12　　7/13 7/27　등		

| 추출 | 발명원리 2번 |

『추출』extracting은 분할하기와 비슷하지만, 분할한다는 의미를 넘어 필요 없는 것은 제거함으로써 필요한 것을 분리한다는 의미까지 포함한다. 『추출』은 크게 2가지 원리를 주요 내용으로 한다. 첫째, 대상에서 문제가 되는 부분이나 특성을 추출한다. 예를 들어, 에어컨 컴프레서는 공기를 압축하면서 커다란 소음을 내기 때문에 컴프레서만 실외로 배치하기, 발에 쉽게 걸리는 줄을 없애 운동에 초점을 맞춘 줄 없는 줄넘기, 배달 위주의 치킨 가게 등이 있다. 둘째, 대상에서 유일하게 필요한 부분이나 특성을 추출한다. 예를 들어, 총에서 총소리만 추출하여 만든 조류 퇴치기 사용하기, 현대자동차 회사 로고는 없애고 제네시스 로고를 부착함으로써 고급차 이미지 제고하기, 크릴새우에서 오일만 추출하여 영양제 제조하기 등이 있다.

[표 5-5] 추출 원리의 주요 적용 예시

원리	적용 예시		
대상에서 문제가 되는 부분이나 특성을 추출하기	에어컨 컴프레서 실외에 놓기	줄 없는 줄넘기	배달 중심 치킨 가게
대상에서 유일하게 필요한 부분이나 특성을 추출하기	총 없이 총소리만 나는 조류 퇴치기	현대차 로고 없애고 제네시스 로고 부착	크릴 오일 추출 영양제

원리	적용 예시
추출 원리가 적용될 수 있는 모순 쌍(기술특성) 번호 (예)	1/7 1/9 1/22 1/33 1/34 2/6 2/8 2/14 2/16 2/30 2/34 2/38 3/22 3/25 4/8 4/29 4/33 5/1 5/10 5/13 5/17 5/23 5/29 5/31 5/37 5/39 등

국부적 품질   발명원리 3번

『국부적 품질』local quality은 크게 3가지 원리를 주요 내용으로 한다. 첫째, 대상의 구조를 동질적인 것으로부터 이질적인 것으로 변경하거나 외부환경 또는 외부영향을 동질적인 것으로부터 이질적인 것으로 변경한다. 예를 들어, 변색하는 카멜레온과 같이 일정한 온도, 밀도, 압력 대신에 가변적인 온도, 밀도, 압력을 사용하기, 코로나 또는 자연재해에 대비하기 위한 근무시간 유연화 등이 있다. 둘째, 대상의 여러 부분들이 서로 다른 기능을 수행하게 한다. 예를 들어, 쓰기와 지우기를 하나의 도구로 가능하게 하는 지우개 달린 연필, 못을 박는 것과 뽑는 것이 가능한 장도리, 전선 자르기와 전선피복 벗기기 둘 다 가능한 전선피복기 등이 있다. 셋째, 대상의 각 부분을 작용상 가장 유리한 조건에서 작동하도록 만든다. 예를 들어, 여자화장실 안에 남자아이 소변기를 두어, 엄마가 남자아이를 돌볼 수 있게 하기, 유연하게 구부릴 수 있도록 만든 주름 빨대 주름 빨대, 지하철 약냉방차 설치 등이 있다.

[표 5-6] **국부적 품질 원리의 주요 적용 예시**

원리	적용 예시
대상의 구조를 동질적인 것으로부터 이질적인 것으로 변경하기 또는 외부환경 내지 외부영향을 동질적인 것으로부터 이질적인 것으로 변경하기	변색하는 카멜레온 유연근무제

4단계 문제해결안 도출

원리	적용 예시		
대상의 여러 부분들이 서로 다른 기능을 수행하게 만들기	지우개 달린 연필	장도리	전선피복기
대상의 각 부분을 작용상 가장 유리한 조건에서 작동하도록 만들기	여자화장실 안 남자아이 소변기	주름 빨대	지하철 약냉방차
국부적 품질 원리가 적용될 수 있는 모순 쌍(기술특성) 번호(예)	1/23 1/26 1/27 1/33 1/39 2/27 4/17 4/18 4/28 4/34 5/14 5/15 5/28 6/28 8/26 9/14 9/15 9/37 10/27 10/31 10/33 10/39 11/14 11/15 11/23 11/29 12/21 등		

비대칭   발명원리 4번

『비대칭』asymmetry은 크게 2가지 원리를 주요 내용으로 한다. 첫째, 대상의 모양을 대칭에서 비대칭으로 바꾼다. 예를 들어, 인체공학적 비대칭 마우스, 비대칭 타이어[3], 비대칭 선글라스 등이 있다. 둘째, 대상이 비대칭형이면, 그 비대칭 수준을 증대시킨다. 예를 들면, 많이 사용하는 오른손 고무장갑을 하나 더 끼워 판매하는 방법, 비행기를 뜨게 하는 힘, 즉 양력을 일으키도록 구조화된 에어포일 날개, 광석의 투입과 쇳물 배출의 연속성을 높이기 위한 전극봉의 비대칭 배치 등이 있다.

---

3 비대칭 타이어는 승차감과 코너링이 좋고 소음이 적은 리브패턴(rib type) 타이어와 제동력과 구동력이 우수한 러그 패턴(lug type) 타이어의 장점을 결합한 제품으로 특히, 코너링 기능이 크게 향상된다.

[표 5-7] 비대칭 원리의 주요 적용 예시

원리	적용 예시		
대상의 모양을 대칭에서 비대칭으로 바꾸기	비대칭 마우스	비대칭 타이어	비대칭 선글라스
대상이 비대칭형이면, 그 비대칭 수준을 증대시키기	오른손 고무장갑 추가	비행기 날개	전극봉
비대칭 원리가 적용될 수 있는 모순 쌍 (기술특성) 번호(예)	1/17 3/5 3/7 3/9 3/10 3/23 3/28 3/33 3/39 5/1 5/3 5/7 5/9 5/12 5/25 6/25 6/26 6/27 6/33 7/3 7/5 7/9 7/12 7/15 7/37 8/17 8/17 등		

통합   발명원리 5번

『통합』consolidation은 크게 2가지 원리를 주요 내용으로 한다. 첫째, 동질적 또는 유사한 대상을 공간적으로 통합한다. 예를 들어, 숟가락과 저울 기능을 합한 제품, 포크와 병따개 기능을 합한 제품, 칫솔과 양치컵의 기능을 합한 제품 등이 있다. 둘째, 동질적이거나 연속적인 작용을 시간적으로 통합한다. 예를 들어, 가린 후 보이도록 하는 접이식 블라인드, 청소 후 뜨거운 공기로 멸균하는 스팀 진공 청소기, 촬영 후 곧바로 인화하는 폴라로이드 카메라 등이 있다.

[표 5-8] 통합 원리의 주요 적용 예시

원리	적용 예시		
동질적 또는 유사한 대상들을 공간적으로 통합하기	숟가락+저울	포크+오프너	칫솔+양치컵
동질적이거나 연속적인 작용을 시간적으로 통합하기	블라인드	스팀 진공 청소기	폴라로이드 카메라
통합 원리가 적용될 수 있는 모순 쌍 (기술특성) 번호(예)	1/15 1/23 1/35 2/8 2/23 5/12 9/15 10/23 12/3 12/5 12/23 15/1 15/9 19/14 19/23 23/12 23/19 24/2 25/2 25/4 25/5 25/7 25/10 25/13 25/22 28/3 28/27 등		

다용도　　　　발명원리 6번

『다용도』multi-functionality는 하나의 물체 내지 부분이 다중 기능을 수행할 수 있게 하며, 이로 인해 다른 부분들에 대한 필요성을 제거하는 원리이다. 예를 들어, 침대로도 사용하고 소파로도 사용하는 침대형 소파, 마우스 기능과 레이저포인터 기능을 함께하는 레이저포인터 마우스, 거울 기능과 유비쿼터스 기능을 제공하는 스마트 거울 등이 있다.

[표 5-9] 다용도 원리의 주요 적용 예시

원리	적용 예시		
하나의 물체 내지 부분이 다중 기능을 수행하게 함으로써 다른 물체에 대한 필요성 제거하기	침대형 소파	레이저포인터 마우스	스마트 거울
다용도 원리가 적용될 수 있는 모순 쌍(기술특성) 번호(예)	1/17 1/22 2/16 2/26 2/33 4/22 5/15 5/26 7/11 7/15 7/21 7/25 7/39 8/17 8/21 9/11 11/7 11/9 11/28 12/19 12/2 13/22 15/19 15/38 16/2 16/27 16/37 17/1 17/8 18/10 등		

포개기　　　　발명원리 7번

『포개기』Nesting 원리의 주요 내용은 다음과 같다. 첫째, 한 대상(물건)을 다른 대상 (물건) 속에 넣고, 그 대상을 다른 대상 속에 넣는다. 예를 들어, 인형 안에 인형을 겹쳐서 넣는 러시아의 마트료시카 인형, 은행 안에 설치된 자동현금인출기, 포갤 수 있는 가구 등이 있다. 둘째, 한 부분이 다른 부분의 구멍을 통과한다. 예를 들어, 접고 펼칠 수 있는 카메라 줌렌즈, 소방차 고가사다리차, 볼펜 지시봉 등이 있다.

4단계 문제해결안 도출

[표 5-10] 포개기 원리의 주요 적용 예시

원리	적용 예시		
한 대상(물건)을 다른 대상(물건) 속에 넣고, 그 대상을 다른 대상 속에 넣기	러시아 마트료시카 인형	은행 안 ATM 기기	포개는 가구
한 부분이 다른 부분의 구멍을 통과시키기	카메라 줌렌즈	소방차 고가사다리차	볼펜 지시봉
포개기 원리가 적용될 수 있는 모순 쌍 (기술특성) 번호(예)	3/7 3/22 4/6 4/12 4/39 5/7 6/4 6/22 6/39 7/3 7/5 7/14 7/22 7/26 8/12 9/7 12/4 12/8 14/7 22/3 22/4 22/6 22/7 22/8 22/17 22/25 22/26 22/36 26/22 34/35 등		

평형추   발명원리 8번

『평형추』counterweight, anti-weight 또는 무게보상 원리의 주요 내용은 다음과 같다. 첫째, 들어 올리는 힘을 가지는 다른 대상과 결합해서 무게를 상쇄시킨다. 예를 들어, 칫솔 보관과 위생에 편리한 비대칭 칫솔, 가스로 물체를 들어 올리는 헬륨 풍선, 좌초된 배를 인양하기 위해 반대편에 무거운 물질 매달기 등이 있다. 둘째, 대상의 무게를 상쇄하기 위해 외부환경에 의해 영향을 받는 공기·유체·부력의 역학적인 힘을 이용한다. 예를 들어, 비행기 날개의 회오리 바람wingtip vortex으로부터 영향을 줄이기 위해 날개 끝을 휘게 하는 방법, 자력을 활용해서 열차 차체를 지면에서 띄워서 달리게 하는 자기부상열차, 간접광고를 위해 애니메이션 영화 'Cars'에 등장하는 쉐보레 콜벳 등이 있다.

[표 5-11] 평형추 원리의 주요 적용 예시

원리	적용 예시		
들어 올리는 힘을 가지는 다른 대상과 결합해서 무게를 상쇄시키기	 비대칭 칫솔	 헬륨 풍선	 좌초된 배 인양
대상의 무게를 상쇄하기 위해 외부환경에 의해 영향을 받는 공기·유체의 역학적인 힘을 이용하기	 비행기 보텍스	 자기부상열차	 간접광고: 영화 'Cars' 속 쉐보레 콜벳
평형추 원리가 적용될 수 있는 모순 쌍(기술특성) 번호(예)	1/3 1/9 1/10 1/35 2/10 2/23 2/27 3/1 3/9 3/11 3/12 3/13 3/14 3/19 4/8 4/21 8/4 9/3 9/14 9/19 9/32 10/1 10/23 12/1 13/38 14/1 14/3 14/9 19/9 21/1 26/38 27/1 27/2 27/10 27/35 32/9 32/38 33/15 33/27 35/1 35/12 35/27 37/27 38/18 등		

사전반대조치   발명원리 9번

『사전반대조치』prior counteraction는 과도하게 유익하지 않은 작용을 상쇄하기 위해 대상에 미리 반대 작용을 가하는 원리이다. 첫째, 유해하기도 하고 유익하기도 한 효과에 어떤 조치를 취할 필요가 있는 경우, 향후 유해할 수도 있는 효과를 통제할 반대조치를 미리 취해야 한다. 예를 들어, 겨울철 전기줄의 팽창에 대비해서 전기줄을 느슨하게 설치하기, 정년을 연장하는 대신 임금을 낮추는 임금피크제 등이 있다. 둘째, 향후 바람직하지 않은 스트레스를 억제할 대상 안에 미리 스트레스를 만든다. 예를 들어, 독

감 예방주사 맞기, 엑스레이 촬영 시 방사선으로부터 몸을 보호하기 위해 납 앞치마 착
용하기, 최악의 상황을 막기 위한 학사경고제도 등이 있다.

[표 5-12] 사전반대조치 원리의 주요 적용 예시

원리	적용 예시		
유해한 효과를 통제할 반대조치를 미리 취하기	느슨한 전기줄	임금피크제	
향후 바람직하지 않은 스트레스를 억제할 대상 안에 미리 스트레스를 만들기	백신주사	엑스레이용 납 앞치마	학사경고
사전반대조치 원리가 적용 될 수 있는 모순 쌍 (기술특성) 번호(예)	2/32 5/27 6/4 7/14 8/14 10/3 10/7 11/14 12/15 13/14 14/6 14/8 15/3 17/3 17/4 19/14 20/2 22/2 27/3 29/2 32/34 34/9 34/14 36/33 37/25 38/15 등		

사전조치　　　　발명원리 10번

『사전조치』prior action 원리의 주요 내용은 다음과 같다. 첫째, 대상에 요구되는 변
화를 미리 전부 또는 일부에 가한다. 예를 들어, 통조림에 따개 설치하기, 도배를 위해
벽지에 미리 풀칠하기, 저녁에 착용하여 아침에 시력을 개선하는 드림렌즈 등이 있다.
둘째, 가장 적합한 위치에서 바로 작용할 수 있도록 대상을 미리 배치한다. 예를 들어,
믹스커피를 쉽게 뜯을 수 있도록 절취선 만들기, 소변이 다른 곳으로 흐르지 않도록 소
변기에 조준점 표시하기, 어떤 사람의 집무실인지에 대한 정보를 제공하기 위해 직책

표시하기 등이 있다.

[표 5-13] **사전조치 원리의 주요 적용 예시**

원리	적용 예시		
대상에 요구되는 변화를 미리 전부 또는 일부에 가하기	통조림의 따개	도배를 위한 벽지 풀칠	드림렌즈
가장 적합한 위치에서 바로 작용할 수 있도록 대상을 미리 배치하기	믹스커피 절취선	조준점이 그려진 소변기	명패
사전조치 원리가 적용 될 수 있는 모순 쌍 (기술특성) 번호(예)	1/10 1/11 1/12 1/24 1/25 2/4 2/10 2/11 2/12 2/14 2/24 2/25 2/27 2/29 2/36 3/10 3/12 3/17 3/23 3/27 3/29 3/34 4/6 4/10 4/16 4/23 4/29 5/11 5/21 5/23 5/34 5/39 6/11 6/16 6/23 6/25 6/39 7/13 7/17 등		

활동 2   밥솥 온도의 딜레마

아래의 문제상황을 읽고, 기술적 모순해결 6단계에 따라 해결해 보시오.

1980년대에는 전기밥솥으로 맛있는 밥을 짓기가 어려웠다. 밥을 빨리 맛있게 지으려면 고온으로 가열해야 하지만, 높은 온도로 인해 물이 밖으로 빠르게 증발해버려 밥이 퍼석거리게 되는 부작용을 낳았기 때문이다. 그렇다고 저온에서 가열하면 쌀알이 잘 익지 않거나 익히는 데 꽤 시간이 걸린다. 온도를 올려야 할까, 내려야 할까?

출처:

참고사례

문제상황 모형화 사례

밥솥의 온도를 높이면(조건, C+), 쌀이 잘 익어 밥맛이 좋아진다(+). 그러나 물이 너무 많이 증발되어 너무 퍼석한 된밥이 된다(-). 밥솥의 온도를 낮추면(조건, C-), 쌀이 잘 익지 않아 삼층밥이 되지만, 물이 너무 많이 증발되지는 않는다.

모순해결 방법 사례

- 기술적 모순 선택
  높은 온도로 밥을 짓는 조건 선택, 즉 빠른 속도로 밥을 지어 먹기 위함
- 기술특성 선택
  – 개선특성: 밥을 짓는 속도가 빨라짐(39개 기술특성 중 9번 속도)
  – 악화특성: 수분이 증발됨(39개 기술특성 중 19번 온도)
- 발명원리 탐색
  8번 평형추
- 해결
  밥솥에 압력을 가해 온도를 높이면서 수분이 빠져나가지 않도록 함

활동 3

40개 발명원리 중 1-10번에 해당하는 발명원리를 상징하는 이미지를 그려보시오.

1. 분할	2. 추출	3. 국소적 품질	4. 비대칭	5. 통합
6. 다용도	7. 포개기	8. 평형추	9. 사전반대조치	10. 사전조치

3. 40개 발명원리(11번-20번) 이해하고 적용하기

이 절에서는 40개 발명원리 중, 사전예방, 높이 맞추기, 반대로 하기, 곡선화, 역동성, 부족/초과 조치, 차원 바꾸기, 기계적 진동, 주기적 작동, 유익한 작용 지속을 다룬다.

사전예방　　　발명원리 11번

『사전예방』cushion in advance은 신뢰도가 낮은 어떤 대상을 보충하기 위해서 미리 비상수단을 준비하는 원리이다. 대표적인 사례로는 주 낙하산이 펴지지 않을 것을 대비한 보조 낙하산, 물 손실을 방지하기 위해 저수지 바닥에 사용하는 플라스틱 라이너, 어린아이의 안전사고를 대비한 모서리 보호대, 도로 곡면의 충돌 방지벽, 코로나 예방접종, 추운 겨울 보리를 보호하기 위한 보리밟기 등이 있다.

4단계 문제해결안 도출

[표 5-14] 사전예방 원리의 주요 적용 예시

원리	적용 예시		
신뢰도가 낮은 어떤 대상을 보충하기 위해서 미리 비상수단 준비하기	보조 낙하산	플라스틱 라이너	모서리 보호대
	충돌 방지벽	예방접종	보리밟기
사전예방 원리가 적용될 수 있는 모순 쌍 (기술특성) 번호(예)	1/27 1/34 2/34 5/13 7/27 9/27 10/11 10/34 11/33 13/5 14/27 14/32 14/34 15/27 18/28 19/27 22/27 27/4 27/9 27/12 27/14 27/18 27/19 27/21 27/22 27/28 27/29 27/34 27/38 28/27 28/34 29/27 30/35 32/13 32/34 32/37 34/1 34/2 34/7 등		

높이 맞추기 발명원리 12번

『높이 맞추기』equipotentiality는 대상을 들어 올리거나 내릴 필요가 없도록 작동조건을 바꾸는 발명원리이다. 예를 들어, 트럭 높이에 맞도록 물건 상하차장 높이를 맞추기, 휠체어를 이용하는 장애인 탑승용 차량, 고객의 눈높이에 맞춘 은행 창구 등이 있다.

[표 5-15] 높이 맞추기 원리의 주요 적용 예시

원리	적용 예시		
중력장에서 물건을 올리거나 내릴 필요가 없도록 작동조건을 변화시키기	트럭 상하차장	장애인 탑승용 버스	고객 눈높이 맞춤 은행 창구
높이 맞추기 원리가 적용될 수 있는 모순 쌍(기술변수) 번호(예)	1/19 1/21 4/21 7/33 9/33 10/7 10/9 15/33 19/1 19/3 19/12 19/22 19/39 23/20 32/5 32/10 32/21 32/28 33/3 33/11 33/26 33/32 33/34 등		

반대로 하기   발명원리 13번

『반대로 하기』Do it in reverse 원리의 주요 내용은 다음과 같다. 첫째, 문제가 요구하는 직접적 조치 대신에 반대 조치를 취한다. 대표적인 사례에는 끼인 그릇을 빼기 위해 안에 있는 그릇 냉각하기 또는 밖에 있는 그릇 가열하기, 강의 후 복습 및 과제를 하는 기존 강의방식 대신 예습 후 교실에서 학습활동을 하는 플립러닝 등이 있다. 둘째, 대상이나 외부환경에서 움직이는 부분은 고정시키고 고정된 부분은 움직이게 만든다. 예를 들어, 사람이 움직이지 않고 수영장이 움직이는 수영장, 자전거가 움직이는 것이 아니라 도로가 움직이는 자전거 롤러, 사람이 움직이지 않고 보도가 움직이는 무빙워크 등이 있다, 셋째, 대상의 위아래를 뒤집는다. 예를 들어, 보통 물건을 팔 때는 파는 사람이 찾아다녀야 하지만, 파는 사람은 가만히 있고 사려는 사람이 움직이는 경매, 보통 택시가 사람을 기다리지만, 사람이 택시를 기다리는 콜택시 등이 있다.

[표 5-16] 반대로 하기 원리의 주요 적용 예시

원리	적용 예시
문제가 요구하는 직접적 조치 대신에 반대 조치를 취하기	끼인 그릇을 빼기 위해 안에 있는 그릇 냉각하기 플립러닝
대상이나 외부환경에서 움직이는 부분은 고정시키고 고정된 부분은 움직이게 만들기	엔드리스풀 자전거 롤러 무빙워크
대상의 위아래를 뒤집기	경매 콜택시
반대로 하기 원리가 적용될 수 있는 모순 쌍(기술변수) 번호(예)	2/6 2/11 2/12 2/23 2/33 3/9 4/12 5/13 5/18 5/26 5/32 5/33 5/34 5/36 7/18 7/21 7/22 7/33 9/1 9/3 9/10 9/18 9/23 9/24 9/32 9/33 10/2 10/9 10/27 10/31 11/2 11/27 12/4 12/18 12/34 12/37 등

곡선화　　　발명원리 14번

『곡선화』spheroidality 원리는 다음 2가지를 주요 내용으로 한다. 첫째, 직선을 곡선으로, 평면을 곡면으로 바꾼다. 예를 들어, 고공 비행 시 비행기 내부 압력이 창문 모서리로 집중되어 창문이 깨지는 것을 막기 위해 창문 모양을 직사각형에서 타원형으로 바꾸기,

작업속도 개선을 위해 직선형 쟁기에서 구형 쟁기로 바꾸기, 높은 공간활용과 열 손실 방지를 위해 지오데식 돔형 건물 짓기 등이 있다. 둘째, 원심력을 이용하기 위해 직선운동을 회전운동으로 바꾼다. 기존의 붓 대신 누구나 다루기 쉬운 원통형 붓roller brush, 바퀴를 활용한 가구이동기, 트랙볼 마우스, 세탁물 훼손이 적은 드럼세탁기, 회전을 이용해 마개를 따는 포도주병 따개wine opener, 자연스럽게 긍정변화를 유도하기nudge 등이 있다.

[표 5-17] 곡선화 원리의 주요 적용 예시

원리	적용 예시		
직선을 곡선으로 평면을 곡면으로 바꾸기	비행기 창문	구형 쟁기	돔형 건물
직선운동을 회전운동으로 바꾸기	원통형 붓	포도주병 따개	긍정변화 유도
	드럼세탁기	가구이동기	트랙볼 마우스
곡선화 원리가 적용될 수 있는 모순 쌍 (기술변수) 번호(예)	1/12　2/8　2/12　3/27　3/35　3/39　4/8　4/11　4/12　4/14　4/25 4/39 5/3 5/7　5/14　5/36　5/38　6/2　6/23　7/14　7/27　8/2　8/3　8/4　8/14 9/3 9/14　9/22　10/14 10/22 10/26 11/4　11/19 11/19 11/26 11/39 12/4 12/7 12/11 12/14 12/15 12/17 12/19 12/22 12/25 13/22 13/23 등		

| 역동성 | 발명원리 15번 |

『역동성』dynamicity 원리는 다음 3가지를 주요 내용으로 한다. 첫째, 대상이나 외부환경의 특성을 변화시켜 작동단계마다 최적의 기능을 수행할 수 있도록 한다. 대표적인 사례로는 운전자 체형에 맞춰 좌석을 자동 조절하는 자동차, 조금 남은 국물을 뜨기에 적합하도록 기울어진 뚝배기, 좁은 공간에서 이착륙하기 위한 수직이착륙기 등이 있다. 둘째, 대상을 상대적 위치를 서로 바꿀 수 있는 요소들로 분할한다. 예를 들어, 키보드 글자를 분할하는 컴퓨터 자판기, 이동형 야외 의자 등이 있다. 셋째, 대상(물건)이 고정되어 있다면, 움직일 수 있게 한다. 높이 조절이 가능한 노트북 화면, 고정된 사람의 내부를 이동하면서 검사하는 내시경, 모서리 벽에 그림 걸기 등이 있다.

[표 5-18] 역동성 원리의 주요 적용 예시

원리	적용 예시
대상이나 외부환경, 과정의 특성을 변화시켜 작동단계마다 최적의 기능 수행하기	운전석 최적화　　기울어진 뚝배기　　수직이착륙기
대상의 상대적 위치를 서로 바꿀 수 있는 요소들로 분할하기	컴퓨터 자판기　　이동형 야외의자
대상(물건)이 고정되어 있다면, 움직일 수 있게 하기	움직이는 노트북 화면　　내시경　　모서리 그림

역동성 원리가 적용될 수 있는 모순 쌍(기술변수) 번호(예)	1/3　1/9　1/35 2/21 2/22 2/24 2/35 2/37 2/39 3/1　3/5　3/13 3/17 3/25 3/30 3/31 3/33 3/35 4/12 4/12 4/14 4/27 4/32 5/3 5/11 5/14 5/17 5/18 5/22 5/33 5/34 5/35 6/11 6/35 6/39 6/39 7/14 7/22 7/33 7/35 8/14 9/10 등

부족/초과 조치　　발명원리 16번

『부족/초과 조치』partial or excessive action 원리는 기존 해결방안으로 원하는 효과를 완벽히 달성하기 어려운 경우, 동일 방법을 덜 또는 더 사용하는 것이 문제를 풀기 쉽게 할 수도 있다. 예를 들어, 벽에 페인트칠을 할 때, 다른 곳에 칠이 묻지 않도록 테이핑하기, 일부 홈에 칠하기 위해서 물건 전체에 칠을 하고 홈을 제외한 다른 부분을 닦아내기, 손상된 자동차에 일부 페인트칠을 하기 위해 비닐로 덮고 테이핑을 한 후, 페인트칠하기 등이 있다.

[표 5-19] 부족/초과 조치 원리의 주요 적용 예시

원리	적용 예시		
기존 해결방안으로 원하는 효과를 완벽히 달성하기 어려운 경우, 동일 방법을 약간 덜 또는 더 사용하기	벽 페인팅	홈에 칠하기	자동차 도포
부족/초과 조치 원리가 적용될 수 있는 모순쌍 (기술변수) 번호(예)	3/35　3/38　5/17　5/33　6/24　6/32　6/33　6/34　6/35　7/22　7/29　7/38 8/25　8/27　9/37　10/20　11/4　11/32 12/27 12/36 13/10 13/18 13/34 14/28 15/10 15/29 15/31 16/2　16/21 16/23 16/25 16/39 17/18 17/34 17/36 17/38 18/3　18/22 18/34 등		

차원 바꾸기   발명원리 17번

『차원 바꾸기』transition into a new dimension 원리의 주요 내용은 다음과 같다. 첫째, 대상을 2차원 또는 3차원 공간으로 이동시킨다. 예를 들어, 통나무를 수직으로 쌓기, 3차원 5축 레이저 절단기, 적외선 마우스 등이 있다. 둘째, 대상에 대한 단층 이야기 배열보다는 다층 이야기 배열을 활용한다. 대표적인 사례로는 멀티 CD 플레이어, 전자칩, 거울을 활용한 사라지는 마술 등이 있다. 셋째, 대상을 기울이거나 옆으로 눕힌다. 덤프트럭이 흙이나 곡물 등을 내릴 때 적재함을 기울이는 것, 세우지 않고 천장에 단 천장형 에어컨을 예로 들 수 있다. 넷째, 대상의 반대편을 활용한다. 대표적인 사례로 3차원 집적회로 가능성을 보여주는 양면 반도체 기술, 보이는 라디오를 들 수 있다.

[표 5-20] 차원 바꾸기 원리의 주요 적용 예시

원리	적용 예시		
대상을 2차원 또는 3차원 공간으로 이동시키기	통나무 수직 쌓기	3D 5축 레이저 절단기	적외선 마우스
대상에 대한 단층 이야기 배열보다는 다층 이야기 배열하기	멀티 CD 플레이어	전자칩	사라지는 마술
대상을 기울이거나 옆으로 눕히기	덤프트럭	천장형 에어컨	

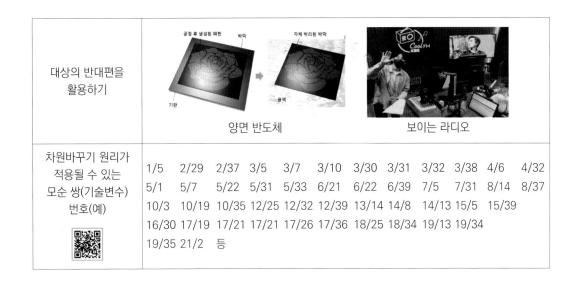

	적용 예시	
대상의 반대편을 활용하기	양면 반도체	보이는 라디오
차원바꾸기 원리가 적용될 수 있는 모순 쌍(기술변수) 번호(예)	1/5　2/29　2/37　3/5　3/7　3/10　3/30　3/31　3/32　3/38　4/6　4/32 5/1　5/7　5/22　5/31　5/33　6/21　6/22　6/39　7/5　7/31　8/14　8/37 10/3　10/19　10/35 12/25 12/32 12/39 13/14 14/8　14/13 15/5　15/39 16/30 17/19 17/21 17/21 17/26 17/36 18/25 18/34 19/13 19/34 19/35 21/2　등	

기계적 진동　　발명원리 18번

『기계적 진동』mechanical vibration 원리의 주요 내용은 다음과 같다. 첫째, 대상(물건)이 진동하도록 만든다. 대표적인 사례로는 전동칼, 전동칫솔, 진동선별기 등이 있다. 둘째, 진동을 이용하고 있는 경우, 주파수를 초음파까지 높인다. 예를 들어, 초음파 안경세척기, 초음파 지방분해기, 초음파 가습기 등이 있다. 셋째, 공명주파수를 이용한다. 초음파 공명을 활용한 콩팥 결석 제거, 심리적 공감 등을 사례로 들 수 있다. 넷째, 기계적 진동 대신 압전 진동을 사용한다(예. 압전 진동자 활용 시계). 다섯째, 초음파 진동을 전자기장과 함께 사용한다(예. 전자기 유도로).

[표 5-21] **기계적 진동 원리의 주요 적용 예시**

원리	적용 예시		
대상(물건)이 진동하도록 만들기	전동칼	전동칫솔	진동선별기

4단계　문제해결안 도출

진동을 이용하고 있는 경우, 주파수를 초음파까지 높이기	초음파 안경세척기　　초음파 지방분해기　　초음파 가습기
공명주파수를 이용하기	초음파 공명 활용 콩팥 결석 제거　　　　공감
기계적 진동 대신 압전 진동 사용하기	압전 진동자 활용 시계Quartz crystal oscillations
초음파 진동을 전자기장과 함께 사용하기	전자기 유도로
기계적 진동 원리가 적용될 수 있는 모순 쌍(기술변수) 번호(예)	1/10 1/14 1/21 1/26 1/29 1/30 1/38 2/11 2/20 2/21 2/22 2/26 2/28 4/17 4/30 5/3 5/21 5/31 5/37 6/2 6/10 6/23 6/25 6/26 6/29 6/36 6/37 7/17 7/21 8/10 8/25 8/31 9/11 9/12 9/13 9/38 10/1 10/2 10/6 10/8 10/11 10/21 10/26 10/30 10/32 10/35 10/36 11/2 등

| 주기적 작동 | 발명원리 19번 |

『주기적 작동』periodic action 원리의 주요 내용은 다음과 같다. 첫째, 연속적 작용을 주기적 작용으로 대신한다. 예를 들어, 연기를 멀리 보내기 위해서 연속으로 연기를 배출하는 대신 띄엄띄엄 배출하는 방법이 더 효율적이다. 교대근무도 또 다른 사례로 들 수 있다. 둘째, 작용이 이미 주기적이면, 주기를 바꾼다(예. 소리의 크기와 주기 변경, 주파수 변경). 셋째, 어떤 행위를 하기 위해서는 행위와 행위 간 쉬는 시간을 가진다(예. 심폐소생술).

[표 5-22] 주기적 작동 원리의 주요 적용 예시

원리	적용 예시		
연속적 작용을 주기적 작용으로 대신하기	연기 멀리 보내기		교대근무하기
작용이 이미 주기적이면, 주기를 바꾸기	소리의 크기와 주기		주파수 변조
어떤 행위를 하기 위해서 행위와 행위 간 쉬는 시간 가지기	심폐소생술		
주기적 작동 원리가 적용될 수 있는 모순 쌍(기술변수) 번호(예)	1/13　1/18　1/22　1/38　2/10　2/16　2/17　2/18　2/20　2/21　2/22　2/26　2/30　2/35　3/15　3/17　3/36　5/10　5/18　5/19　5/21　6/16　8/2　8/3　8/30　9/10　9/15　9/18　9/21　9/22　9/26　10/3　10/5　10/15　10/19　10/21　10/37　11/15　11/17　11/27　11/36　12/17　13/7　13/19 등		

유익한 작용 지속   발명원리 20번

『유익한 작용 지속』continuity of useful action 원리의 주요 내용은 다음과 같다. 첫째, 중단 없이 작동하게 한다. 즉, 모든 부분들이 항상 작동하도록 한다(예. 유리병 생산, 회전문, 용광로). 둘째, 불필요한 작용 또는 중간 작용을 제거한다(예. 무선 프린터, 무선충전 자동차).

[표 5-23] 유익한 작용 지속 원리의 주요 적용 예시

원리	적용 예시		
중단 없이 작동하기	유리병 생산	회전문	용광로
불필요한 작용 또는 중간 작용 제거하기	무선 프린터	무선충전 자동차	
유익한 작용 지속 원리가 적용될 수 있는 모순 쌍(기술변수) 번호(예)	1/25 2/25 9/22 10/35 15/25 16/25 16/39 21/25 21/36 25/1 25/2 25/15 25/16 25/21 26/7 35/10 36/21 39/16 39/21 등		

4. 40개 발명원리(21번-30번) 이해하고 적용하기

이 절에서는 40개 발명원리 중, 고속처리, 전화위복, 환류, 매개체 활용, 제 시중 self-service, 복제, 일회용품 활용, 기계시스템 대체, 공기압 또는 유압 활용, 유연한 막 또는 얇은 막 활용을 다룬다.

고속처리	발명원리 21번

『고속처리』rushing through 또는 skipping 원리는 해롭고 위험한 작용은 고속으로 처리한다는 것을 주요 내용으로 한다. 치과 치료용 고속 드릴, 왁싱, 속도 감각을 더디게 만드는 엘리베이터 안 거울 등을 대표적인 사례로 들 수 있다.

[표 5-24] **고속처리 원리의 주요 적용 예시**

원리	적용 예시		
해롭고 위험한 작용은 고속으로 처리하기	치과용 드릴	왁싱	엘리베이터 안 거울
고속처리 원리가 적용될 수 있는 모순 쌍(기술변수) 번호(예)	1/30 7/30 9/31 10/11 10/13 10/17 10/27 11/10 13/1 13/10 15/31 17/10 17/18 17/22 17/23 17/25 19/10 19/27 22/30 22/31 23/17 24/31 25/17 27/9 27/19 27/21 27/26 30/1 30/9 30/22 31/16 31/22 31/24 31/37 37/31 37/38 39/1 등		

전화위복	발명원리 22번

『전화위복』turn lemons into lemonade 원리의 주요 내용은 다음과 같다. 첫째, 해로운 요소를 이용하여 바람직한 효과를 얻게 한다. 예를 들어, 폐열을 활용한 전기 생산, 레몬을 활용하여 레모네이드 만들기, 오르내리기 힘든 계단의 피아노화 등이 있다. 둘째, 문제해결을 위해 주요한 해로운 요소를 다른 해로운 요소와 결합시켜 상쇄시킨다. 예를 들어, 대형 산불을 진화하기 위해 폭탄을 터뜨려 산소를 순간 없애는 방법, 해로운 나트륨과 염소를 합쳐 염화나트륨(소금) 만들기, 쇠파이프 부식을 막기 위해 산성과 염기성을 교차통과시키기 등이 있다, 셋째, 해로운 요소를 더 이상 해롭지 않을 정도로 증대시킨다. 대표적인 사례로는 산불 확산을 막기 위해 맞불 놓기 전략, 부정적 문제를 일부러 부각시켜 인지도를 높이는 구설수 홍보noise marketing 등이 있다.

[표 5-25] 전화위복 원리의 주요 적용 예시

원리	적용 예시		
해로운 요소를 이용하여 바람직한 효과를 얻게 하기	폐열을 활용한 전기 생산	레몬을 활용해 레모네이드만들기	피아노식 계단
문제해결을 위해 주요한 해로운 요소를 다른 해로운 요소와 결합시켜 상쇄시키기	폭탄으로 산불진압	염화나트륨	산성과 염기성 교차통과

원리	적용 예시
해로운 요소가 더 이상 해롭지 않을 정도로 증대시키기	화재진압 구설수 홍보
전화위복 원리가 적용될 수 있는 모순 쌍(기술변수) 번호(예)	1/30 1/31 2/17 2/21 2/30 2/31 5/30 6/31 7/24 7/30 11/30 12/7 12/17 12/26 12/30 13/12 13/36 13/37 14/31 15/30 15/31 16/31 17/1 17/2 17/12 17/14 17/30 17/31 19/22 20/30 20/31 21/11 21/30 22/30 22/31 23/2 23/30 24/8 등

환류	발명원리 23번

『환류』feedback 원리는 어떤 과정이나 행위를 증진시키기 위해 환류를 도입하는 것을 내용으로 한다. 대표적인 사례로는 휴대전화를 흔들면 QR 코드의 자동 생성, 자이로컴퍼스의 항공기 자동 조종 장치 제어, 물이 자동으로 충전되는 변기 등이 있다.

[표 5-26] **환류 원리의 주요 적용 예시**

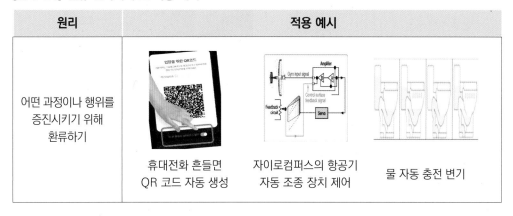

원리	적용 예시
어떤 과정이나 행위를 증진시키기 위해 환류하기	휴대전화 흔들면 QR 코드 자동 생성 자이로컴퍼스의 항공기 자동 조종 장치 제어 물 자동 충전 변기

환류 원리가 적용될 수 있는 모순 쌍(기술변수) 번호(예)	3/23 5/38 6/38 9/30 10/28 13/16 13/37 13/39 16/13 19/11 19/26 20/27 22/7 22/36 22/37 23/1 23/3 24/27 24/39 27/20 27/28 28/27 29/7 29/33 29/38 30/7 30/28 31/9 32/26 33/29 38/4 38/22 38/29 39/23 39/24 등

매개체 활용　　발명원리 24번

『매개체 활용』mediator 원리의 주요 내용은 다음과 같다. 첫째, 작용을 수행 또는 전달하기 위해서 매개체를 사용한다. 예를 들어, 복잡한 모양의 물체 내부에 보호물질을 바르기 위해서, 뜨거운 압축공기와 보호물질을 혼합하여 주입하기, 벽에 흠집을 내지 않는 핀 후크, 다이아몬드판을 만들기 위해서 헝겊에 다이아몬드 분말을 바른 후, 헝겊을 아세톤으로 녹이기 등이 있다. 둘째, 쉽게 제거할 수 있는 대상을 원래 대상에 임시로 연결한다. 대표적인 예로는 실리콘 냄비 손잡이, 여러 나라에서 사용할 수 있는 여행용 어댑터 등이 있다.

[표 5-27] **매개체 활용 원리의 주요 적용 예시**

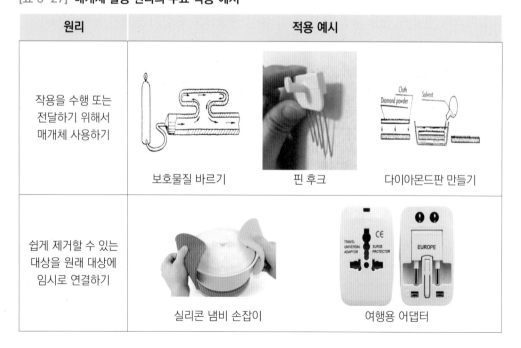

원리	적용 예시
작용을 수행 또는 전달하기 위해서 매개체 사용하기	보호물질 바르기　　　핀 후크　　　다이아몬드판 만들기
쉽게 제거할 수 있는 대상을 원래 대상에 임시로 연결하기	실리콘 냄비 손잡이　　　여행용 어댑터

| 매개체 활용 원리
가 적용될 수 있는
모순 쌍(기술변수)
번호(예)
 | 1/24 1/33 1/39 3/19 3/24 3/30 3/36 3/37 3/38 4/23 4/24 5/32
7/38 8/11 9/28 9/31 10/28 10/31 11/8 11/19 11/38 13/30 16/28
17/28 17/29 17/31 19/13 19/17 19/22 19/23 21/2 23/4 23/19
23/26 23/29 23/33 23/36 24/1 24/25 24/26 25/4 25/24 25/28
25/29 25/38 26/23 26/24 27/7 27/8 27/11 27/35 28/9 28/16 28/17
28/25 등 |

| 제 시중 | 발명원리 25번 |

『제 시중』[4]self service의 주요 내용은 다음과 같다. 첫째, 대상 스스로 보충 및 수리 작업을 수행한다. 예를 들어, 할로겐 램프는 사용하는 동안 필라멘트를 재생성한다. 또한 에어리스 타이어airless tire는 공기압을 확인하고 조정하는 등 유지보수가 필요 없다. 자체 삭제 종이는 24시간 이내에 글자가 자동 삭제되어 반복적으로 활용할 수 있다. 둘째, 버리는 재료와 에너지를 이용한다. 대표적인 사례로는 동물에서 나오는 배설물을 에너지화하기, 폐기된 음식물을 비료화하기 등이 있다.

[표 5-28] 제 시중 원리의 주요 적용 예시

원리	적용 예시		
대상 스스로 보충 및 수리 등 유익한 기능 수행하기	할로겐 램프	에어리스 타이어	자체 삭제 종이
폐자원, 폐에너지, 폐물질 사용하기	동물폐기물 에너지화	음식폐기물 비료화	

---

4 셀프서비스를 우리말화하기 위해 '제 시중'을 사용하고자 함. 예. 제 잘못, 제 뜻

제 시중 원리가 적용될 수 있는 모순 쌍 (기술변수) 번호(예)	2/37 4/18 4/33 7/28 7/29 8/29 9/29 10/33 11/22 11/28 12/15 14/33 14/36 15/12 16/37 17/21 18/39 19/5 19/11 20/37 21/8 21/17 22/26 26/22 26/22 26/22 18/39 19/5 19/11 20/37 21/8 30/33 33/1 33/2 33/15 33/16 33/28 33/30 34/3 34/6 34/7 34/25 34/26 34/29 37/15 37/16 38/14 38/37 39/34 등

복제   발명원리 26번

『복제』copying 원리의 주요 내용은 다음과 같다. 첫째, 비싸고 깨지기 쉽고 다루기 불편한 제품 대신 더 단순하고 값싼 복제품을 사용한다. 예를 들어, VR을 활용한 가상 여행, 원격화상회의, 메타버스 수술 교육 등이 있다. 둘째, 대상을 광학적 이미지로 대체한다. 그러면 그 이미지를 축소하거나 확대할 수 있다. 예를 들어, 네이버 지도를 통한 실제 거리재기, 초음파로 태아 건강 상태 살펴보기, 치과 치료를 위한 엑스레이 촬영 등이 있다. 셋째, 가시광선을 적외선 또는 자외선으로 대체한다. 열화상 카메라, 적외선을 활용한 탐지 무기, 누수 탐지 적외선 카메라 등이 대표적인 사례이다.

[표 5-29] 복제 원리의 주요 적용 예시

원리	적용 예시		
비싸고 깨지기 쉽고 다루기 불편한 제품 대신 더 단순하고 값싼 복제품을 사용하기	가상현실 여행	S/W 활용 화상회의	메타버스 수술 교육
대상을 광학적 복사물로 대체하기	네이버 지도 거리재기	태아 초음파	엑스레이

가시광 복제가 사용되고 있다면, 적외선 또는 자외선 복제로 대체하기	 열화상 카메라	 적외선 탐지 무기	 누수 탐지 적외선 카메라
복제 원리가 적용될 수 있는 모순 쌍(기술변수) 번호(예)	1/26 1/28 1/29 1/36 1/37 1/38 2/13 2/25 2/26 2/28 2/36 2/38 3/36 3/37 3/38 4/14 4/24 4/36 4/37 4/39 5/22 5/24 5/25 5/28 5/32 5/37 5/39 6/4 6/28 7/1 7/28 7/36 7/37 8/37 9/14 9/24 9/35 10/36 12/2 12/15 12/33 12/39 13/2 13/36 14/2 14/4 14/9 등		

일회용품 활용　　　발명원리 27번

『일회용품 활용』dispose 또는 cheap short-living objects 원리는 값비싼 대상을 저렴한 물건으로 대체하여 비용을 줄이고 다른 특성을 악화시키는 것을 주요 내용으로 한다. 예를 들면, 일회용 휴대전화, 정수기 렌트 서비스, 항공기 전자티켓 등이 있다.

[표 5-30] 일회용품 활용 원리의 주요 적용 예시

원리	적용 예시		
값비싼 대상을 저렴한 물건으로 대체하기	일회용 휴대전화	정수기 렌트 서비스	항공기 전자티켓
일회용품 활용 원리가 적용될 수 있는 모순 쌍(기술변수) 번호(예)	1/14 1/27 1/28 1/30 1/32 1/34 2/14 2/16 2/34 4/32 6/30 7/30 8/30 9/27 9/34 9/37 10/14 11/15 11/31 13/15 13/18 13/20 13/21 13/25 13/3 14/2 14/15 14/26 14/28 14/29 14/34 14/37 15/11 15/14 15/23 15/29 등		

| 기계시스템 대체 | 발명원리 28번 |

『기계시스템 대체』replacement of mechanical system 원리의 주요 내용은 다음과 같다. 첫째, 기계시스템을 빛, 소리, 열, 냄새를 이용한 시스템으로 대체한다. 대표적인 사례로는 반려동물을 위한 소리 펜스, 가스 누출 경보기, 냄새로 굴삭기 부러진 상태 알리는 기능 등이 있다. 둘째, 대상을 전기장, 자기장 또는 전자기장과 상호작용하게 한다. 예를 들어, 자성의 성질을 가지는 드라이버, 마그네틱 신용카드 등이 있다.

[표 5-31] 기계시스템 대체 원리의 주요 적용 예시

원리	적용 예시		
기계시스템을 빛, 소리, 열, 냄새를 이용한 시스템으로 대체하기	소리 펜스	가스 누출 경보기	냄새로 굴삭기 부러진 상태 알리기
대상을 전기장, 자기장 또는 전자기장과 상호작용하게 하기	자화기 드라이버		신용카드
기계시스템 대체 원리가 적용될 수 있는 모순 쌍(기술변수) 번호(예)	1/7 1/14 1/25 1/28 1/29 1/32 1/34 1/37 2/14 2/17 2/20 2/22 2/27 2/28 2/32 2/34 2/37 2/39 3/28 3/29 3/34 3/39 4/2 4/10 4/14 4/22 4/23 4/27 4/28 5/11 5/28 5/30 5/38 6/28 7/13 7/28 7/29 8/13 9/1 9/10 9/13 9/17 9/23 9/27 9/28 9/29 9/30 9/33 9/34 9/36 10/2 10/4 10/9 등		

공기압 또는 유압 활용　　발명원리 29번

『공기압 또는 유압 활용』Pneumatic or hydraulic constructions 원리는 물체의 고체 부분을 기체나 액체로 바꾸는 것이다. 대표적인 사례로는 젤 소재로 신발 밑창 만들기, 자동차 에어백, 젤로 만든 손목보호대 등이 있다.

[표 5-32] 공기압 또는 유압 활용 원리의 주요 적용 예시

원리	적용 예시		
물체의 고체 부분을 기체나 액체로 바꾸기	젤 소재 신발	에어백	젤 소재 손목보호대
공기압 또는 유압 활용 원리가 적용될 수 있는 모순 쌍(기술변수) 번호(예)	1/3　1/5　1/7　1/17 1/35 1/37　2/4　2/11　2/12　2/35 3/1　3/12 3/14 3/23 3/25　3/26　3/27 3/29 3/32 3/33　3/39　4/2　4/25　4/27 5/1　5/9　5/12 5/26　5/27　6/29 7/1　7/9　7/12　7/26　7/32　7/35　7/37 9/5　9/7　9/26 10/26 10/29 11/2 12/1 12/3 12/23 12/35 12/36 13/20 14/5 14/25 14/26 14/39 등		

유연한 막 또는 얇은 막 활용　　발명원리 30번

『유연한 막 또는 얇은 막 활용』flexible membranes or thin films 원리의 주요 내용은 다음과 같다. 첫째, 기존 구조물을 유연한 막이나 얇은 필름으로 바꾼다. 예를 들어, 휴대전화나 스마트 워치의 휘어지는 화면, 깨지는 것을 방지하는 실리콘 전구 등이 있다. 둘째, 유연한 막이나 얇은 필름을 사용해서 외부환경과 대상(물건)을 분리시킨다. 휴대전화 필름, 필름막으로 상처를 보호하는 밴드, 자동차 도장을 보호하는 필름 등이 대표적인 사례이다.

[표 5-33] 유연한 막 또는 얇은 막 활용 원리의 주요 적용 예시

원리	적용 예시		
기존 구조물을 유연한 막이나 얇은 필름으로 바꾸기	유연한 화면		실리콘 전구
유연한 막이나 얇은 필름을 사용해서 외부환경과 대상(물건)을 분리시키기	휴대전화 필름	상처 보호 밴드	자동차 도장 보호 필름
유연한 막 또는 얇은 막 활용 원리가 적용될 수 있는 모순 쌍 (기술변수) 번호(예)	1/36 2/6 2/23 4/25 4/39 5/9 5/10 5/22 5/24 5/26 5/35 5/38 6/2 6/16 6/22 6/24 6/37 7/26 7/33 8/21 8/31 9/5 9/17 12/14 12/29 13/23 13/30 13/33 13/35 14/12 14/17 15/7 17/9 17/14 17/18 17/26 18/12 19/32 21/8 21/36 22/5 22/6 23/7 23/13 23/30 24/5 24/6 25/4 25/27 25/38 26/29 27/25 29/12 29/13 29/26 30/13 31/8 33/13 35/5 35/13 36/1 36/21 37/6 37/10 37/13 38/25 39/4 등		

5. 40개 발명원리(31번-40번) 이해하고 적용하기

이 절에서는 40개 발명원리 중, 다공성 물질 사용, 색 변경, 동질화, 폐기 혹은 재생, 속성 변환, 상전이, 열팽창, 활성화, 비활성화/불활성 환경, 복합재료 사용을 다룬다.

다공성 물질 사용   발명원리 31번

『다공성 물질porous materials 사용』 원리의 주요 내용은 다음과 같다. 첫째, 물체에 구멍을 만들거나 다공성 재료를 사용한다. 예를 들어, 다공성 수세미, 다공성 건물, 해석의 여유를 남겨두는 예술작품 등이 있다. 둘째, 다공성 물질인 경우, 구멍을 다른 물질로 채운다. 대표적인 사례로 초밥 공기층, 틈새시장 등이 있다.

[표 5-34] 다공성 물질 사용 원리의 주요 적용 예시

원리	적용 예시		
물체에 구멍을 만들거나 다공성 재료 사용하기	다공성 수세미	다공성 건물	여백의 미
다공성 물질인 경우, 구멍을 다른 물질로 채우기	초밥 공기층	틈새시장	
다공성 물질 사용 원리 가 적용될 수 있는 모순 쌍(기술 변수) 번호(예)	1/15 1/19 1/21 1/23 1/26 1/31 8/36 13/2 14/23 15/1 16/26 17/23 17/37 19/1 20/23 20/26 21/1 21/13 21/27 21/30 23/5 23/6 23/8 23/14 23/17 23/20 23/22 23/28 23/29 26/1 26/16 26/20 26/30 27/21 28/23 29/23 30/21 30/26 30/35 31/15 31/36 33/8 34/4 35/30 35/32 37/8 39/5 등		

색 변경   발명원리 32번

『색 변경』changing the color 원리의 주요 내용은 다음과 같다. 첫째, 대상이나 외부환경의 색을 변경한다. 대표적인 사례로는 사진현상을 위한 암실의 전등색, 물 온도를 보여주는 LED 샤워기, 나라별로 로고색을 변경하는 맥도날드 등이 있다. 둘째, 대상이나 외부환경의 투명도를 변경한다. 예를 들면, 공기 필터용 실크 단백질 나노 섬유, 날씨에 따라 변색하는 안경렌즈 등이 있다.

4단계 문제해결안 도출

[표 5-35] 색 변경 원리의 주요 적용 예시

원리	적용 예시		
대상이나 외부환경의 색 변경하기	사진 현상 암실	LED 샤워기	나라별 로고색 변경
대상이나 외부환경의 투명도 변경하기	공기 필터용 실크 단백질 나노 섬유		변색 렌즈
색 변경 원리가 적용 될 수 있는 모순 쌍 (기술변수) 번호(예)	1/18 1/37 2/17 2/18 2/33 3/18 3/28 4/28 4/29 5/18 5/19 5/21 5/28 5/29 6/21 6/27 6/28 8/25 9/28 9/29 9/33 12/17 12/18 12/28 12/29 12/32 12/33 12/38 13/17 13/18 13/21 13/2 13/33 14/32 14/33 14/35 17/2 17/12 17/13 17/18 17/28 18/1 등		

동질화   발명원리 33번

『동질화』Homogeneity는 물체(대상)와 상호작용하는 주변 물체를, 물체와 동일하거나 비슷한 재료로 만드는 원리이다. 예를 들면, 다이아몬드를 자르는 도구에 다이아몬드 사용, 쿠키로 빨대 만들기, 고체산소를 녹이기 위해 산소증기 공급, 시원하게 음료를 먹을 수 있게 해 주는 얼음잔, 구성원의 일체감을 부여하는 교복, 각 기업의 CI corporate identity 등이 있다.

[표 5-36] 동질화 원리의 주요 적용 예시

원리	적용 예시
물체(대상)와 상호작용하는 주변 물체를, 물체와 동일하거나 비슷한 재료로 만들기	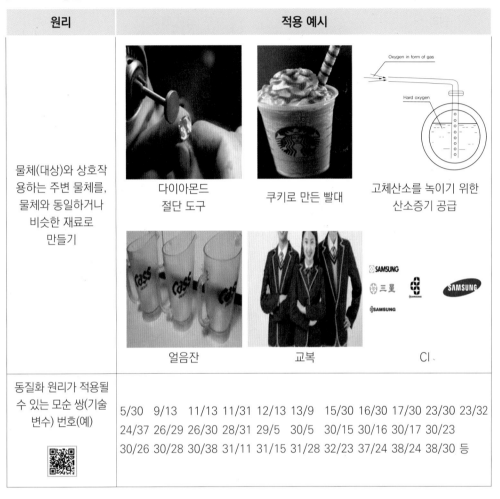 다이아몬드 절단 도구　　쿠키로 만든 빨대　　고체산소를 녹이기 위한 산소증기 공급 얼음잔　　교복　　CI
동질화 원리가 적용될 수 있는 모순 쌍(기술변수) 번호(예)	5/30　9/13　11/13　11/31　12/13　13/9　15/30　16/30　17/30　23/30　23/32 24/37　26/29　26/30　28/31　29/5　30/5　30/15　30/16　30/17　30/23 30/26　30/28　30/38　31/11　31/15　31/28　32/23　37/24　38/24　38/30 등

폐기 혹은 재생　　　발명원리 34번

『폐기 혹은 재생』rejecting and regenerating parts 원리의 주요 내용은 다음과 같다. 첫째, 물체의 요소가 그 기능을 다해 쓸모없게 되면 폐기(버리기, 녹이기, 증발시키기)하거나 변형한다. 예를 들어, 폐기된 탱크로 인공어초 만들기, 일정 시간 지나면 녹는 젤라틴으로 만든 캡슐 약, 쓰레기를 재생하여 만든 가방 등이 있다. 둘째, 고갈되었거나 소모된 부품을 다시 복구시킨다. 재충전이 가능한 건전지, 자동차 엔진의 성능과 효율 증진 작업tune up 등이 대표적인 사례이다.

[표 5-37] 폐기 혹은 재생 원리의 주요 적용 예시

원리	적용 예시		
물체의 요소가 그 기능을 다해 쓸모없게 되면 폐기하거나 변형하기	인공어초	젤라틴 캡슐	쓰레기로 만든 가방
고갈되었거나 소모된 부품은 다시 복구시키기	재충전 건전지		자동차 엔진 성능 효율 개선
폐기 혹은 재생 원리가 적용될 수 있는 모순 쌍(기술변수) 번호(예)	1/3　1/5　1/15　1/19　1/22　1/36　3/1　3/13　3/14　5/9　5/12　5/39　7/9　7/17 7/23　7/25　7/38　7/39　8/13　8/16　8/23　8/30　9/5　9/7　9/12　9/34　9/36 9/37　10/12　12/3　12/5　12/9　12/11　12/19　12/25　12/39　13/8　13/35 14/5　15/1　16/8　16/27　16/37　17/7　19/26　21/26　21/32　21/34 등		

속성 변환　　　　발명원리 35번

　『속성 변환』transformation of property 원리의 주요 내용은 다음과 같다. 첫째, 물체(대상)의 물리적 상태(예. 기체, 액체, 고체)를 바꾼다(예. 술이 든 초콜릿, 액화천연가스, 과일 건조 등). 둘째, 농도와 밀도를 변화시킨다(예. 액체비누, 먹는 비타민 등). 셋째, 유연화시킨다(예. 형상기억합금 타이어, 유연학기제 등). 넷째, 온도를 변화시킨다(예. 정자 냉동 보관, 햇반 등).

[표 5-38] 속성 변환 원리의 주요 적용 예시

원리	적용 예시		
물체(대상)의 물리적 상태를 바꾸기	술이 든 초콜릿	액화천연가스	과일 건조
농도, 밀도를 변화시키기	액체비누 대 막대비누		먹는 비타민
유연화시키기	형상기억합금 타이어		유연학기제
온도 변화시키기	냉동 보관		햇반
속성 변환 원리가 적용될 수 있는 모순 쌍 (기술변수) 번호(예)	1/12 1/13 1/15 1/19 1/23 1/24 1/25 1/28 1/29 1/31 1/33 1/38 1/39 2/4 2/6 2/8 2/10 2/18 2/24 2/25 2/29 2/31 2/38 2/39 3/7 3/11 3/14 3/19 3/21 3/22 3/26 3/33 3/37 4/2 4/8 4/11 4/13 4/16 4/17 4/23 4/35 5/10 5/23 6/10 6/17 6/25 6/27 6/30 6/37 7/3 7/10 7/11 7/15 7/19 7/21 7/30 7/38 8/2 8/4 8/11 8/12 8/13 등		

| 상전이 | 발명원리 36번 |

『상전이』phase transition 원리는 부피의 변화, 열의 발생 또는 흡수를 주요 내용으로 한다. 대표적인 사례로는 바위의 빈틈에 물이 얼고 녹는 것을 반복하면서 바위 쪼개기, 손난로, 열펌프 등을 들 수 있다.

[표 5-39] 상전이 원리의 주요 적용 예시

원리	적용 예시
부피의 변화, 열의 발생 또는 흡수	 물로 바위 쪼개기　　　손난로　　　열펌프
상전이 원리가 적용될 수 있는 모순 쌍 (기술변수) 번호(예)	1/11　1/21　1/32　1/36　5/11　5/37　6/10　6/11　6/29　6/36　7/10　7/11 7/23　9/17　10/3　10/6　10/8　10/20　10/25　10/26　10/29　10/31　10/37 11/1　11/3　11/5　11/6　11/9　11/10　11/22　11/23　11/25　11/26　11/37 12/26　16/17　17/1　17/9　17/16　17/23 등

| 열팽창 | 발명원리 37번 |

『열팽창』thermal expansion 원리의 주요 내용은 다음과 같다. 첫째, 온도변화에 따른 물질의 팽창 및 수축을 이용한다. 대표적인 사례로는 썩은 치아를 깎아 낸 후 메꾸는 치아 충전재, 도로와 도로 사이 팽창을 위한 틈새, 나무로 만든 수레바퀴의 변형을 막는 마구리테 등이 있다. 둘째, 이미 열팽창이 활용되고 있는 경우, 열팽창계수가 서로 다른 물질을 이용한다. 예를 들어, 균열 있는 도자기 제작을 위해 유약과 도자기의 열팽창 정도를 다르게 하기, 팽창 정도가 다른 두 종류의 금속(bi-metal)을 활용해서 온도를 조절하는 다리미 등이 있다.

[표 5-40] 열팽창 원리의 주요 적용 예시

원리	적용 예시		
온도변화에 따른 물질의 팽창 및 수축을 이용	치아 충전재	도로 틈새	수레바퀴의 마구리테
열팽창계수가 서로 다른 물질을 조합 이용	도자기 굽기		다리미-바이메탈[5]
열팽창 원리가 적용될 수 있는 모순 쌍 (기술변수) 번호(예)	1/10 1/11 1/39 2/30 3/29 4/13 6/11 7/10 7/11 8/10 8/39 10/1 10/6 10/7 10/8 10/20 10/21 10/25 10/29 10/32 10/37 10/39 11/1 11/6 11/19 11/23 11/25 11/30 등		

　　　　　활성화　　　　　발명원리 38번

　　『활성화』[6]accelerated oxidation 원리의 주요 내용은 다음과 같다. 첫째, 일반적인 대

5　바이메탈(철-황동, 구리·아연 합금-니켈·철 합금) 등의 온도가 올라가면 두 가지 금속이 동시에 늘어나지만, 늘어나는 정도는 다르다. 열팽창률이 큰 금속이 열팽창률이 작은 금속에 비해 더 많이 늘어나면서 열팽창률이 작은 금속 쪽으로 휘어지게 되며, 바이메탈의 온도가 다시 내려가면 휘어졌던 바이메탈이 원래의 모양을 되찾게 된다. 바이메탈은 주로 온도 조절 장치로 활용된다. 온도가 올라가기 전에는 회로에 연결되어 있어 전류를 흐를 수 있게 하다가 온도가 올라가면 바이메탈이 휘어지면서 회로에서 분리되어 전류를 흐르지 못하게 한다(예. 전기다리미, 전기주전자, 전기난로, 에어컨, 냉장고, 자동개폐기, 바이메탈 온도계 등).

6　인문학적 측면에서는 칭찬, 인센티브와 같은 정적 강화positive reinforcement를 통해 긍정적인 변화를 유도하거나 작용을 활발히 하도록 하는 것을 예로 들 수 있다.

기 환경이 아닌 산소가 풍부한 환경을 조성한다(예. 산소캔, 경품행사 등). 둘째, 산소가 풍부한 환경을 순수 산소 환경으로 대체한다(예. 산소용접, 산소치료실 등). 셋째, 오존으로 포화시킨 산소를 도입한다(예. 공기청정기).

[표 5-41] 활성화 원리의 주요 적용 예시

원리	적용 예시	
일반적인 대기 환경이 아닌 산소가 풍부한 환경 조성하기	산소캔	경품행사
산소가 풍부한 환경을 순수 산소 환경으로 대체하기	산소용접	산소치료실
오존으로 포화시킨 산소를 도입하기	공기청정기	
활성화 원리가 적용될 수 있는 모순 쌍(기술변수) 번호(예)	1/5 1/9 1/17 4/17 6/13 6/17 7/9 8/16 9/1 9/11 9/19 9/21 9/23 9/26 15/21 16/8 16/23 16/39 17/1 17/6 17/22 19/25 19/37 21/1 21/5 21/6 21/7 21/15 21/22 21/23 22/4 22/9 22/10 22/17 22/21 23/9 23/16 23/21 25/19 25/26 26/25 27/39 37/19 39/3 39/16 39/19 39/26 39/27 등	

| 비활성화/불활성 환경 | 발명원리 39번 |

『비활성화/불활성 환경』inert environment 원리의 주요 내용은 다음과 같다. 첫째, 정상적인 환경을 불활성 환경으로 바꾼다(예. 아르곤가스를 넣은 전구). 둘째, 대상에 중성 물질이나 첨가제를 넣는다(예. 용접 보호 가스). 셋째, 진공 속에서 작업을 처리한다(예. 진공포장기).

[표 5-42] 비활성화/불활성 환경 원리의 주요 적용 예시

원리	적용 예시
정상적인 환경을 불활성 환경으로 바꾸기	 아르곤가스를 넣은 전구
대상에 중성 물질이나 첨가제 넣기	 용접 보호 가스[7]
진공 속에서 작업 처리하기	 진공포장기

---

7   용접 시 용접부 재료의 산화를 막기 위해 아르곤이나 헬륨 같은 불활성 가스로 용접 아크를 감싸기 위해 사용함

비활성화/불활성 환경 원리가 적용될 수 있는 모순 쌍(기술변수) 번호(예)	1/13 1/31 2/13 2/31 2/36 3/22 4/13 5/13 5/23 5/31 6/4 6/17 6/23 6/30 7/13 7/17 7/23 8/23 8/30 11/17 12/37 13/1 13/2 13/6 13/7 13/16 13/22 13/3 13/37 15/17 15/31 15/37 16/13 17/5 17/7 17/11 17/15 17/26 18/31 22/13 23/3 23/6 23/8 등

복합재료 사용	발명원리 40번

『복합재료 사용』composite materials 원리는 단일 물질을 복합 물질로 대체하는 것을 주요 내용으로 한다. 대표적인 사례로는 형상기억합금 날개, 알루미늄 합금, 복합문화 공간 등이 있다.

[표 5-43] **복합재료 사용 원리의 주요 적용 예시**

원리	적용 예시		
단일 물질을 복합 물질로 대체하기	형상기억합금 날개	알루미늄 합금	복합문화공간
복합재료 사용 원리가 적용될 수 있는 모순 쌍(기술변수) 번호(예)	1/7 1/11 1/12 1/14 2/13 3/27 4/2 4/6 5/14 6/14 6/26 6/27 6/31 6/32 7/1 7/27 7/31 7/32 8/13 9/11 10/12 10/23 10/30 11/1 11/13 11/14 12/1 12/10 12/14 12/27 12/29 13/2 13/8 13/11 13/23 13/31 13/39 14/1 14/2 14/5 14/6 14/11 등		

참고문헌

김은경(2020). 창의와 혁신의 시크릿 트리즈. 서울: 한빛아카데미.

김효준(2009). 창의성의 또 다른 이름 트리즈. 서울: INFINITYBOOKS.

박성균, 윤기섭, 최윤희(2012). TRIZ 그림책 40가지 발명원리. 서울: GS인터비전.

박양미(2015). 생각하며 배우는 창조경제 디자인 지침서. 서울: 구미서관.

신정호(2019). 트리즈씽킹. 서울: 두경엠엔피.

이용규, 이경원(2003). 트리즈(러시아의 창의적 문제해결 이론)의 창의적 지식경영에서의
    응용. 지식경영연구, 4(1), 81-94.

제6장

문제해결안 도출: 물리적 모순과
분리원리, 기능지향검색

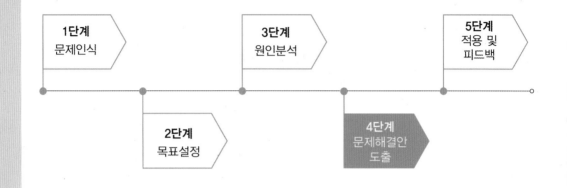

| 1단계
문제인식 | | 3단계
원인분석 | | 5단계
적용 및
피드백 |

| | 2단계
목표설정 | | 4단계
문제해결안
도출 | |

학습목표

트리즈 기반 문제해결과정 중 『문제해결』단계(물리적 모순과 분리
원리, 기능지향검색)를 이해하고 적용할 수 있다.

주요 학습내용

1. 물리적 모순과 분리원리 이해하고 적용하기
2. 기능지향검색 이해하고 적용하기

이 장에서는 물리적 모순을 해결하기 위한 문제해결도구로 분리원리, 기능지향검색에 대해서 알아보고자 한다.[1]

1. 물리적 모순과 분리원리 이해하고 적용하기

물리적 모순은 하나의 특성이 가지는 2개의 상반된 값들이 서로 상충하는 문제상황이다. 예를 들어, 낚싯대는 이동할 때는 짧고, 낚시할 때는 길어야 한다. 낚싯대는 짧기도 하고 길기도 해야 한다. 이러한 상황이 물리적 모순이다. 물리적 모순을 해결하기 위한 원리(또는 알고리즘)는 다음 [그림 6-1]과 같다. 예를 들어, 낚싯대가 짧기도 하고 길기도 해야 한다는 '특정 현실문제'를 해결하고자 할 때, 물리적 모순상황과 최종목표가 명확하도록 물리적 모순을 분석해서 모순상황을 도식화한다. 즉, '일반적 문제로 문제를 모델링'한다. 이후, 4개의 분리원리를 기초로 '일반적 해결'(해결 모델링) 단계를 거친다. 일반적 해결안을 평가해서 가장 우수한 아이디어를 선정한 후, 물리적 모순을 극복하고 최종목표를 달성할 수 있는 특정 현실문제를 해결할 '특정 해결방법'을 도출한다.

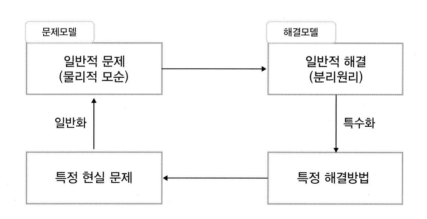

[그림 6-1] 물리적 모순해결 원리(알고리즘)

---

1 기능분석, 트리밍, 다차원분석, 근본원인분석, 물질-장 분석 등 다양한 원인분석을 통해 도출된 모순(문제)모델에 따라 해결모델(40가지 발명원리, 분리원리, 76가지 표준해, 기능지향검색, ARIZ 등)을 적용한다. 문제모델problem model과 해결모델solution model의 쌍은 다음과 같다. 예를 들어, 기술적 모순-40개 발명원리, 물리적 모순-분리원리, 기능분석/근본원인분석-기능지향검색(FOS), 물질-장 분석-76가지 표준해결책, 비표준문제-ARIZ.

비행기 이착륙의 안정성을 위해서는 비행기 바퀴는 있어야 하고(+), 비행기의 속도를 높이기 위해서는 비행기 바퀴가 없기도(-) 해야 한다. 이러한 물리적 문제(모순)모델(그림 6-2)을 해결하기 위한 문제해결모델([그림 6-3])로 분리원리가 적용된다. 이러한 문제모델, 즉 모순상황을 해결하는 이상적인 문제해결방향은 C(+)와 C(-)를 분리하여 공존하게 함으로써 안전성(A)과 속도(B) 모두 향상시키는 것이어야 한다. 즉, 요구를 분리함으로써 충돌하지 않게 하는 방향으로 이상성을 추구하는 것이다. 분리원리는 공간에 의한 분리, 시간에 의한 분리, 조건에 의한 분리, 부분과 전체의 의한 분리 등 4가지 유형이 있다.

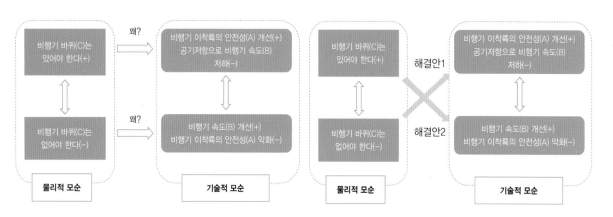

[그림 6-2] 물리적 모순-문제(모순)모델   [그림 6-3] 물리적 모순-문제해결모델

1.1. 공간에 의한 분리

충돌하는 두 특성parameter이 서로 다른 공간을 요구한다면, 각 특성의 요구를 충족할 수 있도록 서로 다른 공간을 제공한다. 아닐 경우, 시간에 의한 분리를 검토할 필요가 있다. 이를 위해 필요한 아이디어는 40개 발명원리, 경험, 지식 등을 통해 도출할 수 있다.

□ 열차표 구매하기

역에서 열차표를 사기 위해 줄(C)을 설 때, 빨리 표를 사기(A+) 위해서는 창구 직원이 여러 명이어서 많은 줄(C+)이 있어야 한다. 그러나 열차표를 사려는 고객의 형평성(B+)을 위해서는 오는 순으로 줄을 서야 하기 때문에 줄이 하나(C-)이어야 한다.

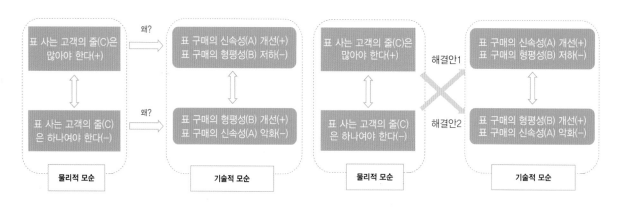

[그림 6-4] **물리적 모순-문제(모순)모델**　　　　[그림 6-5] **물리적 모순-문제해결모델**

이 모순상황의 해결을 위해, 40개 발명원리 중 '국부적 특성(3번)' 아이디어를 바탕으로 '공간에 의한 분리원리[2]'를 적용할 수 있다.

해결방안

처음에는 열차표를 구매하기 위해, 먼저 온 순서대로 1줄 서기(형평성+)를 한 후, 여러 창구 앞에서는 비어있는 창구에 가서 열차표 구매하기(신속성+)

[그림 6-6] **열차표 구매의 신속성과 형평성을 모두 제고하는 사례**

1.2. 시간에 의한 분리

　충돌하는 두 특성parameter이 서로 다른 시간대를 요구한다면, 각 특성의 요구를 충족할 수 있도록 서로 다른 시간을 제공한다. 아닐 경우, 조건에 의한 분리를 검토할 필요가 있다. 이를 위해 필요한 아이디어는 40개 발명원리, 경험, 지식 등을 통해 도출할 수 있다.

2　엄밀히 말하자면, '시간에 의한 분리원리'도 포함된 해결방안이다.

□ 낚싯대 길이

물고기를 수월하게 잡기 위해서는(A+)는 낚싯대(C)가 길어야(C+) 하지만, 낚시 전후 낚싯대 이동을 위해서는(B+) 낚싯대가 짧아야(C-) 한다.

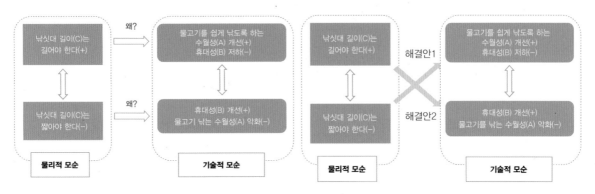

[그림 6-7] 물리적 모순-문제(모순)모델   [그림 6-8] 물리적 모순-문제해결모델

이 모순상황의 해결을 위해, 40개 발명원리 중 '포개기(7번)' 아이디어를 바탕으로 '시간에 의한 분리원리'를 적용할 수 있다.

해결방안

낚싯대 사용 전후에는 포개기 원리를 활용하여 접은 상태로 휴대를 함으로써 이동성을 높이고(휴대성+), 낚시할 때는 접은 낚싯대를 펼쳐서 낚시의 수월성을 높이기(수월성+)

[그림 6-9] 낚싯대의 이동성과 수월성을 모두 제고하는 사례

1.3. 조건에 의한 분리

충돌하는 두 특성parameter이 특정 조건(또는 관계)을 요구한다면, 각 특성의 요구를 충족할 수 있도록 서로 다른 조건을 제공한다. 아닐 경우, 『부분과 전체에 의한 분리』

를 검토할 필요가 있다. 이를 위해 필요한 아이디어는 40개 발명원리, 경험, 지식 등을 통해 도출할 수 있다.

□ 렌즈의 색 변환

실외에서 뜨거운 햇빛을 차단하기 위해서는 렌즈(C)가 불투명한 안경을 써야 한다 (C+). 그러나 실내에서는 사물을 잘 보기 위해서 렌즈(C)가 투명한 안경을 써야 한다(C-).

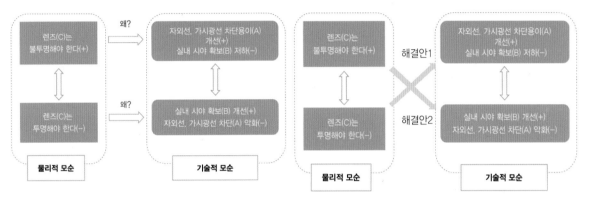

[그림 6-10] 물리적 모순-문제(모순)모델   [그림 6-11] 물리적 모순-문제해결모델

이 모순상황의 해결을 위해, 40개 발명원리 중 '속성변환(35번)' 아이디어를 바탕으로 '조건에 의한 분리원리'를 적용할 수 있다.

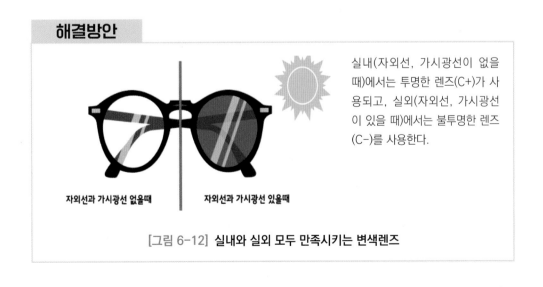

[그림 6-12] 실내와 실외 모두 만족시키는 변색렌즈

4단계 문제해결안 도출

1.4. 부분과 전체에 의한 분리

충돌하는 두 특성parameter이 시간, 공간, 특정 조건(또는 관계)에 의한 분리가 어렵다면, 각 특성의 요구를 충족할 수 있도록 『부분과 전체에 의한 분리』를 검토할 필요가 있다. 이를 위해 필요한 아이디어는 40개 발명원리, 경험, 지식 등을 통해 도출할 수 있다.

□ 자전거 체인의 역동성

자전거 운전자의 힘을 바퀴에 전달해 주는 '자전거 체인'(C)은 강해야만(C+), 큰 힘 (A)을 견딜 수가 있다(A+). 또한 '자전거 체인'(C)은 유연해야만(C-), 회전운동(B)을 잘할 수 있다(B+).

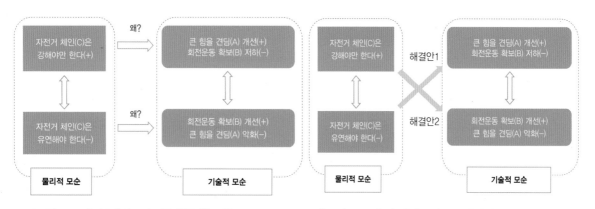

[그림 6-13] **물리적 모순-문제(모순)모델**   [그림 6-14] **물리적 모순-문제해결모델**

이 모순상황의 해결을 위해, 40개 발명원리 중 '분할(1번)과 역동성(15번)' 아이디어를 바탕으로 '부분과 전체에 의한 분리원리'를 적용할 수 있다.

해결방안

자전거의 각 부분은 강하게 제작되어 큰 힘(장력)에도 잘 견디고(C+), 각 부분부분은 서로 연결되어 유연성을 갖추게 됨으로써(C-) 회전운동도 잘하게 된다.

[그림 6-15] **견고성과 유연성을 모두 만족시키는 자전거 체인**

물리적 모순을 해결하는 단계[3]를 다음과 같이 정리할 수 있다.

1단계	모순 도출: 특정 현실문제 정의
2단계	모순상황 도식화: 일반적 문제모델링
3단계	문제해결방향(해결안 1, 해결안 2) 선택
4단계	일반적 해결안 도출: 4가지 분리원리 적용 문제해결모델링
5단계	특정 해결안 도출

[표 6-1] **물리적 모순해결 사례**

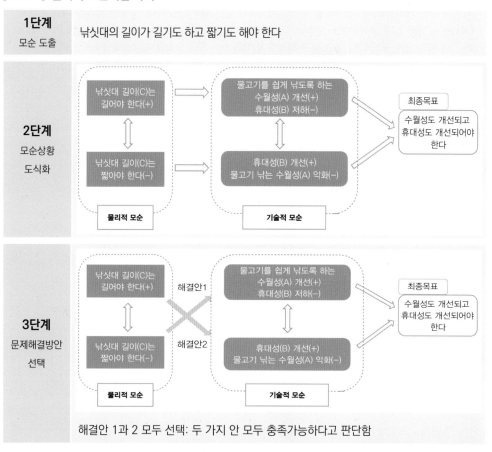

4단계 문제해결안 도출

4단계 일반적 해결안 도출	수월성도 개선되고 휴대성도 개선되도록 '시간에 의한 분리' 원리 적용	
5단계 특정 해결안 도출	구분	특정 해결안
	시간에 의한 분리	낚싯대를 사용할 때는 길게, 이동할 때는 짧게

활동 1

다음의 문제상황에 대해 제시된 양식을 토대로 분리의 원리를 적용하여 문제해결안을 도출해 보시오.

자신이 직접 커피를 타서 먹으려 할 때, 설탕(C)의 역할은 매우 중요하다. 달달한 커피를 먹기 위해서 (A+)는 설탕을 많이 넣어야(C+) 한다. 그러나 당뇨 예방 등 건강(B+)을 생각하면 설탕을 적게 넣어야(C-) 한다. 설탕을 많이도 넣고 싶고 적게도 넣어야 하는 모순상황을 해결해야 한다.

1단계 모순 도출	
2단계 모순상황 도식화	
3단계 문제해결방안 선택	
4단계 일반적 해결안 도출	
5단계 특정 해결안 도출	구분	특정 해결안

활동 2

다음의 문제상황에 대해 제시된 양식을 토대로 분리의 원리를 적용하여 문제해결안을 도출해 보시오.

차량이 강을 건너갈 수 있도록 다리를 만들었기 때문에, 다리 밑 강으로 배가 지나갈 수 없는 상황이다. 다리(C)가 있으면(C+), 강이 있음에도 차량(A)이 지나갈 수 있지만(A+), 큰 배(B)가 자유자재로 다리 밑을 지나갈 수 없게 된다(B-). 다리가 없으면(C-), 차량(A)이 지나갈 수 없게 되지만(A-), 큰 배(B)는 강으로 지나갈 수 있게 된다(B+). 다리가 있기도 하고 없기도 해야 하는 모순상황을 해결해야 한다.

1단계 모순 도출	

2단계 모순상황 도식화	

3단계 문제해결방안 선택	

4단계 일반적 해결안 도출	

5단계 특정 해결안 도출	구분	특정 해결안

2. 기능지향검색 이해하고 적용하기

트리즈는 기본적으로 어떤 문제(모순)의 해결방안이 이미 다른 분야 또는 다른 시대에 존재한다는 가정을 한다. 따라서 기능관점에서 관련 기술이나 제품, 재료 등을 찾아 그것을 문제해결에 활용하면 된다. 영역을 뛰어 넘는 접근cross over approach이다.

포드자동차는 제품의 생산방식을 어떻게 변경하게 된 것일까? 포드자동차 설립자인 헨리 포드는 시카고의 한 도살장에서 활용된 컨베이어 벨트 기반 소고기 해체방식에서 영감을 얻어, 노동자가 작업대로 가서 일하는 것이 아닌 작업물이 이동하여 정해진 위치에 있는 작업자에게 흘러가는 자동차 생산 컨베이어 벨트를 착안하게 된 것이다. 이처럼 타 분야의 아이디어를 자신의 분야 문제해결에 전이하게 될 때, 개방형 혁신open innovation이 가능하게 된다.

[그림 6-16] **컨베이어 벨트형 소고기 해체방식**   [그림 6-17] **포드자동차 컨베이어 벨트형 생산방식**

이러한 접근에 기반하여, 기능지향검색Function Oriented Search, 이하 FOS이 활용되고 있다. 이것은 기능중심의 핵심어를 활용하여 선도분야의 지식을 검색하는 문제해결도구이다. 기능지향검색을 통해 찾아낸 해결방안은 이미 여타 선도분야에서 활용되고 있기 때문에 어느 정도 검증된 내용이라는 점에서 유익하다고 볼 수 있다.

2.1. 기능지향검색의 절차

기능지향검색은 기능의 일반화, 기능 관련 선도영역 선정 및 지식 검색, 개념 구체화(적용) 등 3단계로 이루어진다.

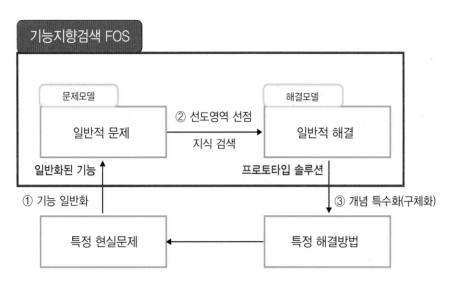

[그림 6-18] **기능지향검색 절차**

□ 1단계: 기능의 일반화

기능의 일반화 단계에서는 기술시스템이 존재하는 목적, 즉 구현하고자 하는 핵심
기능[4]을 명확하게 정의한다. 핵심기능은 동사와 목적어 형태로 기술한다. 예를 들어,
진공청소기 롤러 브러시는 먼지(목적어)를 제거한다(동사). 또한 핵심기능을 정의할 때, 특
수한 기술용어를 사용하지 않고 일상적인 쉬운 용어를 활용하여 표현하며, 대상object
에 해당하는 목적어를 보다 추상화하여 일반적으로 표현한다. 예를 들어, '제네시스
G90'보다는 '자동차', '육상 운반체', '운송수단', '움직이는 물체' 등과 같이 좀 더 일
반적인 용어를 사용한다. 기능action을 나타내는 동사 또한 대상(목적어)의 어떤 특성 유
지 또는 변경 등에 관해 표현한다. 예를 들어, '옷을 말리다'라고 기술하기보다, '물을
증발시키다', '물을 제거하다', '물을 옮기다' 등과 같이 표현하는 것이 좋다.

4　기능은 기능분석, 트리밍, 근본원인분석 등 다양한 원인분석을 통해 도출된다.

✓ **Vaccum roller brush > brush > material (nylon, polypropylene, flannel, silver fiber, etc.)**

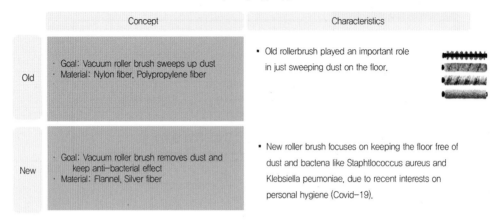

	Concept	Characteristics
Old	· Goal: Vacuum roller brush sweeps up dust · Material: Nylon fiber, Polypropylene fiber	• Old rollerbrush played an important role in just sweeping dust on the floor.
New	· Goal: Vacuum roller brush removes dust and keep anti-bacterial effect · Material: Flannel, Silver fiber	• New roller brush focuses on keeping the floor free of dust and bactena like Staphtlococcus aureus and Klebsiella peumoniae, due to recent interests on personal hygiene (Covid-19).

[그림 6-19] 기능지향검색 1단계: 무선 진공청소기 사례

활동 3

구체적인 문제(모순)(예. 헤어드라이어는 머리카락을 손상시킬 수 있다) 상황을 고려하여 헤어드라이어가 실현하고자 하는 '핵심기능'을 명확히 기술하시오.

구분	개념	특성
신(新)		
구(舊)		

□ **2단계: 기능 관련 선도분야 선정 및 지식 검색**

핵심기능의 선도분야는 최신 기술분야가 아니라 기능 관련 이종 산업분야 또는 아이디어가 많은 분야를 지칭한다. 문제를 해결하기 위해 선도분야를 찾는 이유는 이미 유사문제를 해결하기 위해 투자와 개선노력, 검증을 통해 아이디어가 많을 가능성이 높기 때문이다. 핵심기능 관련 선도분야는 극단적 사례(예. 기능모델 심화, 모순모델 심화-방수 대신 물 제거) 또는 문헌검색과 특허 데이터베이스 검색 및 분석을 통해 찾아낼 수 있다. 이외에도 선도분야가 가지는 일반적인 특성을 가지는 분야, 예를 들면 규모의 경제가 작동하는 분야(예. 자동차, 반도체 등), 성장곡선상 성숙기 또는 쇠퇴기에 위치한 분야(예. 라디오, 카메라 등), 절대 실수가 인정되지 않는 분야(예. 우주선, 미사일, 테러 등), 더 열악하고 위험한 조건에서 수행하는 분야(예. 사막, 극지, 바이러스 등) 등이 포함된다.

핵심기능 관련 선도분야를 선정한 후, 구체적으로 지식 검색절차를 수행한다. 특히, 특허와 논문 검색을 위해서는 GoldFire Innovator 자연어 검색어 시스템을 활용할 수 있다(김무웅, 2010).

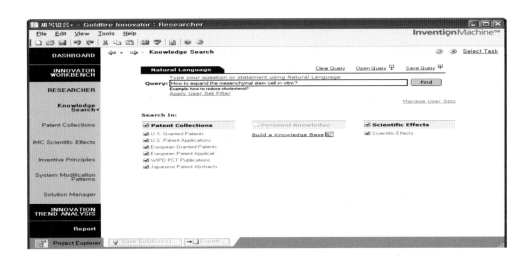

[그림 6-20] 자연어 검색어 시스템: GoldFire Innovator(김무웅, 2010)

또한, 가장 일반적으로는 구글 검색도구를 활용하여 지식을 검색하는 방안이다. 지식 검색을 하기 위해서는 다음 [그림 6-21]에서 보이는 바와 같이 먼저, 핵심기능을 기술하고 이를 기반으로 쿼리query를 작성한다. 쿼리는 동사 간에는 'OR'을 사용하고, 목적어 간에도 'OR'을 사용하며, 동사와 목적어는 'AND'로 이어준다(예. [sweep OR mop OR remove OR attack OR reduce] AND [dust OR bacteria OR fiber]). 다음으로 선도분야에서의 핵심기능(예. coating)을 찾은 후, 이를 쿼리에 반영하여 지식을 검색한다(예. [sweep OR mop OR remove OR attack OR reduce] AND [dust OR bacteria OR fiber] AND [coating]).

4단계 문제해결안 도출

	Verb	Object
Function	remove	dust
Expansion of function	sweep, mop, clean up, attack, reduce	dust, bacteria, fiber, silver
Query	[sweep OR mop OR remove OR attack OR reduce] AND [dust OR bacteria OR fiber]	
Finding candidacy in leading area	coating	
Ensuring Query in leading area	[sweep OR mop OR remove OR attack OR reduce] AND [dust OR bacteria OR fiber] AND [coating]	

Database: Google

[그림 6-21] 구글 검색 사례: 무선 진공청소기 사례1

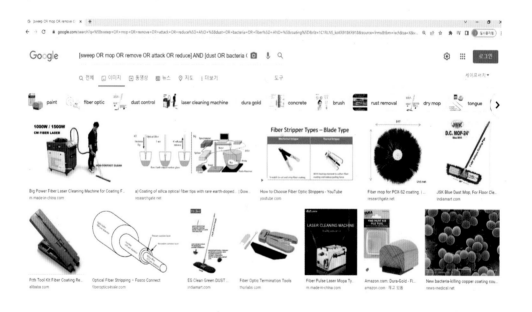

[그림 6-22] 구글 검색 사례: 무선 진공청소기 사례2

□ 3단계: 개념 구체화(적용)

개념 구체화 단계는 이전 단계에서 발굴한 문제해결방안이 현재의 시스템에 적용될 수 있는지 여부를 검토한다. 이 결과([그림 6-23])를 토대로 2차 문제해결(예. Adaptation problem[5])이 발생했을 때, 특성전이feature transfer 방법 등을 활용해서 극복할 수 있다.

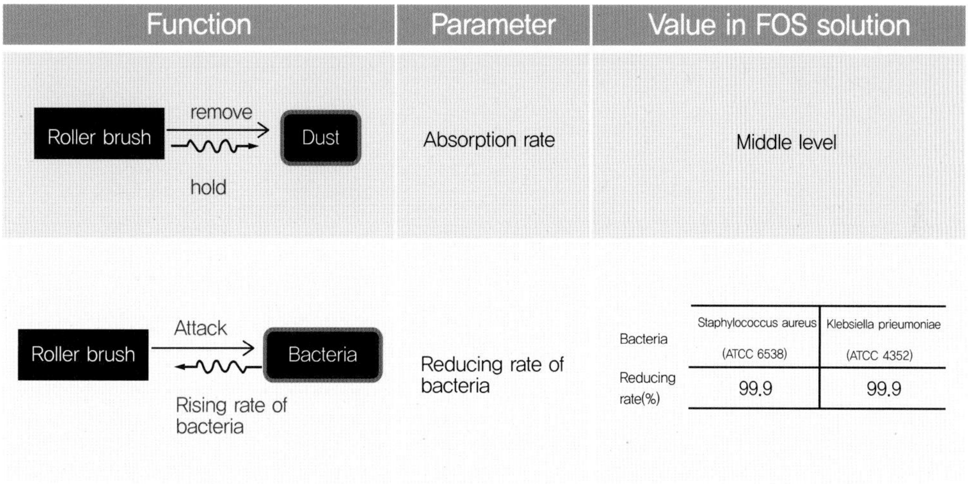

[그림 6-23] 개념 구체화(적용): 무선 진공청소기 사례

---

5 문제상황을 해결하기 위해 요구되는 값value이 기능지향검색(FOS)이 제시하는 해결 수행 값보다 높은 경우, 적용상 문제(adaptation problem)가 발생하게 된다.

활동 4

헤어드라이어가 실현하고자 하는 '핵심기능' 문제를 해결하고자 한다. 구글 검색을 위해 아래 양식에 따라 사전작업을 수행하시오.

구 분	동사	목적어
기능		
기능의 확대		
쿼리		
선도분야에서의 후보기능		
선도분야 후보기능 추가한 쿼리		

활동 5

[활동 4]에서 기술한 '쿼리'와 '선도분야에서의 기능 추가한 쿼리'를 활용해 구글 검색도구를 수행하고 그 결과를 제시하시오.

참고문헌

[기타 자료]

TRIZ Level 1 인증과정 교재 (국제트리즈협회 한국교육센터)

TRIZ Level 2 인증과정 교재 (국제트리즈협회 한국교육센터)

TRIZ Level 3 인증과정 교재 (국제트리즈협회 한국교육센터)

제7장

문제해결안 도출:
76가지 표준해결책

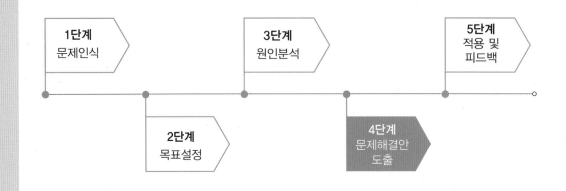

1단계
문제인식

2단계
목표설정

3단계
원인분석

4단계
문제해결안
도출

5단계
적용 및
피드백

학습목표

트리즈 기반 문제해결과정 중 『문제해결』 단계(76가지 표준해결책)
를 이해하고 적용할 수 있다.

주요 학습내용

1. 76가지 표준해결책(1번-13번) 이해하고 적용하기
2. 76가지 표준해결책(14번-24번) 이해하고 적용하기
3. 76가지 표준해결책(25번-42번) 이해하고 적용하기
4. 76가지 표준해결책(43-59번) 이해하고 적용하기
5. 76가지 표준해결책(60-76번) 이해하고 적용하기

이 장에서는 문제해결 도구로 물질-장 모델에 대한 일반적인 해결안인 76가지 표준해결책에 대해서 알아보고자 한다.[1]

1. 76가지 표준해결책(1-13번) 이해하고 적용하기

물질-장 모델(문제모델)에 대한 해결모델로서, 76가지 표준해결책standard solution을 활용한다([그림 7-1]).

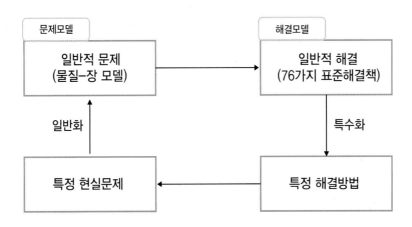

[그림 7-1] 물질-장 모델(문제모델) 해결원리

76가지 표준해결책은 물질-장 모델이라는 문제모델을 기반으로 제2수준 이상의 특허를 분석한 결과, 발견한 일정한 형태의 문제와 해결방안을 정리한 결과물이다. 76가지 표준해결책은 기술시스템 발전과정과 궤를 같이한다. 이 해결모델은 물질-장 모델의 구축과 파괴, 물질-장 모델의 진화, 상위시스템 및 미시수준으로의 전이, 측정시스템 관련 표준해결책, 표준해결책의 적용을 위한 표준해결책 등 5개 계층으로 구성된다.

---

1   기능분석, 트리밍, 다차원분석, 근본원인분석, 물질-장 분석 등 다양한 원인분석을 통해 도출된 모순(문제)모델에 따라 해결모델(발명원리, 분리원리, 76가지 표준해결책, 기능지향검색(FOS), ARIZ 등)을 적용한다. 문제모델problem model과 해결모델solution model의 쌍은 다음과 같다. 예를 들어, 기술적 모순- 40개 발명원리, 물리적 모순-분리원리, 기능분석/근본원인분석-기능지향검색, 물질-장 분석-76가지 표준해결책, 비표준문제-ARIZ.

[표 7-1] 76가지 표준해결책 구성

구분		주요 내용
Class 1 2개 그룹 13개 해결책	물질-장 모델의 구축과 파괴	• 기술시스템의 성립 조건 • 기술시스템이 출현하면서 내부적으로 발생하는 유해한 작용 제거 방법
Class 2 4개 그룹 23개 해결책	물질-장 모델의 진화	기술시스템의 성능향상을 위한 진화 방법
Class 3 2개 그룹 6개 해결책	상위시스템과 미시수준으로의 전이	기술시스템의 진화 이후 상위시스템 및 미시수준으로의 전이
Class 4 5개 그룹 17개 해결책	측정시스템 관련 표준해결책	기술시스템의 진화과정에서 발생하는 측정과 검출의 문제
Class 5 5개 그룹 17개 해결책	표준해결책의 적용을 위한 표준해결책	Class 1~4에서 제시하는 해결책들을 실제로 적용함에 있어 도움이 될 수 있는 방법

Standard 1-1-1   표준해결책 1번(물질-장 모델의 구축)

물질-장 분석의 주요 요소인 2개의 물질(S_1, S_2)과 장(F, field) 중에서 1개 또는 2개의 요소로만 구성된 '불완전 물질-장 모델'([그림 7-2])의 부족함을 해결하기 위해서, 물질-장 모델의 기본 요소(S_1, S_2, F)를 갖춘 '효과적인 완전 물질-장 모델'([그림 7-3])을 구축해야 한다.

[그림 7-2] **불완전 물질-장 모델**

완전 물질-장 모델은 불완전 물질-장 모델의 부족함을 채워 물질-장 모델의 기본 요소(S_1, S_2, F)를 갖추었다. 예를 들어, 망치(S_2)로 힘(F, 기계장)을 가해서 못(S_1)을 박는다.

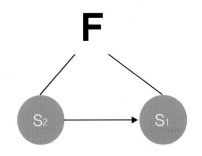

[그림 7-3]　**효과적인 완전 물질-장 모델**

활동 1

문제상황(다리미로 옷을 다린다)을 물질-장 모델로 표현해 보시오.

Standard 1-1-2 표준해결책 2번(내부 결합 물질-장 모델의 구축)

도구(S₂)가 대상(S₁)에 불충분한 기능을 수행하는 경우([그림 7-4]), 새로운 물질(S₃)을 기존 물질(S₂) 내부에 도입함으로써([그림 7-5]), 제어성을 높이거나 원하는 특성을 물질-장 모델에 부가할 수 있다. 예를 들어, 혈관 조영검사를 할 때, 카테터catheter라는 가는 도관(S₂)을 환자 혈관(S₁)에 넣고 조영제(S₃)를 넣으면 엑스레이를 통해 환자의 혈관을 관찰할 수 있다.

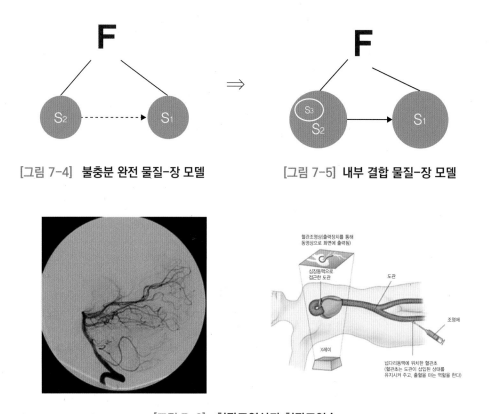

[그림 7-4] **불충분 완전 물질-장 모델**   [그림 7-5] **내부 결합 물질-장 모델**

[그림 7-6] **혈관조영상과 혈관조영술**

출처: 경북대학교 병원

활동 2

내부 결합 물질-장 모델(Standard 1-1-2)로 표현할 수 있는 문제상황을 찾은 후, 문제모델과 해결모델을 그려 보시오.

Standard 1-1-3   표준해결책 3번(외부 결합 물질-장 모델의 구축)

기존 물질(S_1, S_2)에 첨가 물질(S_3)을 외부에 도입함으로써([그림 7-7]), 제어성을 높이거나 원하는 특성을 물질-장 모델에 부가할 수 있다. 예를 들어, 타이어 펑크 여부를 검사할 때, 새어나오는 공기(S_2)가 눈(S_1)에 잘 보이지 않기 때문에, 공기와 반응하면 거품을 만들어 내는 비눗물(S_3)을 바르면, 타이어 펑크 여부를 쉽게 확인할 수 있다.

[그림 7-7] **외부 결합 물질-장 모델과 문제해결 사례: 자동차 타이어 펑크 수리**

활동 3

외부 결합 물질-장 모델(Standard 1-1-3)로 표현할 수 있는 문제상황을 찾은 후, 문제모델과 해결모델을
그려 보시오.

Standard 1-1-4   표준해결책 4번(외부 환경 물질-장 모델)

'외부 환경 물질-장 모델'은 기존 물질(S_1, S_2)에 첨가 물질(S_3)을 내부 또는 외부에
도입 또는 첨부하는 것이 불가능한 경우, 외부환경(S_e)을 첨가제로 활용함으로써 문제
를 해결하는 모델이다. 예를 들어, 맥주잔(S_2)의 온도는 사람의 눈(S_1)에 보이지 않기 때
문에, 맥주잔을 온도에 따라 색이 변하는 물질(S_e)을 넣어 제조하면, 맥주잔의 온도 상
태를 쉽게 확인할 수 있다.

[그림 7-8] **외부 환경 물질-장 모델과 문제해결 사례: 온도변화 컵**

활동 4

외부환경 물질-장 모델(Standard 1-1-4)로 표현할 수 있는 문제상황을 찾은 후 문제모델과 해결모델을 그려 보시오.

Standard 1-1-5　　표준해결책 5번(환경 첨가물 물질-장 모델)

'환경 첨가물 물질-장 모델'은 외부환경이 물질-장 모델을 생성하기 위해 요구되는 물질을 가지고 있지 않은 경우, 외부환경을 다른 것으로 대체하거나 환경에 첨가물질(Sed)을 도입한다. 예를 들어, 비행기 주변 공기의 흐름(S2)은 사람의 눈(S1)에 보이지 않기 때문에, 풍동실험 환경 내부에 연기(Sed)를 투입하면, 공기의 흐름을 쉽게 육안으로 확인할 수 있다.

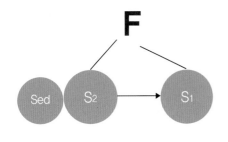

[그림 7-9] **환경 첨가물 물질-장 모델과 문제해결 사례: 비행기 풍동실험(눈에 보이는 기체)**

활동 5

환경 첨가물 물질–장 모델(Standard 1-1-5)로 표현할 수 있는 문제상황을 찾은 후 문제모델과 해결 모델을 그려 보시오.

Standard 1-1-6   표준해결책 6번(최소 모드)

'최소 모드'minimum mode는 최적의 작용이 요구되지만, 문제의 조건에 의해 달성이 어렵거나 불가능한 경우, 최대 모드maximum를 작용시키고, 초과되는 작용은 제거시키는 원리이다. 즉, 초과되는 장은 물질에 의해 제거되고, 초과되는 물질은 장에 의해 제거되는 형태이다.

예를 들어, 굴곡진 면에는 코팅 칠이 잘되지 않는다. 이때 코팅 재료를 굴곡진 물체(S_1)에 최대로 뿌려주고(F_{max}), 초과되는 부분은 그라인더(S_2)로 깎아내는 방법을 사용할 수 있다.

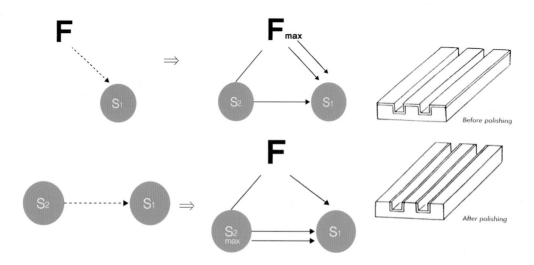

[그림 7-10] '최소 모드' 물질–장 모델과 문제해결 사례: 코팅 후 그라인딩

Standard 1-1-7   표준해결책 7번(최대 모드)

'최대 모드'maximum mode는 어떤 물질에 최대 모드의 작용이 요구되지만 불가능하다면, 최대 모드를 유지하면서 처음 물질(S1)과 연결된 또 다른 물질(S2)에 적용시키는 원리이다. 즉, 초과되는 장은 물질에 의해 제거되고, 초과되는 물질은 장에 의해 제거되는 형태이다.

예를 들어, 강화 콘크리트 제조 시 비용의 효율성을 위해 저렴한 철근(S1)을 사용했는데, 인장, 즉 늘리기 위한 높은 온도의 가열에 견디지 못하는 문제가 발생하였다. 이에 비싼 철근(S2)을 함께 고정하고, 비싼 철근에만 높은 온도로 가열함으로써 저렴한 철근(S1)도 함께 인장하는 효과를 가져온다.

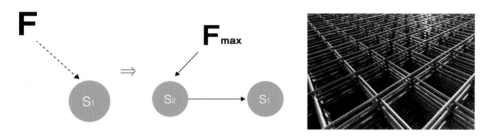

[그림 7-11] '최대 모드' 물질-장 모델과 문제해결 사례: 강화 철근콘크리트

Standard 1-1-8   표준해결책 8번(선택적 최대 모드)

'선택적 최대 모드'selective maximum mode는 선택적으로 최대 모드를 적용해야 하는 경우, 선택된 영역에서는 최대 모드, 다른 영역에서는 최소 모드를 활용하는 원리이다.

예를 들어, 약물용 유리용기(S1)를 밀봉할 때, 높은 온도로 작업을 하면, 앰플에 담긴 약물이 변질될 수 있기 때문에, 꼭지를 제외한 유리용기 나머지 부분은 물(S2)에 넣고 작업을 하면 약의 변질을 막을 수 있다.

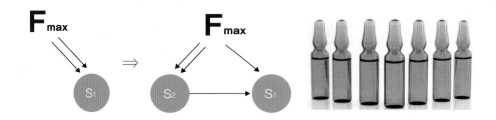

[그림 7-12] '선택적 최대 모드' 물질-장 모델과 문제해결 사례: 약 앰플 밀봉하기

　　　표준해결책 9번(제3의 물질 도입)

물질-장 모델에서 두 물질 간에는 유해 또는 유익한 상호작용이 있으나, 유해요인을 제거하기 위해서 제3의 물질을 두 물질 사이에 도입하여 문제를 해결한다. 예를 들어, 엑스레이(S_2)는 사람(S_1)의 내부를 촬영하여 몸 건강 상태를 확인하는 유익한 작용도 하지만, 방사선으로 인해 사람의 건강을 해할 가능성도 있다. 이러한 유해성을 제거하기 위해서 엑스레이를 찍는 사람은 보호장비(S_3)를 하고 촬영에 임한다.

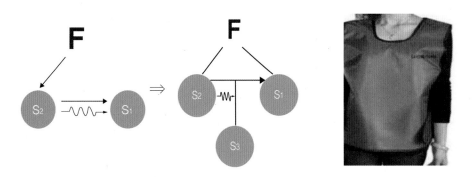

[그림 7-13] '제3의 물질 도입' 물질-장 모델과 문제해결 사례: 엑스레이 가운

　　　표준해결책 10번(변형된 S_1 또는 S_2 도입)

물질-장 모델에서 두 물질 간에는 유해 또는 유익한 상호작용이 있으나, 유해요인을 제거하기 위해서 외부에서 제3의 물질을 두 물질 사이에 도입하는 것이 어려운 경

우, 시스템 내부에 존재하는 두 물질을 변형하여 문제를 해결한다.

예를 들어, 쇠파이프(S_2)를 통과하는 쇠구슬(S_1)이 꺾어지는 부위에서 충돌이 일어나 쇠파이프가 파손되는 문제가 발생하였다. 이에 문제발생 부위 파이프 외부에 자석을 붙여 놓아 쇠구슬이 자성으로 인해 붙게 되어(S_1 변형, S_2 변형) 충돌이 방지되었다.

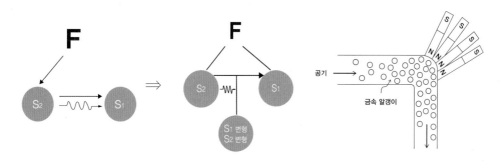

[그림 7-14] '**변형된 S_1 또는 S_2 도입**' 물질-장 모델과 문제해결 사례:
자기장 활용 쇠구슬 운반 파이프 보호

Standard 1-2-3   표준해결책 11번(유해작용 장 제거)

'유해작용 장field 제거'는 어떤 장이 대상(물질)에 주는 유해작용을 제거해야 한다면, 유해작용을 다른 곳으로 유도할 수 있는 다른 물질을 도입하는 원리이다. 예를 들어, 뜨거운 (F, 열장) 냄비를 손(S_1)으로 잡으면 손이 데인다. 이 문제를 해결하기 위해서 냄비 손잡이(S_2)를 사용해서 냄비를 잡으면 열을 냄비 손잡이가 막기 때문에 손은 안전하게 된다.

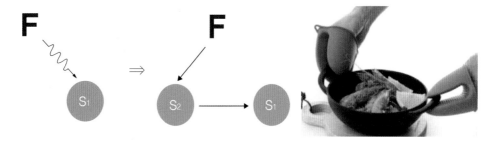

[그림 7-15] '**유해작용 장 제거**' 물질-장 모델과 문제해결 사례: 냄비 손잡이

Standard 1-2-4   표준해결책 12번(새로운 장 적용)

'새로운 장 적용'은 두 물질 사이에 존재하는 유해 및 유익작용 중, 유해작용에 새로운 장을 도입해서 유해작용을 없애고자 하는 이중 물질-장 모델 전이 해결원리이다. 예를 들어, 가스(S2)가 센서(S1)에 유해한 작용과 유익한 작용을 제공한다. 유해한 작용을 제거하기 위해서, 온도 민감한 부분에 대해 기본적으로 열(F2)을 제공한다(공기 온도를 일정하게 유지해 줌).

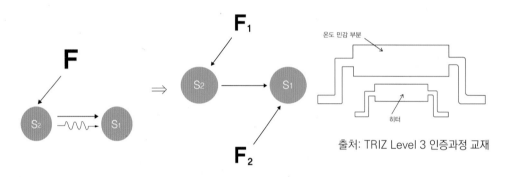

[그림 7-16] '새로운 장 적용' 물질-장 모델과 문제해결 사례: 온도 민감 가스센서

Standard 1-2-5   표준해결책 13번(자기장 영향 소거)

자기장으로 인해 유해한 작용이 발생하는 경우, 큐리점Curie point 이상의 가열 또는 반자기장opposite magnetic field을 가해서 해결할 수 있다는 원리이다. 예를 들어, 강자성 파우더(S1)를 용접하기가 어려운 이유는 용접전류로 인해 생성되는 자기장이 파우더를 용접부위(S2)로부터 흩어지게 만들기 때문이다. 이 문제를 해결하기 위해 파우더를 큐리점 이상으로 가열하여(F열장) 비자성체로 만든다(국제트리즈협회 한국교육센터, 2021).

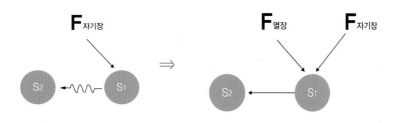

[그림 7-17] '자기장 영향 소거' 물질-장 모델

2. 76가지 표준해결책(14-24번) 이해하고 적용하기

Standard 2-1-1　표준해결책 14번(연속 물질-장 모델)

'연속 물질-장 모델'Chain Su-F Model은 물질-장 모델의 성능(기능성)을 증진시키기 위해서는 물질-장 모델 구성 일부분을 독립적으로 제어하는 물질-장 모델로 변경하고, 연속 물질-장 모델을 생성해서 문제를 해결하고자 하는 원리이다.

예를 들어, 자동차 방향을 조정하기 위해서는 수동(F_1, 기계장)으로 핸들(손)(S_2)을 움직여 차량 바퀴(S_1)를 움직이게 하면 사람의 힘이 너무 많이 드는 단점이 있다. 이를 해결하기 위해서, 전동 모터(S_3)를 활용해서 유압(F_2, 기계장)으로 바퀴를 조정하게 되면 적은 힘으로 조정을 할 수 있게 된다. 다른 예를 들어보자. 망치(S_2)로 직접 바위(S_1)를 치는 방식(F_1, 기계장)은 효율적이지 못하다. 이러한 한계를 극복하기 위해서 바위에 끌chisel(S_2)을 대고 망치(S_3)로 끌을 쳐서(F_2, 기계장), 바위(S_1)를 쪼개는 방안이 훨씬 효율적이다.

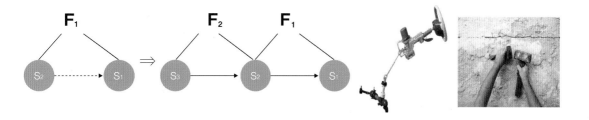

[그림 7-18] 연속 물질-장 모델과 문제해결 사례: 자동차 전기모터식 동력조향장치, 망치-끌-바위

표준해결책 15번(이중 물질-장 모델)

'이중 물질-장 모델'Double Su-F Model은 물질-장 모델의 성능(기능성)을 증진시키기 위해서 물질-장 모델 요소를 대체할 수 없는 경우, 통제가 쉬운 새로운 장을 도입하여 문제를 해결하고자 하는 원리이다. 예를 들면, 구리 종이를 만들기 위한 전해과정에서 자그마한 전해물질이 표면에 남게 된다. 이 잔여물(S_1)을 제거하는 데 있어서 물(S_2)로 세척(F_1)하는 것은 부분적으로만 효과적이다. 초음파 진동과 같은 방법(F_2, 음파장)을 사용하는 것이 효과적이다.

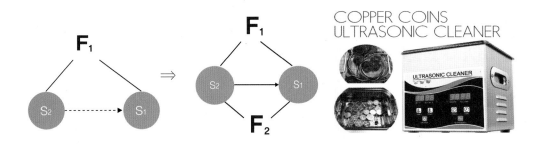

[그림 7-19] **이중 물질-장 모델과 문제해결 사례: 구리 종이 제작과정 잔여물의 초음파 진동 활용 제거법**

표준해결책 16번(더 쉽게 제어할 수 있는 장으로의 전이)

'더 쉽게 제어할 수 있는 장으로의 전이'Replace or add to the poorly controlled field with a more easily controlled field는 제어가 잘 되지 않는 장을 대체함으로써 물질-장 모델의 성능(기능성)을 증진시키기 위한 원리이다. 중력장에서 기계장으로의 이동, 기계장에서 전기장으로의 이동, 기계장에서 자기장으로의 이동 등이 있을 수 있으며, 이것은 시스템 진화의 유형이라고 할 수 있다.

예를 들어, 링거를 통해 약(S_2)을 환자 몸(S_1)에 주입하는 기존의 방법은 중력(F_1, 기계장)에 의한 제어라서 환자 상황에 맞도록 주입되는 양을 조절하기 어렵다. 따라서 전기적으로(F_2, 전기장) 중력에 의한 주입량을 조절하는 방법을 사용하는 것이 효과적이다.[2]

---

2   장의 기본적인 전이 순서는 다음과 같다: 기계장 ⇒ 음파장 ⇒ 열장 ⇒ 화학장 ⇒ 전기장 ⇒ 자기장 ⇒ 전자기장. 그

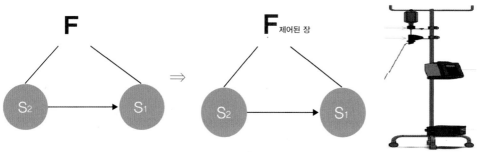

[그림 7-20] '더 쉽게 제어할 수 있는 장으로의 전이' 물질-장 모델과 문제해결 사례:
전기적으로 중력에 의한 주입량 조절법

Standard 2-2-2   표준해결책 17번(도구의 세분화)

'도구의 세분화'Change S2 from a macro level to a micro level는 물질-장 모델의 성능(기능성)을 증진시키기 위해 도구(S2)를 거시수준에서 미시수준으로 변화시키는 원리이다. 이 표준은 거시수준에서 미시수준으로 진화하는 유형이다.

예를 들어, 자동차 의자(S2)는 운전자의 몸(S1)에 잘 맞아야 한다. 자동차 의자가 운전자 몸의 각 부분에 맞도록 자동으로 조정하기 위해서 자동차 의자 각 부분에 공기 주머니를 넣어(S2 세분화, 도구) 운전자에 최적화하는 방법이다.

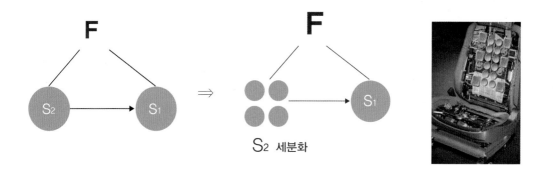

[그림 7-21] '도구의 세분화' 물질-장 모델과 문제해결 사례:
운전자 자동 맞춤형 자동차 의자의 공기 주머니

러나 반드시 이러한 전이 순서를 따라야 하는 것은 아니다.

표준해결책 18번(다공성 물질으로의 전이)

'다공성 물질으로의 전이'Change S2 to a porous or capillary material that will allow gas or liquid to pass through는 물질-장 모델의 성능(기능성)을 증진시키기 위해 도구(S2)를 기체 또는 액체가 통과할 수 있는 다공성 물질로 변화시키는 원리이다.

예를 들어, 등산용 미니 정수 시스템(S2)은 등산객이 간편하게 물(S1)을 걸러서 언제든 마실 수 있도록 도움을 준다. 미니 정수기 내부에는 자그마한 정수물질(S2 다공성)이 있어서 물속에 들어 있는 박테리아 등 이물질을 걸러내는 역할을 수행한다.

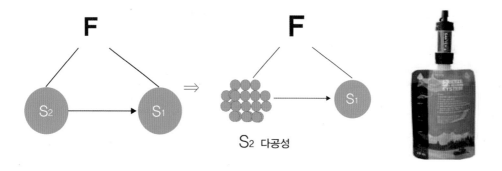

[그림 7-22] '다공성 물질으로의 전이' 물질-장 모델과 문제해결 사례: 미니 등산용 정수 시스템

표준해결책 19번(동적 물질-장으로의 전이)

'동적 물질-장으로의 전이'Make the system more flexible or adaptable는 물질-장 모델의 성능(기능성)을 증진시키기 위해 시스템을 좀 더 역동적으로 만드는 원리이다. 고정된 시스템에서 유연한 시스템으로의 전이가 공통적인 전이이다. 대표적인 예로, 자동적으로 자전거 다단변속이 가능한 시스템, 휘어지는 키보드 등을 들 수 있다.

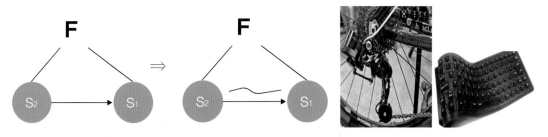

[그림 7-23] '동적 물질-장으로의 전이' 물질-장 모델과 문제해결 사례:
자전거의 자동 변속 시스템/ 휘어지는 키보드

Standard 2-2-5　　표준해결책 20번(구조화된 장으로의 전이)

'구조화된 장으로의 전이'Change an uncontrolled field to a field with predetermined patterns that may be permanent or temporary는 물질-장 모델의 성능(기능성)을 증진시키기 위해 제어되지 않는 장을 미리 정해진 패턴을 가지는 장으로 변화시키는 원리이다. 진동에너지를 이용하여 Horn-Anvil 마찰에 의한 용접을 수행하는 초음파 용접을 예로 들 수 있다.

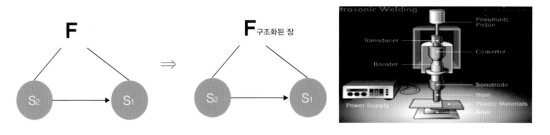

[그림 7-24] '구조화된 장으로의 전이' 물질-장 모델과 문제해결 사례: 초음파 용접

Standard 2-2-6　　표준해결책 21번(균질과 무질서를 비균질과 질서 구조물질로 전이)

'균질과 무질서를 비균질과 질서 구조물질로 전이'Change a uniform substance or uncontrolled substance to a non-uniform substance with a predetermined spatial structure that may be permanent or temporary는 물질-장 모델의 성능(기능성)을 증진시키기 위해 동일한

4단계 문제해결안 도출

물질 내지 제어되지 않는 물질을 미리 정해진 공간 구조를 가지는 비균질 물질로 변화시키는 원리이다.

예를 들어, 콘크리트의 수행은 철근 패턴(구조화된 S2)으로 향상될 수 있다. 콜먼 랜턴은 흰색 가솔린(S1)을 태우면서 사라지는 금속 섬유인 맨틀(구조화된 S2)을 사용한다.

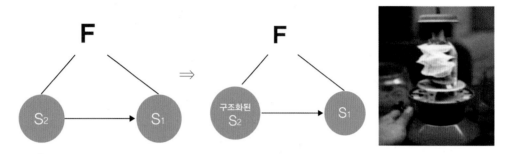

[그림 7-25] '균질과 무질서를 비균질과 질서 구조물질로 전이' 물질-장 모델과 문제해결 사례: 랜턴의 맨틀 활용

Standard 2-3-1   표준해결책 22번(장 주파수를 물질 고유 진동수와 일치/불일치)

'장 주파수를 물질 고유 진동수와 일치/불일치'Matching or mismatching the frequency of F and S3 or S2는 물질-장 모델의 성능(기능성)을 증진시키기 위해 장 주파수를 대상(도구)의 고유 진동수와 일치 또는 불일치시키는 원리이다. 예를 들어, 신장 결석(S1)을 초음파변환기(S2)를 활용해서 공진 주파수의 초음파 진동(F, 기계장)에 노출시켜 체내에서 분쇄할 수 있다.

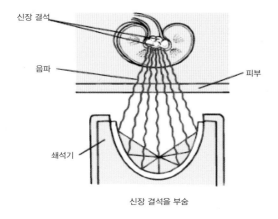

신장 결석

음파   피부

쇄석기

신장 결석을 부숨

[그림 7-26] '장 주파수를 물질 고유 진동수와 일치/불일치' 문제해결 사례: 초음파를 활용한 결석 치료

Standard 2-3-2   표준해결책 23번(복합 물질-장 모델의 장 주파수 일치/불일치)

'복합 물질-장 모델의 장 주파수 일치/불일치'Matching the rhythms of F_1 and F_2는 물질-장 모델의 성능(기능성)을 증진시키기 위해 사용되고 있는 장들의 주파수를 일치 또는 불일치시키는 원리이다. 예를 들어, 플라잉 낚시는 낚싯대의 움직임을 강화하기 위해 낚싯줄의 주파수(F_1)와 낚싯대의 앞뒤로 움직이는 주파수(F_2) 의 일치가 필요하다.

[그림 7-27] '복합 물질-장 모델의 장 주파수 일치/불일치' 문제해결 사례: 플라잉 낚시

4단계 문제해결안 도출

| Standard 2-3-3 | 표준해결책 24번(한 작용이 일지정지되었을 때, 다른 작용 수행) |

'한 작용이 일지정지되었을 때, 다른 작용 수행'Two incompatible or independent actions can be accomplished by running each during the down time of the other은 두 개가 양립할 수 없는 독립적인 작용이 있는 경우 물질-장 모델의 성능(기능성)을 증진시키기 위해, 한 작용이 다른 작용이 일시정지되었을 때 수행되어야 한다는 원리이다. 예를 들어, 세입자(S2)가 휴가 중(S3)일 때, 페인트칠하기 등 건물 유지관리 활동(S1)을 수행한다.

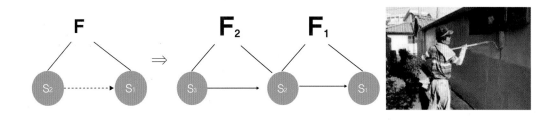

[그림 7-28]　'한 작용이 일시정지되었을 때, 다른 작용 수행' 문제해결 사례:
세입자 휴가 중 집 수리하기

3. 76가지 표준해결책(25번-42번) 이해하고 적용하기

| Standard 2-4-1 | 표준해결책 25번(강자성 물질과 자기장 이용) |

'강자성 물질과 자기장 이용'Add ferromagnetic material and/or a magnetic field to the system은 물질-장 모델의 성능(기능성)을 증진시키기 위해, 시스템에 강한 자성 물질과 (또는) 자기장을 추가하는 원리이다. 예를 들어, 자기부상열차(S2)는 초전도 전자석이 깔린 레일(S1) 위를 떠서 달린다.

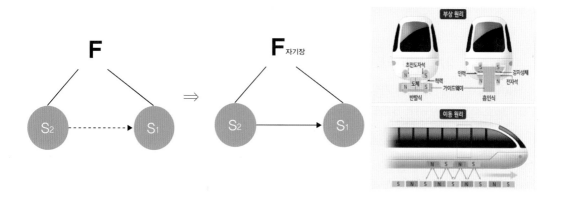

[그림 7-29] '강자성 물질과 자기장 이용' 물질-장 모델과 문제해결 사례: 자기부상열차

| Standard 2-4-2 | 표준해결책 26번(더 쉽게 제어할 수 있는 장으로의 이동 또는 강자성 물질과 자기장 이용) |

'더 쉽게 제어할 수 있는 장으로의 이동 또는 강자성 물질과 자기장 이용'Combine 2.2.1(going to more controlled fields) and 2.4.1(using ferromagnetic materials and magnetic fields)은 물질-장 모델의 성능(기능성)을 증진시키기 위해, 물질을 강자성 입자로 대체하고 자기장을 적용하는 원리이다. 예를 들어, 고무 몰드(S_1)의 경직성은 강자성 재료(S_F)를 추가한 다음, 자기장을 적용($F_{자기장}$)함으로써 제어할 수 있다.

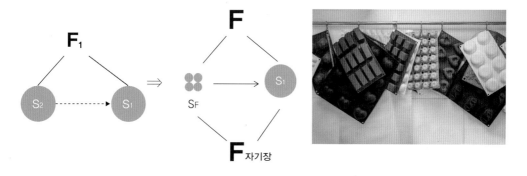

[그림 7-30] '더 쉽게 제어할 수 있는 장으로의 이동 또는 강자성 물질과 자기장을 이용'
물질-장 모델과 문제해결 사례: 고무 몰드의 경직성 해소

4단계 문제해결안 도출

Standard 2-4-3   표준해결책 27번(자성액체 이용)

'자성액체 이용'Use a magnetic liquid은 물질-장 모델의 성능(기능성)을 증진시키기 위해, 물질을 강자성 입자로 대체하고 자기장을 적용하는 원리이다. 이 표준해결책은 Standard 2-4-2(표준해결책 26번)의 특별한 사례이며, 자성액체는 등유, 실리콘 또는 물에 부유하는 콜로이드 강자성 입자이다.

예를 들어, 자기 도어 잼magnetic door jamb은 주어진 퀴리 온도 또는 퀴리 포인트curie point[3]를 갖는 강유체 물질로 채워진 도어(SF+액체)와 함께 사용된다. 온도가 퀴리점 이하로 내려가면 문이 닫히고, 퀴리 온도 이상으로 온도를 올리면 열 수 있다.

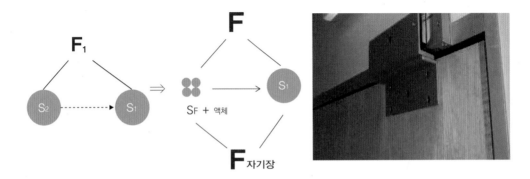

[그림 7-31] '자성액체 이용' 물질-장 모델과 문제해결 사례: 자기 도어 잼

Standard 2-4-4   표준해결책 28번(자성 입자 또는 액체를 포함하는 다공 구조 사용)

'자성 입자 또는 액체를 포함하는 다공 구조 사용'Use capillary structures that contain magnetic particles or liquid은 물질-장 모델의 성능(기능성)을 증진시키기 위해, 강자성 물질-장 모델에 기공구조를 사용하는 원리이다. 예를 들어, 자석 사이에 강자성 물질의 필터(SF+기공구조)를 구성하면, 그 정렬은 자기장(F자기장)에 의해 제어된다.

---

3   퀴리 온도는 자석 같은 강자성체가 자석으로서의 성질을 잃게 되는 온도를 지칭한다.

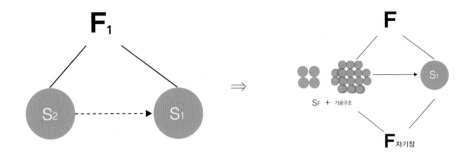

[그림 7-32] '자성 입자 또는 액체를 포함하는 다공 구조 사용' 물질-장 모델

Standard 2-4-5	표준해결책 29번(내부 또는 외부 복합 강자성 모델 적용)

'내부 또는 외부 복합 강자성 모델 적용'Use additives (such as a coating) to give a non-magnetic object magnetic properties은 물질-장 모델의 성능(기능성)을 증진시키기 위해, 비자성체에 자기 특성을 부여하기 위해 첨가물질(예. 코팅)을 사용하는 원리이다. 예를 들어, 약물 분자를 신체에서 필요한 정확한 위치로 안내하기 위해 약물 분자(S_2)에 자성 분자를 부착(S_F, 강자성 입자 합성)하고 환자(S_1) 주변의 외부 자석 배열(S_F, 강자성 입자 합성)을 사용하여 약물이 필요한 곳으로 약물을 안내한다.

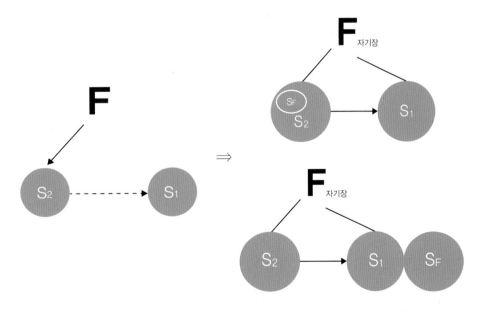

[그림 7-33] '내부 또는 외부 복합 강자성 모델 적용' 물질-장 모델

표준해결책 30번(강자성 물질을 외부환경에 도입)

'강자성 물질을 외부환경에 도입'Introduce ferromagnetic materials into the environment, if it is not possible to make the object magnetic은 물질-장 모델의 성능(기능성)을 증진시키기 위해, 물체를 자성으로 만드는 것이 불가능한 경우 환경에 강자성 물질을 도입하는 원리이다. 예를 들어, 자성 물질이 캡슐화된 고무 매트(SF, 강자성 입자 합성)를 차(S1)에 놓으면 차를 자화시키지 않고도 작업하는 동안 도구(S2)를 편리하게 보관할 수 있다.

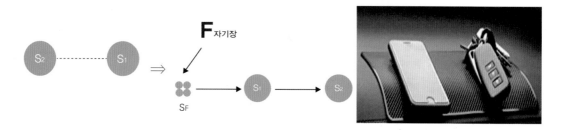

[그림 7-34] '강자성 물질을 외부환경에 도입' 물질-장 모델과 문제해결 사례: 자동차 자성 고무 매트

표준해결책 31번(자연효과 이용)

'자연효과 이용'Use natural phenomena(such as alignment of objects with the field, or loss of ferromagnetism above the Curie point)은 강자성 물질-장 모델의 성능(기능성)을 증진시키기 위해, 자연 현상을 사용한다(예. 장과 물체의 정렬 또는 퀴리 점 위의 강자성 손실).

예를 들어, 자기공명영상(MRI)은 조정된 진동 자기장을 사용하여 특정 핵의 공명을 감지한다. 그런 다음 해당 핵의 농도를 색상 영역으로 표시하기 위해 이미지가 현상된다. 특정 종양은 정상 조직과 물의 밀도가 다르기 때문에 MRI 스캔에서 다른 조직과 다른 색상으로 감지된다.

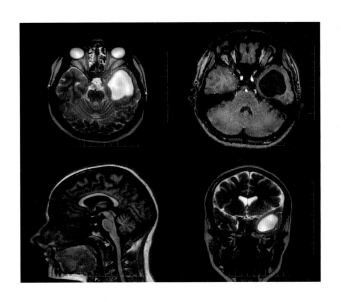

[그림 7-35] '자연효과 이용' 원리 활용 문제해결 사례: 자기공명영상(MRI)

Standard 2-4-8   표준해결책 32번(시스템의 역동성 수준 증가시키기)

'시스템의 역동성 수준 증가시키기'Use a dynamic, variable, or self-adjusting magnetic field는 강자성 물질-장 모델의 성능(기능성)을 증진시키기 위해, 동적, 가변 또는 자체 조정 자기장을 사용하는 원리이다. 예를 들어, 불규칙한 모양의 속이 빈 물체의 벽 두께는 외부에 유도 변환기를 사용하고 물체 내부에 강자성체를 사용하여 측정할 수 있다. 정확도를 높이려면 자성 입자가 코팅된 팽창 가능한 탄성 풍선 모양의 강자성체를 만들어 측정 대상의 내부에 정확히 맞도록 한다.

Standard 2-4-9   표준해결책 33번(구조화된 강자성 물질-장 모델로의 전이)

'구조화된 강자성 물질-장 모델로의 전이'Modify the structure of a material by introducing ferromagnetic particles는 물질-장 모델의 성능(기능성)을 증진시키기 위해, 강자성 입자를 도입하여 물질의 구조를 수정한 다음 자기장을 가하여 입자를 이동시키고, 보다 일반적으로 상황에 따라 비정형 시스템에서 정형 시스템으로 또는 그 반대로 전환하는 원리이다. 예를 들어, 플라스틱 매트 표면에 복잡한 패턴을 형성하려면 강자성

입자를 액체 플라스틱에 혼합한 다음 구조화된 자기장을 사용하여 입자를 원하는 패턴
으로 드래그하고 매트가 응고되는 동안 유지한다.

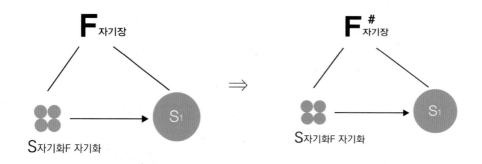

[그림 7-36] '구조화된 강자성 물질-장 모델로의 전이' 물질-장 모델

Standard 2-4-10   표준해결책 34번(시스템 구성요소 간의 리듬 일치)

'시스템 구성요소 간의 리듬 일치'Matching the rhythms in the ferromagnetism-field
models는 강자성 물질-장 모델의 성능(기능성)을 증진시키기 위해, 거시 시스템에서 강
자성 입자의 운동을 향상시키기 위해 기계적 진동을 사용하는 원리이다. 예를 들면, 전
자레인지는 물 분자가 공명 주파수로 진동하기 때문에 음식을 가열할 수 있다.

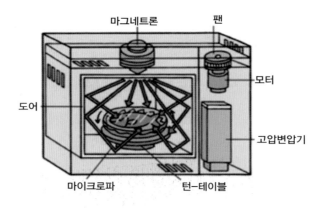

[그림 7-37] '시스템 구성요소 간의 리듬 일치' 원리 활용 문제해결 사례: 전자레인지

Standard 2-4-11   표준해결책 35번(자기장 생성을 위해 전류 사용하기)

'자기장 생성을 위해 전류 사용하기'Use electric current to create magnetic fields, instead of using magnetic particles는 강자성을 도입하기 어려운 경우, 전류 간의 상호작용을 이용하여 전기물질-장 모델을 구축하는 원리이다.

예를 들면, 금속에서 비자성 부위의 고착력을 증가시키기 위해 그 안에 전기와 자기가 통과하도록 한다.

Standard 2-4-12   표준해결책 36번(전기에 의해 구동되는 액체와 전기 물질-장 모델)

'전기에 의해 구동되는 액체와 전기 물질-장 모델'Use electric current to create magnetic fields, instead of using magnetic particles은 자성유체를 사용할 수 없는 경우, 유변학적 액체가 전기장에 의해 점도가 제어된다는 원리이다. 예를 들어, 액체의 흐름을 허용하거나 억제하기 위해 전기장을 사용하여 제어한다.

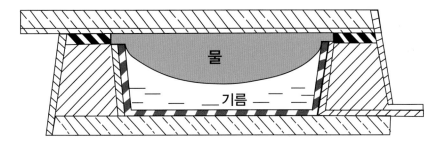

[그림 7-38] '전기에 의해 구동되는 액체와 전기 물질-장 모델' 활용 문제해결 사례: 카메라 액체렌즈

Standard 3-1-1   표준해결책 37번(이중 또는 다중시스템 생성하기)

'이중 또는 다중시스템 생성하기'Creating the Bi- and Poly-Systems는 시스템 효율을 향상시키기 위해서, 다른 시스템과 결합하여 이중 또는 다중시스템을 구축하는 원리이다. 예를 들어, 얇은 유리판을 운반하려면 기름을 임시 접착제로 사용하여 여러 장의 유리를 쌓아 블록을 만든다. 또는 노트북 컴퓨터의 LCD 패널에는 색을 내기 위해서 백

4단계 문제해결안 도출

라이트, 유리, 액정, 컬러필터가 층을 이루어 상호작용해야 하며[4], 수력발전 댐에는 여러 개의 수문과 발전기를 활용한다.

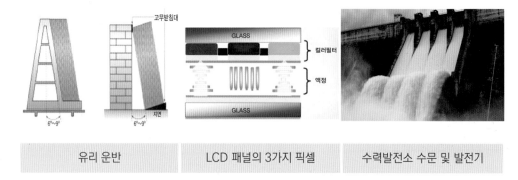

| 유리 운반 | LCD 패널의 3가지 픽셀 | 수력발전소 수문 및 발전기 |

[그림 7-39] '이중 또는 다중시스템 생성하기' 원리 활용 문제해결 사례

Standard 3-1-2   표준해결책 38번(시스템 요소 간의 연결 발전시키기)

'시스템 요소 간의 연결 발전시키기'Improving Links in the Bi- and Poly-Systems는 이중 또는 다중시스템의 효율을 향상시키기 위해서, 이들 시스템 요소 간 연결을 보다 역동적으로 구축하는 원리이다. 예를 들어, 다중 챔버 잠수정 선박은 다이빙 및 상승을 위한 트리밍 및 밸러스트 제어와 연결된 범람 챔버로 하강을 제어한다. 전륜구동의 경우 앞/뒤, 차동/트랜스 액슬이 강력하게 연결되어 동적으로 연결된다. 복잡한 교차로의 신호등은 교통 흐름 데이터의 동적 입력을 기반으로 한 타이밍이 필요하다.

---

4 액정 자체는 백라이트의 빛을 유도하는 역할만 한다. 따라서 액정과 편광판을 통과한 빛이 여러 가지 색을 표현하기 위해서는 컬러필터라는 층을 한 번 더 거쳐야 한다. 컬러필터는 빛을 통과시키면 해당 필터의 특성에 따라 색이 나타나도록 하는 기능을 하는데, 가시광선의 다양한 색을 표현하기 위해서는 빛의 삼원색인 빨간색(R), 녹색(G), 파란색(B)이 필요하기 때문에 3가지 색의 컬러필터가 각각의 픽셀마다 배치된다. 그리고 각 픽셀의 3가지 색상마다 그 아래에 각각을 담당하는 액정이 있고, 그 액정이 빛의 양을 조절해 RGB의 색 농도를 조절한다.

출처:

| 챔버 잠수정 | 복잡한 교차로 신호등 |

[그림 7-40] '시스템 요소 간의 연결 발전시키기' 원리 활용 문제해결 사례

Standard 3-1-3   표준해결책 39번(이중 또는 다중시스템 요소 간의 차이 크게 하기)

'이중 또는 다중시스템 요소 간의 차이 크게 하기'Increasing the Differences Between Elements는 이중 또는 다중시스템의 효율을 향상시키기 위해서, 이들 시스템 요소 간의 차이를 크게 만드는 원리이다. 예를 들어, 다양한 크기의 스테이플과 침투 깊이 제어가 가능한 스테이플 건이 있다. 다른 크기, 다른 매체(종이, 모조 피지, 투명 필름)로 복사할 수 있는 복사기가 있다. 편광 안경은 두 개의 유리 층이 있으며 그 사이에 박막 편광 물질이 끼워져 있어서 빛의 강도에 따라 색상이 변경된다.

| 스테이플 | 다기능 복사기 | 편광 안경 |

[그림 7-41] '이중 또는 다중시스템 요소 간의 차이 크게 하기' 원리 활용 문제해결 사례

4단계 문제해결안 도출

Standard 3-1-4   표준해결책 40번(여러 요소들을 통합하여 부가적인 요소 제거하기)

'여러 요소들을 통합하여 부가적인 요소 제거하기'Simplification of the Bi- and Poly-Systems는 이중 또는 다중시스템의 효율을 향상시키기 위해서, 이들 시스템을 단순화시키는 원리이다.

예를 들어, 새로운 차원의 모노 시스템을 위한 홈 스테레오는 하나의 컨테이너에 공통 스피커를 사용하는 다양한 오디오 장치가 있다. 복사기는 원래 기능에 대한 상위 수준 또는 상위시스템인 문서 생산 기계가 되었다. 이 새로운 단일시스템은 FAX, 인쇄 및 스캔 기능을 추가하여 새로운 다중시스템이 된다. 이것은 전자 문서 배포라고 하는 더 높은 수준의 새로운 단일시스템이다. 우편 및 음성 메일 전사를 추가하여 새로운 상위 수준 단일시스템으로 정보 네트워킹을 갖게 된다. 최신 카메라는 자동 초점, 줌, 플래시, 자동 노출, 필름 로드 등을 통합하고, 필름 속도 인식은 각 기능에 별도의 작업이 필요한 이전 카메라와 비교하여 새로운 단일시스템이다.

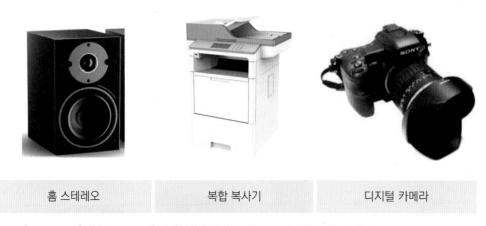

| 홈 스테레오 | 복합 복사기 | 디지털 카메라 |

[그림 7-42] '여러 요소들을 통합하여 부가적인 요소 제거하기' 원리 활용 문제해결 사례

Standard 3-1-5   표준해결책 41번(두 가지 특성을 전체와 부분 사이에 분배하기)

'두 가지 특성을 전체와 부분 사이에 분배하기'Opposite Features of the Whole and Parts는 이중 또는 다중시스템의 효율을 향상시키기 위해서, 양립할 수 없는 특성을 시스템과 시스템 부품 사이에 분배시키는 원리이다. 이 해결책은 분리원리 중 '부분과 전

체' 원리와 동일하다. 예를 들어, 천막 금속 뼈대는 단단하고 길지만 구성요소는 짧다. 또한 자전거 체인은 부분은 단단하지만 부분을 연결한 전체는 유연한 시스템을 가진다.

천막 금속 뼈대

자전거 체인

[그림 7-43] '두 가지 특성을 전체와 부분 사이에 분배하기' 물질-장 모델과 문제해결 사례

Standard 3-2-1　　표준해결책 42번(미시수준으로의 전이)

'미시수준으로의 전이'Transition to the Micro-Level는 시스템의 효율을 향상시키기 위해서, 거시수준에서 미시수준으로, 즉 시스템이나 부품을 물질로 대체시키는 원리이다. 예를 들어, 기어 변속기는 동력전달을 위해 톱니바퀴(기계)를 사용하는 방식에서 오일의 움직임을 사용하는 방식으로 발전했다. 판유리 생산공정에서 유리 이동용 롤러는 훨씬 더 매끄러운 표면을 제공하기 위해 용융 주석으로 대체되었다. 용광로를 떠날 때, 용융된 유리는 약 1,000°C의 온도에서 액체 주석의 수조인 '부유 수조'를 통과한다.

자동변속기

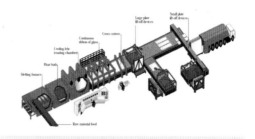

판유리 생산공정: 부유 수조

[그림 7-44] '미시수준으로의 전이' 원리 활용 문제해결 사례

4. 76가지 표준해결책(43번-59번) 이해하고 적용하기

표준해결책 43번(측정이나 검출이 필요하지 않도록 시스템 변경)

'측정이나 검출이 필요하지 않도록 시스템 변경'은 감지하거나 측정하는 대신 시스템을 수정하여 더 이상 측정할 필요가 없게 만드는 원리이다. 예를 들어, 열전대 또는 바이메탈 스트립에 의해 작동되는 스위치를 사용하여 난방 시스템의 자체 조절이 가능하게 한다. 오르골은 회전자의 속도와 곡의 타이밍을 제어하기 위해 공기 저항에 의해 속도가 제한되는 회전속도 조절기를 포함하고 있다. 회전속도 조절기가 자동으로 적절한 속도로 조정하기 때문에 속도를 측정할 필요가 없다.

자동 전기 온도조절기	오르골

[그림 7-45] '측정이나 검출이 필요하지 않도록 시스템 변경' 원리 활용 문제해결 사례

표준해결책 44번(대상의 복사물이나 사진의 성질 검출/측정)

'대상의 복사물이나 사진의 성질 검출/측정'Measure a copy or an image은 Standard 4-1-1이 불가능한 경우, 복사물 또는 이미지를 측정하는 원리이다. 이것은 광학적 특성을 이용하는 표준해결책이며, 40개 발명원리 중 '복사'하기와 동일하다. 예를 들어, 군인 및 장비의 규모, 물새(예. 거위, 오리) 개체군 규모는 항공 또는 위성 사진을 통해서

계산하여 측정할 수 있다. 농장의 각 특정 위치에 적용할 최소량이지만 충분한 양의 비료 또는 제초제 양을 결정하기 위해 드론 스캔 이미지를 통해 작물의 성장 패턴 또는 잡초 현황을 파악한다.

인공위성 사진을 통한 군 규모 예측	드론을 통한 작물 성장 상황 파악

[그림 7-46] **'대상의 복사물이나 사진의 성질 검출/측정' 원리 활용 문제해결 사례**

Standard 4-1-3   표준해결책 45번(측정문제를 검출문제로 변경)

'측정문제를 검출문제로 변경'은 Standard 4-1-1 또는 4-1-2를 사용할 수 없는 경우, 연속 측정 대신 검출을 사용하는 원리이다. 정확한 온도 정보제공을 위한 온도 표시 텀블러와 쿠킹 센서 프라이팬을 예로 들 수 있다.

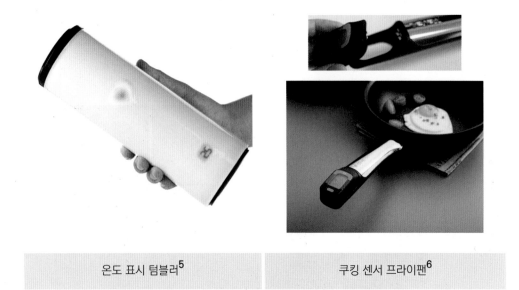

| 온도 표시 텀블러[5] | 쿠킹 센서 프라이팬[6] |

[그림 7-47] '측정문제를 검출문제로 변경' 원리 활용 문제해결 사례

Standard 4-2-1   표준해결책 46번(쉽게 검출될 수 있는 변수를 가지는 새로운 장 생성)

'쉽게 검출될 수 있는 변수를 가지는 새로운 장 생성'은 불완전한 물질-장 시스템을 감지하거나 측정할 수 없는 경우, 단일 또는 이중 물질-장 시스템을 생성한다는 원리이다. 기존 장이 부적절할 경우 기존 시스템을 방해하지 않고 장을 변경하거나 보완할 때, 새 장이나 향상된 장에는 쉽게 감지할 수 있는 매개변수가 있어야 한다.

예를 들어, 사람(S_1)의 온도($F_{신규}$, 열장)를 수은(S_2)이라는 물질을 활용해서 측정하면, 온도계 눈금($F_{신규-변경}$, 기계장)을 통해 쉽게 감지할 수 있다. 또한 플라스틱 제품에 있는 매우 작은 구멍의 존재와 크기는 감지하기 어려울 수 있다. 제품이 공기로 채워지고 밀봉된 경우 감압(진공) 상태에서 액체 수조에 담글 수 있다. 액체에 기포가 있으면 누출의 존재와 크기를 알 수 있다.

---

5   35도 이하 파랑, 65도 이하 주황, 65도 이상 빨강으로 온도가 표시되는 스테인리스 텀블러

6   불 세기가 강할 때 빨강, 중간일 때 녹색, 약할 때 파랑으로 표시됨

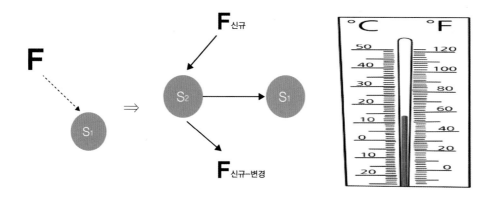

[그림 7-48] '쉽게 검출될 수 있는 변수를 가지는 새로운 장 생성' 물질-장 모델과 문제해결 사례:
온도계 눈금

Standard 4-2-2   표준해결책 47번(쉽게 측정/검출될 수 있는 첨가물 도입)

'쉽게 측정/검출될 수 있는 첨가물 도입'은 어떤 시스템이나 그 구성요소의 측정이나 검출이 어려운 경우, 쉽게 측정/검출될 수 있는 첨가물을 도입한 내부 또는 외부의 복합 측정 물질-장 모델로 전이하는 원리이다. 예를 들어, 생물학적 시료(세포, 박테리아, 동물 또는 식물 조직)(S_2)는 현미경(S_1)으로 검사(기계장)할 수 있지만 세부 사항을 검출하고 측정하기 어렵다. 표본에 화학적 염색제(S_3)를 추가하면(F신규, 화학장) 구조적 세부 사항을 검출하고 측정할 수 있다.

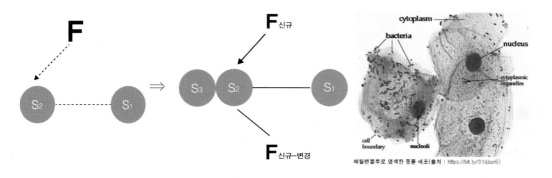

메틸렌블루로 염색한 동물 세포(출처 : https://bit.ly/31dJun5)

[그림 7-49] '쉽게 측정/검출될 수 있는 첨가물 도입' 물질-장 모델과 문제해결 사례: 시료 염색

표준해결책 48번(장을 발생시키는 첨가물을 외부환경에 도입)

'장을 발생시키는 첨가물을 외부환경에 도입'은 시스템에 아무것도 추가할 수 없는 경우, 외부환경에 배치된 첨가제에 의해 생성된 장에 대한 시스템의 영향을 검출하거나 측정하는 원리이다. 예를 들어, 사람(S_1)이 힘($F_{신규}$, 기계장)을 가해 볼트(S_2)를 조일 때, 조인 상태를 정확히 파악하기 쉽지 않다. 따라서 볼트를 조일수록 볼트 헤드($S_{환경}$) 색깔($F_{신규-변경}$, 전자기장)이 변하면, 사람에게 조임 상태에 대한 정보를 제공해 줄 수 있다.

사람은 랜드마크, 도로 또는 이정표에서 멀리 떨어져 있는 경우에도 자신의 정확한 위치를 알고 싶어 한다. 위성을 활용하는 GPS Global Positioning System는 지구 전체를 덮는 연속적인 신호(장)를 제공한다. 사람(S_2)은 간단한 휴대용 GPS 수신기를 사용하여 절대 위치와 위치 변화(속도)($F_{신규}$)를 모두 감지할 수 있다. 지구에서 자신의 위치(S_1)를 결정하기 위해 위성(지구의 관점에서 볼 때 첨가제)($S_{환경}$)에 대한 상대적인 위치($F_{신규-변경}$)를 측정하고 있다.

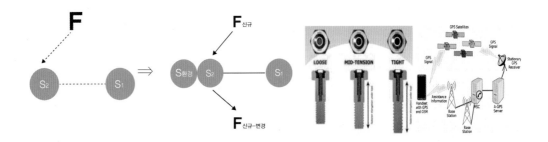

[그림 7-50] '장을 발생시키는 첨가물을 외부환경에 도입' 물질-장 모델과 문제해결 사례

표준해결책 49번(외부환경 자체를 이용하여 검출)

'외부환경 자체를 이용하여 검출'은 Standard 4-2-3처럼 시스템 환경 안으로 첨가제 도입이 불가능한 경우, 외부환경 자체를 이용하여 검출하는 원리이다. 예를 들어, 기포/구름 챔버는 충격 충돌로 인한 아원자 입자의 특성을 연구하는 데 사용할 수 있다. 기포 챔버는 과열 상태의 액체에 하전입자(예. 전자)가 뛰어들면, 이 하전입자에 의해 액체가 끓기 시작하여 기포가 생기는 성질을 이용한다. 이 기포를 사진으로 촬영하여 하전입자의 경로를 검출하는 방식을 사용한다. 구름 챔버는 챔버 내부에 기체를 넣어,

안개를 만들고 그 사이에 대전입자를 지나가게 한 후, 이로 인해 만들어진 미세한 물방울이 줄지어 있는 모습으로 궤적을 관찰하는 장치이다. 구름 챔버는 이온화 방사선 입자를 검출하기 위해 사용된다.

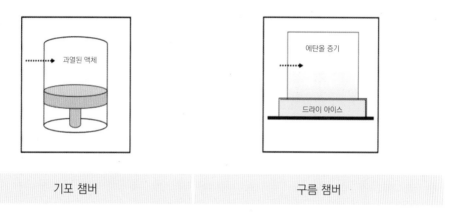

| 기포 챔버 | 구름 챔버 |

[그림 7-51] '외부환경 자체를 이용하여 검출' 원리 활용 문제해결 사례

Standard 4-3-1   표준해결책 50번(자연현상 적용)

'자연현상 적용'Apply natural phenomena은 시스템에서 발생하는 것으로 알려진 과학효과를 사용하고 그 효과에서 변화를 관찰함으로써 해당 시스템의 상태를 확인하는 원리이다. 예를 들면, 전도성 액체의 온도는 전기 전도도electrical conductivity(두 전극 사이에 전류를 흘려주는 용액의 능력)의 변화로부터 결정할 수 있다. 용액에 통해 흐르는 교류전류를 출력전압으로 변환해 주고 측정된 출력전압을 전기 전도도로 변환한다. 또한 홀효과[7]Hall Effect는 정밀 가변 속도 전기 모터의 속도를 측정하고 제어하는 데 사용된다.

---

7 홀효과는 자기장에 놓인 고체에 자기장과 수직인 전류가 흐를 때, 해당 고체 내부에 횡단방향의 전기장이 생성되는 현상이다.

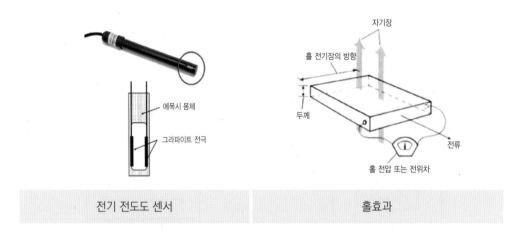

| 전기 전도도 센서 | 홀효과 |

[그림 7-52] '자연현상 적용' 원리 적용 문제해결 사례

표준해결책 51번(공진 진동수의 변화 이용)

'공진 진동수의 변화 이용'은 어떤 시스템의 변화를 직접 결정할 수 없는 경우, 변화를 측정하기 위해 해당 시스템 또는 어떤 요소의 공명 주파수를 측정하는 원리이다. 예를 들면, 피아노를 조율할 때, 소리굽쇠를 사용한다. 소리굽쇠는 현과 전체 시스템을 자극하고 장력을 조정하여 적절한 주파수를 일치시키는 역할을 수행한다.

피아노 조율

[그림 7-53] '공진 진동수의 변화 이용' 원리 적용 문제해결 사례: 피아노 조율

| Standard 4-3-3 | 표준해결책 52번(외부 환경의 공진 진동수 변화 측정) |

'외부 환경의 공진 진동수 변화 측정'은 Standard 4-3-2가 불가능할 경우, 즉 시스템 내에서 공진발생이 어려운 경우, 알려진 다른 속성에 결합된 물체의 공진 진동수를 측정하는 원리이다.

사례 1

머리카락은 습한 환경에서 팽창하는 성질이 있어 머리카락의 길이 변화를 측정하면 습도의 변화를 파악할 수 있다. 하지만 머리카락 길이의 직접적 측정법은 반응 속도가 느리고 지속적으로 수치를 보정해야 하기 때문에 정밀한 계측 수단으로는 활용할 수 없다. 이에 머리카락으로 기계공진기를 제작해 머리카락 길이가 아닌 공진 진동수를 측정하고자 하였다. 이 기계는 머리카락이 기타 줄처럼 팽팽하게 고정되고 광학적 측정을 위해 금이 증착된 형태다. 레이저를 이용해 공진 주파수를 측정함으로써 습도계로 활용 가능하다.

출처 :

사례 2

끓는 물의 질량을 측정하기 위해서 끓는 물로부터 증발하는 기체의 공진 주파수를 측정한다.

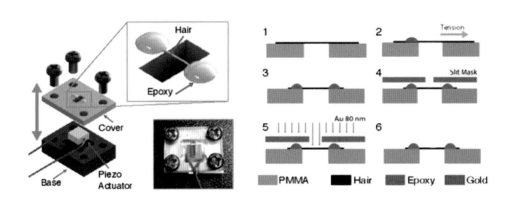

[그림 7-54] '외부 환경의 공진 진동수 변화 측정' 원리 적용 문제해결 사례: 머리카락 기계공진기

Standard 4-4-1   표준해결책 53번(강자성 물질이나 자기장 이용)

'강자성 물질이나 자기장 이용'은 측정을 용이하게 하기 위해 영구 자석 또는 전류 루프를 통해 시스템에 강자성 물질과 자기장을 추가하거나 사용하는 원리이다. 교통 통제는 신호등을 통해 일상적으로 이루어진다. 차량이 진행하기 위해 대기하는 시간을 알고 싶거나 차량 대기열이 얼마나 오래 늘어나는지 알고 싶은 경우, 주요 위치의 포장도로 아래에 묻힌 루프의 도체가 차량(강자성 부품 포함)을 감지하는 방식을 활용한다.

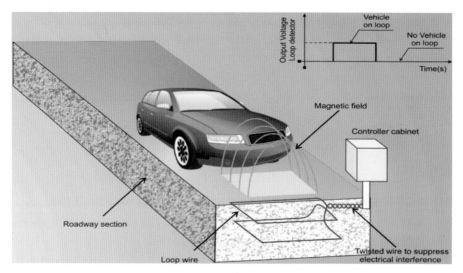

[그림 7-55] **'강자성 물질이나 자기장 이용' 원리 적용 문제해결 사례:**
차량 대기열 확인을 위한 루프 도체 활용

Standard 4-4-2   표준해결책 54번(강자성 입자로 대체 또는 강자성 입자 첨가)

'강자성 입자로 대체 또는 강자성 입자 첨가'는 시스템에 자성 입자를 추가하거나 물질을 강자성 입자로 변경하여 자기장을 검출하고 측정하는 과정을 용이하게 하는 원리이다. 예를 들어, 지폐의 진위 여부 확인을 위해 지폐에 사용되는 특정 잉크에 강자성 입자를 사용한다.

[그림 7-56] '강자성 입자로 대체 또는 강자성 입자 첨가' 원리 활용 문제해결 사례:
위폐 확인을 위한 특정 잉크에의 강자성 입자 활용

Standard 4-4-3   표준해결책 55번(기존 물질에 강자성 첨가물 도입)

'기존 물질에 강자성 첨가물 도입'은 강자성 입자를 시스템에 직접 첨가할 수 없거나 물질을 강자성 입자로 대체할 수 없는 경우, 물질에 강자성 첨가제를 넣어 복잡한 시스템을 구성하는 원리이다. 예를 들어, 압력을 받는 액체는 암석층의 수압 폭발을 일으키기 때문에 이것을 제어하기 위해 강자성 분말을 도입한다.

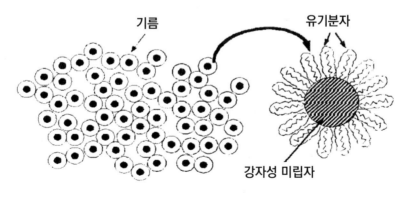

[그림 7-57] '기존 물질에 강자성 첨가물 도입' 원리 활용 문제해결 사례: 자성유체

Standard 4-4-4 표준해결책 56번(외부 환경에 강자성 입자 도입)

'외부 환경에 강자성 입자 도입'Add ferromagnetic particles to the environment은 강자성 입자를 시스템에 추가할 수 없는 경우, 환경에 강자성 첨가제를 넣는 원리이다. 예를 들어, 선박은 자체 자기장을 가진다. 금속 선박이 지구의 자기장을 통과할 때 모든 금속 내부에 전류가 생성되고 그 전류는 자체 자기장을 생성한다. 이 자기장은 선박의 나침반에 영향을 줄 수 있기 때문에 강자성 입자를 물에 추가할 수 있다.

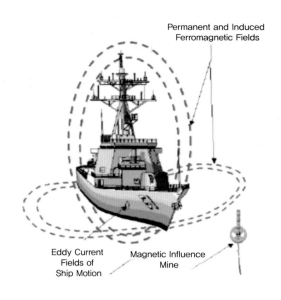

[그림 7-58] '외부 환경에 강자성 입자 도입' 활용 문제해결 사례: 선박의 자기장

Standard 4-4-5 표준해결책 57번(자연현상 효과 사용)

'자연현상 효과 사용'Measure the effects of natural phenomena은 퀴리점, 히스테리시스[8], 초전도 소광quenching, 홀효과 등과 같은 자기와 관련된 자연현상의 영향을 측정한다. Standard 2-4-7과 동일한 표준해결책이다.

---

8 히스테리시스hysteresis는 자성체가 될 수 있는 금속체에 자계를 걸고 나서 자계를 끊어도 자성력이 없는 초기 상태로 돌아가지 않고 자성이 남아 결국 자석이 되는 원리이다.

Standard 4-5-1   표준해결책 58번(이중 또는 다중시스템으로 전이)

'이중 또는 다중시스템으로 전이'Transition to bi- and poly-systems는 단일 측정 시스템이 충분한 정확도를 제공하지 않는 경우, 두 개 이상의 측정 시스템을 사용하거나 여러 번 측정하는 표준해결책이다. 예를 들어, 시력을 측정하기 위해 검안사는 일련의 도구를 사용하여 원거리에서 초점을 맞추는 전반적인 능력, 가까이서 초점을 맞추는 능력, 중앙에만 초점을 맞추는 능력과 비교하는 등 전체 망막에 걸쳐 초점의 일관성을 측정한다.

Standard 4-5-2   표준해결책 59번(제어가능한 기능의 파생물 측정)

'제어가능한 기능의 파생물 측정'은 현상을 직접 측정하는 대신, 시간 또는 공간에서의 1차와 2차 파생물을 측정하는 표준해결책이다. 예를 들어, 항공기 위치와 속도 측정을 위한 지상 기반 레이더 시스템은 레이더 반사와 레이더 주파수의 변화를 모두 사용하여 각 항공기의 정확한 위치와 속도를 계산한다.

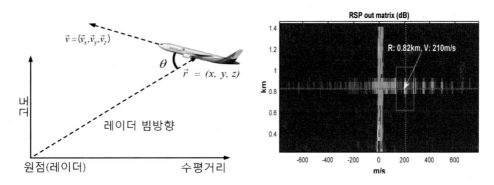

[그림 7-59] '제어가능한 기능의 파생물 측정' 원리 활용 문제해결 사례:
지상 기반 레이더 시스템

5. 76가지 표준해결책(60번-76번) 이해하고 적용하기

Standard 5-1-1   표준해결책 60번(물질의 도입을 대체하는 방법)

Standard 5-1-1-1   물질 대신에 '빈 공간void' 사용하기

'물질 대신에 빈 공간 사용하기'는 '아무것도' 사용하지 않는 표준해결책으로서, 공기, 진공, 기포, 거품, 공극, 중공, 간극, 모세관, 기공, 구멍 등 빈 공간과 같은 가스 상태의 물질을 사용한다.

예를 들어, 수중 수영을 위한 잠수복을 제작하기 위해서는 고무의 두께를 늘리는 것이 가장 일반적인 생각이지만 잠수복이 매우 무거워지므로 좋은 아이디어는 아니다. 잠수복 원단은 일반적으로 '네오프렌'이라고 부르는 발포층이 많은 스펀지 같기도 한 신축성이 좋고, 두께가 있는 천을 사용한다. 무수히 많은 공기 발포층이 단열을 시켜주는 것이 잠수복의 원리이다.

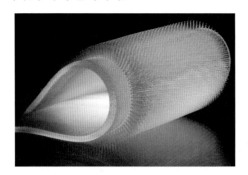

[그림 7-60] '물질 대신에 빈 공간 사용하기' 원리 적용 문제해결 사례: 잠수복

Standard 5-1-1-2   물질 대신에 '장field' 사용하기

'물질 대신에 장field 사용하기'는 시스템에 물질을 도입할 수 없는 경우, 장을 사용하는 표준해결책이다. 패스트푸드점에서 사용하는 1인분용 작은 플라스틱 딸기잼 팩 생산 시 밀폐상태 확인이 필요하다. 진공을 사용하면 훨씬 더 간단한 시스템을 만들 수 있다. 팩을 진공 챔버에 넣은 다음, 공기를 제거하면 좋은 팩은 부풀려지고 나쁜 팩은 공기가 새어 나온다. 불량 포장물을 감지하기 위해 포장물과 대기 사이의 압력차 장을 사용한다.

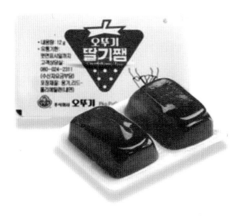

[그림 7-61] '물질 대신에 장 사용하기' 원리 적용 문제해결 사례: 딸기잼 팩

Standard 5-1-1-3　　시스템 내부가 아닌 외부에 도입하기

'시스템 내부가 아닌 외부에 도입하기'Use an external additive instead of an internal one
는 시스템에 물질을 도입할 수 없는 경우, 시스템 외부에 물질을 도입하는 표준해결책
이다(Standard 1-2-1 참조). 예를 들어, 엑스레이(S_2)는 사람(S_1)의 내부를 촬영하여 몸 건강
상태를 확인하는 유익한 작용도 하지만, 방사선으로 인해 사람의 건강을 해할 가능성도
있다. 이러한 유해성을 제거하기 위해서 엑스레이를 찍는 사람은 납이 함유된 보호장비
(S_3)를 하고 촬영에 임한다.

[그림 7-62] '시스템 내부가 아닌 외부에 도입하기' 원리 적용 문제해결 사례: 엑스레이 차폐복

Standard 5-1-1-4   효력이 큰 극소량의 물질 도입하기

'효력이 큰 극소량의 물질 도입하기'Use a small amount of a very active additive는 시스템에 물질을 도입할 수 없는 경우, 효력이 매우 큰 소량의 물질을 도입하는 표준해결책이다. 예를 들어, 기존의 알루미늄 용접은 매우 높은 열과 부식성 화학 에칭액이 필요하다. 따라서 이 문제점을 해결하기 위해 테르밋 폭발물을 사용하여 알루미늄과 다른 물체를 용접한다. 즉, 테르밋 용접은 용접열원을 외부로부터 가하는 것이 아니라 테르밋 반응(금속산화물과 알루미늄 간의 탈산반응)에 의해 생성되는 열을 이용하여 금속을 용접한다.

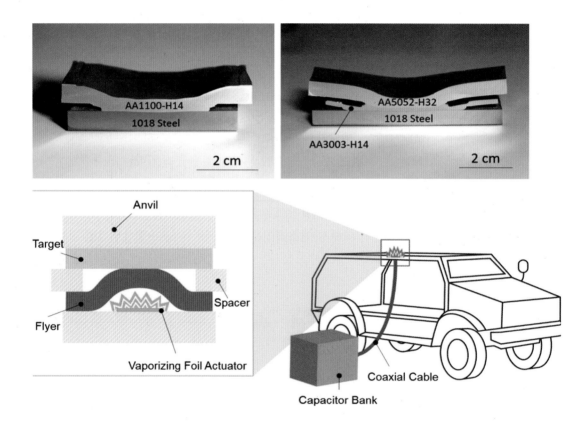

[그림 7-63] '효력이 큰 극소량의 물질 도입하기' 원리 적용 문제해결 사례:
테르밋 용접

Standard 5-1-1-5 특정 부위에 극소량의 물질을 집중적으로 도입하기

'특정 부위에 극소량의 물질을 집중적으로 도입하기'Concentrate the additive at a specific location는 시스템에 물질을 도입할 수 없는 경우, 시스템 내부 특정 부위에 극소량을 집중적으로 도입하는 표준해결책이다. 예를 들면, 특정 위치의 얼룩을 제거하기 위해서 세제 스틱과 효소 스프레이를 사용한다. 이렇게 하면 의복 전체가 강한 화학 물질로 인해 마모되지 않고 얼룩이 제거된다.

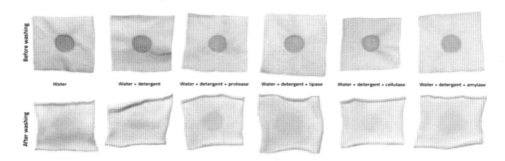

[그림 7-64] **'특정 부위에 극소량의 물질을 집중적으로 도입하기' 원리 적용 문제해결 사례:**
얼룩 제거제

Standard 5-1-1-6 필요한 물질을 일시적으로 도입한 후 제거하기

'필요한 물질을 일시적으로 도입한 후 제거하기'Introduce the additive temporarily는 시스템에 물질을 도입할 수 없는 경우, 필요한 물질을 일시적으로 시스템 내에 도입하고 이후 제거하는 표준해결책이다. 이것은 40개 발명원리 중 '폐기 혹은 재생'과 동일하다. 예를 들면, 특정 유형의 뼈 손상의 경우 금속 나사를 뼈에 삽입한 다음 제거한다. 또 다른 예를 들면, 암 환자를 치료하기 위해 매우 유독하지만 짧은 기간 화학요법을 도입한다. 화학요법은 짧은 시간 동안 건강한 조직을 손상시키는 것보다 암을 더 많이 손상시키고 환자의 시스템에서 배출된다.

4단계 문제해결안 도출

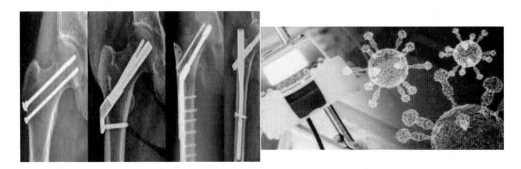

[그림 7-65] '필요한 물질을 일시적으로 도입한 후 제거하기' 원리 적용 문제해결 사례

| Standard 5-1-1-7 | 물질 대신에 물질의 복사물 도입하기 |

'물질 대신에 물질의 복사물 도입하기'Use a copy or model of the object in which additives can be used는 시스템에 원래 물질을 도입할 수 없는 경우, 물질 도입이 허용되는 곳에 원래 물질 대신 물질 복사물을 도입하는 표준해결책이다. 이것은 40개 발명원리 중 '복사'와 동일하다. 예를 들면, 새로운 전기기기 시험을 위해 새로운 장치를 구축하는 것 대신, 시뮬레이션에서 복잡한 전기 또는 기계 장치의 변경 사항을 시험한다.

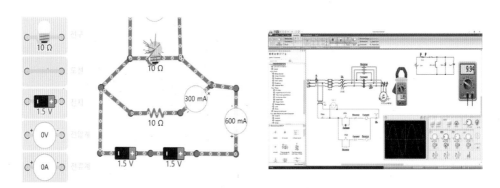

[그림 7-66] '물질 대신에 물질의 복사물 도입하기' 원리 적용 문제해결 사례:

시뮬레이션

Standard 5-1-1-8　화합물의 형태로 물질을 도입하고 분해하기

'화합물의 형태로 물질을 도입하고 분해하기'Introduce a chemical compound which reacts, yielding the desired elements or compounds는 원하는 요소 또는 화합물을 생성하는 화학적 화합물을 도입하는 표준해결책이다. 예를 들어, 신진대사를 위해 소금을 섭취하면, 그것은 나트륨과 염소로 전환된다.

[그림 7-67] **'화합물의 형태로 물질을 도입하고 분해하기' 원리 적용 문제해결 사례: NaCl**

Standard 5-1-1-9　외부환경이나 물질 자체를 분해하여 물질 생성하기

'외부환경이나 물질 자체를 분해하여 물질 생성하기'Obtain the required additive by decomposition of either the environment or the object itself는 시스템 내에 물질 도입이 불가능한 경우, 요구되는 첨가물을 생성하는 표준해결책이다. 예를 들면, 화학비료를 사용하는 대신 음식물 쓰레기를 땅에 묻어 부식한 후 그것을 비료로 사용함으로써, 화학비료의 부작용과 에너지 낭비를 줄일 수 있다.

[그림 7-68] **'외부환경이나 물질 자체를 분해하여 물질 생성하기' 원리 적용 문제해결 사례:**
음식물 쓰레기 비료화

Standard 5-1-2 표준해결책 61번(요소를 더 작은 단위로 나누기)

'요소를 더 작은 단위로 나누기'Divide the elements into smaller units는 도구 대신에 상호작용하는 산출물을 나누는 표준해결책이다. 예를 들어, 더 빠른 비행기는 더 큰 프로펠러를 필요로 하지만 길이가 증가함에 따라 팁이 음속보다 더 빠르게 이동하여 충격파가 발생한다. 따라서 두 개의 작은 프로펠러가 하나의 큰 프로펠러보다 낫다.

[그림 7-69] '요소를 더 작은 단위로 나누기' 원리 적용 문제해결 사례: 비행기 프로펠러

Standard 5-1-3 표준해결책 62번(도입된 물질이 기능을 수행한 이후에는 사라짐)

'도입된 물질이 기능을 수행한 이후에는 사라짐'The additive eliminates itself after use 원리는 시스템 내부에 도입된 물질이 그 기능을 수행한 후 사라지게 하는 표준해결책이다. 예를 들면, 녹는 봉합사는 부상이 치유될 때 몸에 흡수된다. 구식 봉합사는 봉합사를 제거하기 위해 별도의 의료 절차가 필요하므로 통증, 불편함, 감염 가능성이 있다.

[그림 7-70] '도입된 물질이 기능을 수행한 이후에는 사라짐' 원리 적용 문제해결 사례: 녹는 실

| Standard 5-1-4 | 표준해결책 63번(팽창하는 구조의 빈 공간 등을 도입하기) |

'팽창하는 구조의 빈 공간 등을 도입하기'Use "nothing" if circumstances do not permit the use of large quantities of material는 상황상 많은 양의 물질을 사용할 수 없는 경우, '아무것도' 사용하지 않는 표준해결책이다. 예를 들어, 팽창식 매트리스는 사용한 다음, 공기를 빼서 보관할 수 있는 편리성이 있다. 여행용, 가정용, 의료용 등으로 활용되고 있으며, 특히 의료용 매트리스는 욕창치료, 허리통증 완화 등에 도움을 주고 있다.

[그림 7-71] '팽창하는 구조의 빈 공간 등을 도입하기' 원리 적용 문제해결 사례:
팽창식 매트리스

| Standard 5-2-1 | 표준해결책 64번(하나의 장을 사용하여 다른 장 생성) |

'하나의 장을 사용하여 다른 장 생성'Use one field to cause the creation of another field 은 물질-장 모델 내부에 장이 도입되어야 한다면, 시스템을 구성하는 물질을 매개로 하는 기존의 장을 우선적으로 이용한다는 표준해결책이다. 즉, 하나의 장을 사용하여 다른 장을 생성하는 것이다.

예를 들어, 사이클로트론[9]에서 자기장은 입자를 가속한다. 가속은 체렌코프 복사(빛)를 생성하며, 빛의 파장은 자기장을 변화시켜 제어할 수 있다. 다른 사례를 살펴보

---

9 사이클로트론cyclotron은 고주파의 전극과 자기장을 이용하여 입자를 나선모양으로 가속시키는 입자가속기이다. 1932년 미 버클대 어니스트 로렌스가 자석과 계자코일로 개발하였다. 이것은 이온가속 장치의 하나로서 가벼운 원자 이온을 시속시켜 원자핵을 파괴하고 인공방사능을 일으키는 장치이며, 암 진단 등 첨단 방사선 의료설비로 활용된다.

4단계 문제해결안 도출

자. 에어 캠핑 매트는 배낭 여행을 위한 자체 팽창 매트리스이다. 이 매트리스는 압축된 상태로 보관 또는 운반되며 공기가 배출되고 통풍구가 닫힌다. 팽창은 압축 거품의 기억에 의해 발생하는데, 공기 밸브가 열리면 압축된 발포체에 의해 생성된 팽창하는 기계적 힘이 구조를 만들고 압력 차이를 일으켜 공기를 셀로 끌어들이는 방식이다. 그런 다음 통풍구가 닫히고 매트리스는 부풀어 오른 상태를 유지한다.

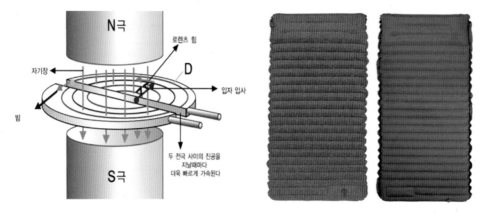

[그림 7-72] '하나의 장을 사용하여 다른 장 생성' 원리 적용 문제해결 사례

Standard 5-2-2 표준해결책 65번(시스템의 외부환경에 존재하고 있는 장 이용하기)

'시스템의 외부환경에 존재하고 있는 장 이용하기'Use fields that are present in the environment는 시스템 내부에 존재하는 장을 사용하지 못하는 경우, 시스템 외부환경에 존재하는 장을 이용하는 원리이다.

예를 들어, 어떤 전자 장치는 개별 구성요소에서 발생하는 열을 사용하여 냉각 팬을 추가하지 않고도 공기 흐름을 냉각시킨다. 이것은 전체 디자인의 성능을 향상시킬 수 있다. 또 다른 사례를 살펴보자. 비상용으로 설계된 배터리 전원 라디오는 햇빛으로 배터리를 재충전하기 위한 광전지를 사용하기도 한다. 이를 통해 배터리 무게와 크기를 최소화할 수 있다. 배터리의 필요성을 더욱 최소화할 수 있는 추가 개선 사항은 손으로 감는 스프링 구동 발전기를 사용하는 것이다. 이것은 어둠 속에서도 항상 이용할 수 있는 기계적 에너지의 장을 활용하는 것이다.

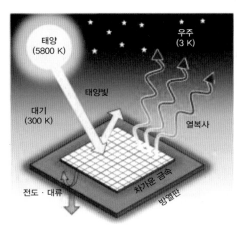

[그림 7-73] '시스템의 외부환경에 존재하고 있는 장 이용하기' 원리 적용 문제해결 사례:
자가 발전형 라디오

Standard 5-2-3　　표준해결책 66번(장의 원천이 되는 물질 이용하기)

'장의 원천이 되는 물질 이용하기'Use substances that are the sources of fields 원리는
시스템 내외부에 존재하는 장을 사용하지 못하는 경우, 시스템 내부 또는 외부에 존재
하는 물질이 매개가 되거나 원천이 되는 장을 이용하는 표준해결책이다. 예를 들어, 자
동차의 뜨거운 엔진 냉각수는 연료를 직접 사용하지 않고 승객에게 열을 제공하기 위
한 열에너지의 원천으로 사용된다.

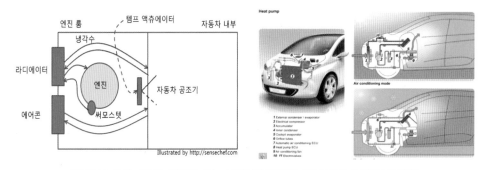

[그림 7-74] '장의 원천이 되는 물질 이용하기' 원리 적용 문제해결 사례:
뜨거워진 자동차 엔진 냉각수 활용 난방 제공

Standard 5-3-1 표준해결책 67번(물질의 상 변화시키기)

'물질의 상 변화시키기'Substituting the Phases는 다른 물질을 도입하지 않고 물질 사용의 효율증대를 위해서는 해당 물질의 상을 변화시켜야 한다는 원리이다. 예를 들어, 황동은 구리(Cu)와 아연(Zn)의 합금이다. 특정 온도에서 결정 구조가 변하여 기계적 성질이 변하게 하기 위해, b-황동 대신 a-황동을 사용할 수 있다. 또 다른 사례를 살펴보자. 온도/압력/체적 조건에 따라 동일한 재료의 기체, 액체 또는 고체상을 사용한다. 천연가스는 공간을 절약하기 위해 극저온 액체(LNG)로 운송된 다음, 기체 연료로 사용하기 위해 팽창되고 데워진다.

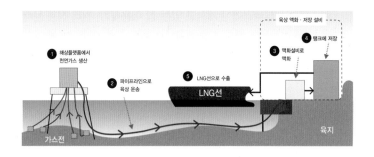

[그림 7-75] '물질의 상 변화시키기' 원리 적용 문제해결 사례: 액화천연가스(LNG)

Standard 5-3-2 표준해결책 68번(동작조건에 따라 상이 변환되는 물질 이용하기)

'동작조건에 따라 상이 변환되는 물질 이용하기'Dual Phase State는 두 가지 특성이 요구되는 경우, 동작조건에 따라 하나의 상에서 다른 상으로 변환될 수 있는 물질을 이용하는 원리이다.

사례 1

아이스 스케이팅에서는 블레이드 아래에서 얼음이 물로 변하는 상변화를 사용하여 마찰이 감소되고, 이는 다시 얼음으로 바뀌어 해당 영역의 표면을 갱신한다. 겨울철엔 눈이 와서 바닥이 얼면 걷기도 힘들 만큼 길이 미끄럽다. 얼음이 미끄러운 이유는 '수막이론'과 '표면녹음이론'으로 설명할 수 있다. 먼저, 수막이론으로 설명해 보자. 물은 0℃에서 얼고 100℃에서 끓는다. 이런 수치에는 '1기압일 때'라는 전제가 있다.

만약 기압이 바뀌면 어떻게 될까? 기압이 높으면 물은 더 낮은 온도에서 얼고, 온도가 더 높아져야 끓게 된다. 반대로 기압이 내려가면 물은 더 높은 온도에서 얼고, 온도가 더 낮아도 끓게 된다. 빙판길 위에 서 있으면 몸무게가 두 발로 쏠리기 때문에 빙판, 즉 얼음에 가해지는 압력이 올라가게 된다. 앞서 설명한 바와 같이 압력이 올라가면 어는점이 내려간다. 신발에 닿은 얼음 표면이 압력에 의해 어는점이 내려가기 때문에, 가령 영하 5℃라도 표면 얼음이 녹아서 둘 사이에 마찰을 줄여줘 미끄럽게 만드는 것이다.

최근에 가장 힘을 얻고 있는 이론은 '표면녹음이론'이다. 얼음 표면엔 보이지 않을 정도로 얇은 수막(水膜)이 원래부터 항상 존재한다는 것이다. 여러 과학자들이 X선 촬영기법 등을 동원해 확인한 결과, 얼음표면에 눈에 보이지 않는 물 층이 관찰되었다. 박테리아의 평균 크기보다 더 미세한 수준의 물 층이 얼음 표면에 있어 스케이트가 부드럽게 움직일 수 있다는 것이다. 이 수막이 얇을수록 활주성이 좋아지고, 흔히 '빙질(氷質)이 좋다'는 표현이 여기서 비롯된다.

출처:

사례 2

음료수용 플라스틱 용기는 두 가지 방향으로 스트레스를 받는다. 플라스틱을 사출 성형하고 냉각할 때와 유리 전이 온도 바로 아래로 가열하고 중공 성형하여 플라스틱을 배향시켜 기존 중공 성형보다 투명하고 더 강하게 만들 때 스트레스를 받는다.

출처:

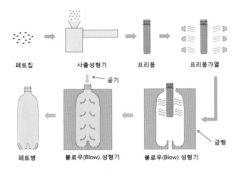

[그림 7-76] '동작조건에 따라 상이 변환되는 물질 이용하기' 원리 적용 문제해결 사례:
플라스틱 사출 성형

4단계 문제해결안 도출

표준해결책 69번(상변화에 수반되는 물리적 현상을 이용하기)

'상변화에 수반되는 물리적 현상을 이용하기'Utilizing the Accompanying Phenomena of the Phase Change는 시스템의 효율을 향상시키기 위해서는 상변화에 수반되는 물리적 현상을 이용한다는 원리이다. 구체적인 사례를 살펴보자. 스포츠 또는 야외 작업용 액체형 손난로는 액체가 들어 있는 플라스틱 파우치로 구성되어 있으며, 액체에서 얇은 금속판을 구부릴 때 발생하는 에너지에 의해 발생하는 발열 변환을 거쳐 고체로 전환된다. 손난로 시스템은 액체를 전이 온도 이상으로 올리기 위해 뜨거운 물이나 전자레인지에 넣어 '재충전'(다음 사용을 위해 복원)한다. 고체형 손난로는 철가루, 소금, 활성탄, 톱밥, 소량의 물 등으로 구성되어 있으며, 철이 산소와 결합해서 산화하면서 30~60℃의 열을 낸다.

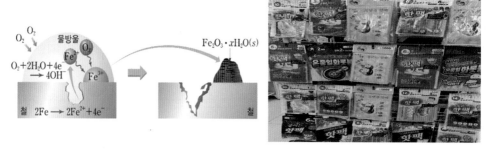

[그림 7-77] '상변화에 수반되는 물리적 현상을 이용하기' 원리 적용 문제해결 사례: 액체형 손난로

표준해결책 70번(단일 상 물질을 두 개의 상 물질로 대체하기)

'단일 상 물질을 두 개의 상 물질로 대체하기'Transition to the Two-Phase State는 두 가지 특성이 요구된다면, 단일 상 물질을 두 개의 상 물질로 대체한다는 원리이다. 예를 들어, 나이프 연마용 가죽 사포 스트롭strop은 가죽과 사포로 되어 있다. 한 면은 가죽으로 칼에 광택을 낼 때, 다른 면은 사포를 사용해 날을 가볍게 갈아 낼 때 사용한다.

[그림 7-78] '단일 상 물질을 두 개의 상 물질로 대체하기' 원리 적용 문제해결 사례:
나이프 연마용 가죽 사포 스트롭

Standard 5-3-5   표준해결책 71번(두 개의 상 물질의 상태 간 상호작용 도입하기)

'두 개의 상 물질의 상태 간 상호작용 도입하기'Increase the effectiveness of the system by inducing an interaction between the elements of the system, or the phases of the system는 단일 상 물질을 두 개의 상 물질로 대체한 시스템의 효율증대를 위해, 시스템 요소(상태) 간 물리적 또는 화학적 상호작용을 해야 한다는 원리이다. 예를 들어, 나무와 액체 사이의 상호작용을 목적으로 이중 증류로 브랜디를 만들고 나무 통에서 숙성시킨다. 또한 수소 가스는 백금과 팔라듐 금속에 결합하여 기체 형태보다 훨씬 더 높은 밀도로 저장할 수 있다.

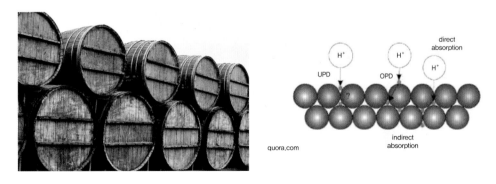

[그림 7-79] '두 개의 상 물질의 상태 간 상호작용 도입하기' 원리 적용 문제해결 사례

표준해결책 72번(자체적인 제어로 전환하기)

'자체적인 제어로 전환하기'Self-controlled Transitions는 물질이 다른 물리적 상태를 번 갈아 유지해야 하는 경우, 물리적 가역변화(예. 이온화-재결합)를 이용하여 객체 스스로 이 러한 전이를 수행하도록 하는 원리이다. 즉, 개체가 여러 다른 상태에 있어야 하는 경우 자체적으로 한 상태에서 다른 상태로 전환되어야 한다. 예를 들면, 어떤 안경은 밝은 환 경에서는 어두워지고 어두운 환경에서는 더 투명해진다. 또한 다른 안경은 안경다리가 휘어져도, 원래 상태로 복귀하는 특성을 가진 재료로 만들어지기도 한다.

[그림 7-80] '자체적인 제어로 전환하기' 원리 적용 문제해결 사례

표준해결책 73번(약한 입력장이 있을 경우, 출력장 강화하기)

'약한 입력장이 있을 경우, 출력장 강화하기'Strengthening the output field when there is a weak input field는 시스템에 약한 입력으로 강한 효과를 얻고자 하는 경우, 변환물질을 임계조건에 근접하여 높여야 한다는 원리이다. 예를 들어, 전기 흐름을 제어할 수 있는 진공관, 계전기relay 및 트랜지스터는 모두 매우 작은 전류로 매우 큰 전류를 제어하는 데 사용할 수 있다.

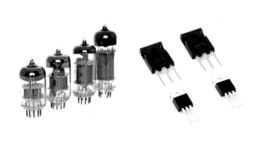

[그림 7-81] '약한 입력장이 있을 경우, 출력장을 강화하기' 원리 적용 문제해결 사례

<table>
<tr><td>Standard 5-5-1</td><td>표준해결책 74번(물질의 상위구조 물질을 분해하여 물질 얻기)</td></tr>
</table>

'물질의 상위구조 물질을 분해하여 물질 얻기'Obtaining the Substance Particles (Ions, Atoms, Molecules, etc.) by Decomposition는 분해에 의해 물질 입자(이온, 원자, 분자 등)를 얻고자 하는 원리이다. 예를 들어, 수소가 필요한데 시스템에서 사용할 수 없지만 물을 사용할 수 있는 경우, 전기분해를 통해 물을 수소와 산소로 변환한다. 또한 원자 산소가 필요한 경우 자외선을 사용하여 오존을 해리한다. 다른 사례를 살펴보자. 자동차의 촉매 변환기는 '나쁜' 분자를 '좋은' 분자로 변환한다. 즉, NOx와 공기를 질소와 물로 변환시킨다.

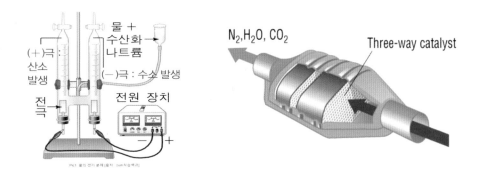

[그림 7-82] '물질의 상위구조 물질을 분해하여 물질 얻기' 원리 적용 문제해결 사례

| Standard 5-5-2 | 표준해결책 75번(물질의 하위구조 입자를 결합시켜 물질 얻기) |

'물질의 하위구조 입자를 결합시켜 물질 얻기'Obtaining the substance particles by joining는 어떤 물질입자가 문제해결을 위해 요구되지만 이 물질입자를 상위구조 수준의 물질을 분해해서 얻을 수 없는 경우, 이온과 같은 하위구조 수준에 존재하는 입자를 결합하여 얻고자 하는 원리이다.

예를 들어, 나무는 물과 이산화탄소를 흡수하고 햇빛과 광합성을 사용하여 나무, 잎 및 과일을 생산한다. 다른 사례를 살펴보면, 박테리아 Thiobacillus ferrooxanads는 금광의 슬래그 더미에서 금속성 철을 산화철로 변환하는 데 사용된다.

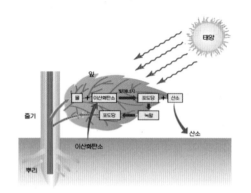 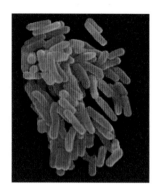

[그림 7-83] '물질의 하위구조 입자를 결합시켜 물질 얻기' 원리 적용 및 문제해결 사례

| Standard 5-5-3 | 표준해결책 76번(가장 근접한 상위구조/하위구조 분해/결합하기) |

'가장 근접한 상위구조/하위구조 분해/결합하기'Obtaining the substance particles by joining는 상위구조 수준의 물질을 분해해야 하지만 분해할 수 없는 경우, 다음 상위수준의 물질부터 시작하고, 물질이 하위구조 수준의 재료로 형성되어야 하지만 그렇게 할 수 없는 경우, 다음 상위구조 수준부터 시작하는 원리이다. 예를 들어, 안테나 전체가 아닌 기체 중성 분자가 이온화되어 전도성을 가지면서 번개를 유도하고 이온과 전자가 재결합하여 중성을 회복한다.

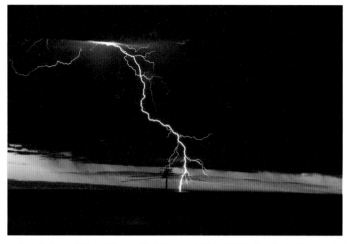

[그림 7-84] '가장 근접한 상위구조/하위구조 분해/결합하기' 원리 적용 문제해결 사례:

번개와 안테나

참고문헌

김무웅(2010). 바이오 분야에서의 트리즈(TRIZ) 적용사례 연구. 대전: 생명공학정책연구센터.

김성완(2021). 창의적 문제해결을 위한 디자인씽킹. 서울: 동문사.

[참고 누리집]

표준해결책 Class 1

https://docplayer.net/54196614-The-seventy-six-standard-solutions-with-examples-
　　section-one.html

표준해결책 Class 2

https://www.metodolog.ru/triz-journal/archives/2000/03/d/index.htm

표준해결책 Class 3

https://www.metodolog.ru/triz-journal/archives/2000/05/b/index.htm

표준해결책 Class 4

https://www.metodolog.ru/triz-journal/archives/2000/06/e/index.htm

표준해결책 Class 5

https://www.metodolog.ru/triz-journal/archives/2000/07/b/index.htm

[기타 자료]

TRIZ Level 3 인증과정 교재(국제트리즈협회 한국교육센터)

제8장

문제해결안 도출: S-Curve,
기술진화법칙, 특성전이법

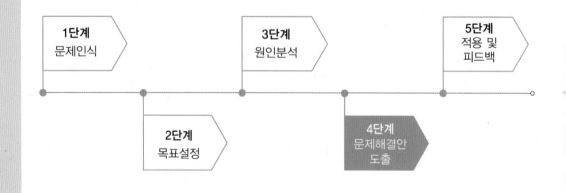

학습목표	트리즈 기반 문제해결과정 중 『문제해결』 단계(S-Curve, 기술진화 법칙, 특성전이법)를 이해할 수 있다.

주요 학습내용	1. S-Curve 이해하고 적용하기 2. 기술진화법칙 이해하고 적용하기 3. 특성전이법 이해하고 적용하기

1. S-Curve 이해하고 적용하기

　　생물이 끊임없이 진화하고 발전하듯이, 기술시스템 역시 비슷한 방식으로 진화해 나간다. 기본적으로 시스템은 도입기infancy, 성장기rapid growth, 성숙기maturity, 쇠퇴기decline의 단계를 거치면서 발전한다([그림 8-1]). 이러한 기술진화의 패턴을 S-Curve라 부른다.

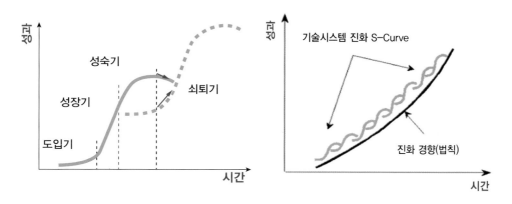

[그림 8-1] 시스템 진화 단계

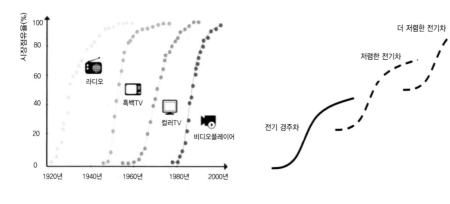

[그림 8-2] 시스템 진화 사례1

[그림 8-3] 시스템 진화 사례2: 테슬라[1]

출처 및 상세내용 보기: 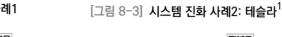　　　　출처 및 상세내용 보기:

1　대량생산의 상식인 컨베이어를 쓰지 않고, AGV(무인운반차량) 위에 차량을 얹어 조립하는 방식으로 생산 유연성과

1단계 '도입기'는 느리게 진행하며, 제품의 개발과 이를 위한 투자 자본 및 기술 확보를 위한 연구가 이루어지는 시기이다. 예를 들어, 최근에는 기존 내연자동차 대신, 전기차가 도입되고 있다. 이 시기는 기존 기술시스템보다 새로운 기술시스템의 기능 수준이 아직은 낮을 수 있다. 혁신의 수용 단계 측면에서 볼 때([그림 8-4]), 혁신의 초기 수용자early adoptor(여론주도자opinion leaders, 유력자influentials)에 의해서 새로운 기술시스템이 수용된다. '도입기'가 지향하는 이상성은 비용(C)은 낮고, 기능(F)은 높은 상태이지만, 현실적으로 아주 높은 비용이 들어, 해당 제품이 급성장하거나 소멸될 수 있는 불확실성이 높은 시기이다.

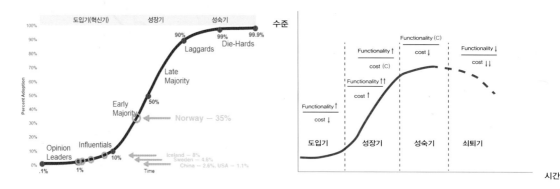

[그림 8-4] 혁신(신제품)의 고객채택 단계   [그림 8-5] 시스템 진화단계와 이상성

출처:

1단계 '도입기'에는 초기 비용을 많이 투자해서 기능을 향상시키는 데 집중할 필요가 있다. 일론 머스크Elon Musk는 2003년 설립된 전기자동차 선도기업 테슬라Tesla의 초기 투자자로 참여하였고 2008년부터 최고경영자 겸 제품 설계자가 되었다. 테슬라는 2010년 4,200만 달러로 캘리포니아 공장을 매입했다. 도입기에는 주변의 기술시스템 구성요소 일부분과 기존 인프라를 활용하여 기존 시스템과의 통합을 시도하는 것이 좋다. 예를 들어, 전기자동차 충전소로 기존 주유소를 활용하는 방안을 고려할 수 있다.

속도를 극대화함. SDV Software Defined Vehicle(소프트웨어로 가치가 정의되는 차량), OTA Over The Air(무선 업데이트로 차량 성능을 조정·개선하는 것)를 통해 구독경제를 만들고 소프트웨어로 주로 돈을 벌겠다는 비즈니스모델을 제시함.

출처 및 상세내용 보기:

2단계 '성장기' 또는 '도약기'는 급속히 진행되며, 제품이 시장에 출시되어 빠르게 성장하기 때문에 많은 수익이 발생하는 시기이다. 성장기는 기술이나 제품이 경쟁자를 제칠만큼 대중의 관심을 끌면서 빠르게 성장하는 구간이다. 새로운 시장을 창출하기 위해 충분한 자금이 매우 중요하다. '성숙기' 단계가 시작되기 전, 기존 기술시스템에 대한 대체재를 찾아야 한다. 따라서 새로운 기술 연구가 진행되는 시기이다. '성장기' 가 지향하는 이상성은 전반기에는 비용(C)은 낮추고, 기능(F)은 매우 높은 상태, 후반기에는 비용(C)은 고정하고, 기능(F)은 높은 상태이지만, 현실적으로 아주 높은 비용이 들어, 해당 제품이 급성장하거나 소멸될 수 있는 불확실성이 높은 시기이다. '성장기'에는 다음의 전략이 고려되어야 한다. 우선, 작동 원리를 활용할 신규 산업분야를 탐색하며, 기술을 최적화하고 모순을 극복해야 한다. 또한 자금을 투자하고 생산기술을 향상시킴으로써 규모의 경제를 실현하고 제품을 대중화 보급화해야 한다. 하위시스템을 개발 및 발전시키는 등 보조기능을 강화하여야 한다. 예를 들어, 전기자동차의 경우, 배터리의 성능을 획기적으로 개선하고, 초고속 무선통신을 이용해 자동차와 주변 모든 것을 연결하는 자율주행기능을 강화할 수 있다.[2]

3단계 '성숙기'는 제품 진화와 발전이 다시 느리게 진행되며, 기술시스템의 개선이나 발전의 한계를 보이는 시기이다. 즉, 해당 제품 시장 성장이 정체되어, 성장률이 저하되는 단계이다. 성숙기는 소비자의 요구가 바뀌고 대체 기술을 가진 경쟁자가 나타나면서 기존 기술이 서서히 시장에서 정체되는 구간이다. '성숙기'에는 원가절감 압박, 사용자 사용능력 한계, 상위시스템의 환경적 한계, 법률규제상 한계, 차세대 기술방식의 출현 등의 다양한 한계에 노출된다. '성숙기'가 지향하는 이상성은 비용(C)은 낮추고, 기능(F)은 고정하는 상태이다. 이러한 이상성을 구현하기 위해서 비용을 낮추기 위한 목적으로 트리밍, 축소, 재료 변경, 상위시스템으로의 통합 등의 단기 전략과 차세대 기술방식 개발 등의 장기 전략 등을 세워야 한다. 토요타 전기자동차의 경우, 전원을 AC 100볼트로 공급하고 정전 시 전기자동차 저장전기를 가정용 백업전원으로 활용하는 방안을 수행하고 있다.

---

2 커넥티비티 기술이 적용된 '커넥티드카'는 무선통신을 이용해 자동차와 집, 사무실 등을 연결해 각종 정보를 실시간으로 공유한다. 특히 전기차나 수소전기차처럼 충전이 필수적인 미래형 자동차엔 실시간 충전소 정보도 제공한다.

출처 및 상세내용 보기:

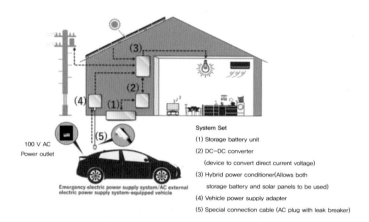

System Set
(1) Storage battery unit
(2) DC–DC converter
   (device to convert direct current voltage)
(3) Hybrid power conditioner(Allows both
   storage battery and solar panels to be used)
(4) Vehicle power supply adapter
(5) Special connection cable (AC plug with leak breaker)

100 V AC
Power outlet

Emergency electric power supply system/AC external
electric power supply system-equipped vehicle

[그림 8-6] 전기자동차 배터리 기반 가정용 에너지 저장 시스템

출처:

4단계 '쇠퇴기'는 느리게 진행되면서, 서서히 제품이나 기술이 사라지는 시기이다. 이 단계는 차세대 기술이 성장기에 진입하는 시기이며, 지향하는 이상성은 비용(C)은 매우 줄이고, 기능(F)은 낮추게 된다. 이러한 이상성을 구현하기 위해서는 성능하락을 감안하고 비용을 획기적으로 감축해야 하며, 특수 분야에 맞도록 설계를 변경하고, 향후 사업철수를 검토해야 한다.

S-Curve에 대한 이해가 중요한 이유는 시스템의 현재 상태에 대한 S-Curve상의 위치를 정확히 앎으로써 어떤 의사결정을 내리는 데 있어서 중요한 시사점을 제공해 주기 때문이다. 따라서 S-Curve는 기술시스템 관련해서 어떤 결정을 내리는 유익한 도구로서 역할을 할 것이다.

2. 기술진화법칙 이해하고 적용하기

기술진화법칙Trends of Engineering System Evolution, TESE은 과거 기술시스템[3]의 경향

---

3 기술시스템은 기능function을 수행하도록 설계된 시스템(도구)이다. 따라서 길가의 돌멩이는 시스템이라고 할 수 있지만 기술시스템은 아니다. 돌멩이를 나무에 묶어 망치로 사용하는 경우, 기술시스템이 된다. 즉, 기술시스템은 물질이나 장field 또는 물질과 장의 조합으로 구성된다.

성이나 방향성의 고찰을 통해 현 시스템 문제(모순)의 해결방안을 유추하고자 하는 노력의 산출물이다. 이것은 거시적이고 중장기 관점에서 기술의 큰 흐름, 즉 방향성을 다룬다. 기술진화법칙은 그간의 기술시스템 진화의 공통적인 흐름pattern을 정리한 것이기 때문에 새로운 기술과 제품을 예측하고, 개발하는 데 있어서 유익하고(Fey & Rivin, 2007), 보다 이상성이 높은 시스템을 개발하는 데 도움이 된다(Hong, et al., 2018; Chang, 2021). 선진국 연구개발에서 성공 확률은 순수 기초 연구의 경우 0.3%, 응용 연구의 경우도 30~40% 정도인데, 그 실패의 원인 중 기술진화 방향에의 잘못 예측이 큰 비중을 차지하기 때문에, 연구개발자들은 기술진화의 방향을 알기 위해 델파이법에 의한 미래 예측, 기술 로드맵 작성 등 수많은 노력과 시간을 투자하고 있다(강시내, 2010).

　기술진화법칙은 크게 정적Statics, 동적Kinematics, 역동성Dynamics 등 세 가지 특성으로 구분된다. 정적 특성은 새롭게 창조된 기술시스템의 생존 기준에 관한 경향, 동적 특성은 기술시스템 자체적인 내부적 (주위환경과 관계없이) 발전 경향, 역동성은 기술시스템이 특정한 주위환경과 연관되어 발전하는 경향을 의미한다. 기술시스템의 진화 과정은 S-Curve를 따라 발전한다는 것이 입증되었으며, 이를 정리하면 다음과 같다([표 8-1], [그림 8-7]).

[표 8-1] 기술진화법칙 구성

구 분	방향성	적용대상	S-Curve 단계
정적Statics	1. 시스템 완전성의 법칙	모든 시스템	도입기
	2. 에너지 전도성, FLOW 증가의 법칙		
	3. 리듬조화성의 법칙		
동적Kinematics	4. 이상성 증가의 법칙		성장기
	5. 구성요소의 불균등적 발전법칙		
	6. 상위시스템으로 전이법칙		
	7. 역동성 증가의 법칙		
역동성Dynamics	8. 거시계에서 미시계로의 전이법칙	기술시스템	성숙기
	9. 물질장 수준 증가의 법칙		

출처: TRIZ Level 3 인증과정 교육교재, 표 일부 수정

4단계 문제해결안 도출

2.1. 시스템 완전성의 법칙

시스템 완전성 법칙Trend of Increasing Completeness of System Component은 기술시스템 구성요소의 완전성이다. 기술시스템의 주기능이 잘 수행되기 위해서는 엔진engine, 전달transmission, 도구tool, 통제 단위control unit 등 4가지 구성요소가 필수적이다. 기술시스템은 에너지로 시작되며 엔진[4]과 전달체[5]를 통해 도구[6]가 대상에 행위(기능)를 수행하게 된다. 이 행위는 제어시스템[7]에 의해 통제될 수 있다. 시스템의 각 구성요소는 시간과 공간에서 구조화된 방식으로 설계 및 연결되어 있다.

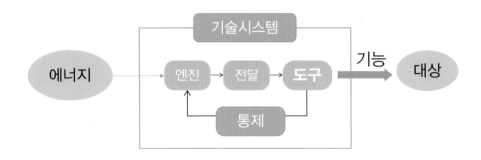

[그림 8-7] 기술시스템 구성

이러한 기술시스템은 도구, 전달체, 엔진, 통제 단위 순으로 구축, 즉 발전한다. 이러한 발전 순서는 인간의 개입이 줄어드는 방향으로 이루어진다. 예를 들어, 선풍기의 사례를 들어보자([그림 8-8]).

---

4 엔진engine은 기술시스템 외부의 에너지 원천을 활용해서 기술시스템에 동력을 제공하는 역할을 수행한다.
5 전달체transmission는 엔진의 동력을 도구에 전달하는 기능을 수행한다.
6 도구tool는 기술시스템 외부의 대상(product, object)에 기능을 수행한다.
7 제어시스템은 기술시스템의 각 구성요소의 동작과 구성요소 간 에너지 흐름을 통제한다.

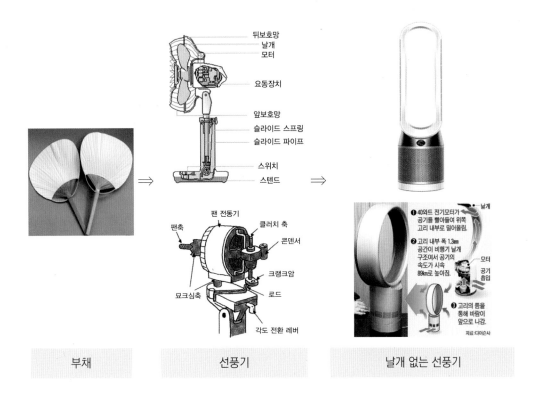

부채   선풍기   날개 없는 선풍기

[그림 8-8] 기술시스템 진화 사례: 시스템의 완전성 법칙-선풍기

한지와 대나무 살로 만들어진 부채를 손으로 부쳐서 시원하게 하던 시절이 있었다. 이때, 부채의 주기능은 손(엔진)을 사용해서 부채(도구)로 사람(대상)을 시원하게 하는 것이었다. 부채라는 기술시스템의 경우, 엔진(손)-도구(부채)-대상(사람)이라는 3가지 구성요소로 되어 있어서 사람이 힘든 상황이다.

이후, 전기(에너지)를 기반으로 전동모터(엔진)를 돌려 날개(도구)를 회전시킴으로써 바람을 일게 만들어 사람(대상)에게 시원한 바람을 제공하는 선풍기로 발전하게 된다. 스위치(통제 단위)를 활용해서 미풍부터 강풍까지 바람세기를 제어할 수도 있다.

선풍기의 핵심 구성요소인 회전날개가 바람을 일으키는 데 큰 기여를 하지만, 사람이 손을 다치기도 하고, 매번 청소하는 것도 쉽지 않다. 이러한 문제점을 해결하고자 날개 없는 선풍기, 즉 에어 멀티플라이어Air Multiplier[8]가 등장하게 되었다. 에어 멀티플

---

8 '에어 멀티플라이어'는 바람을 몇 배나 강하게 만든다는 뜻을 가지고 있다. 바람을 강하게 만드는 원리는 비행기의 제트엔진 원리를 차용하였다. 원기둥 받침대는 비행기 제트엔진 원리로, 고리 모양 원은 비행기 날개 모양으로 디자인

라이어의 경우, 전기모터(엔진)가 공기를 흡입하여 기기 위쪽 고리 내부를 밀어 올림으로써, 비행기 구조로 만들어진 내부구조로 인해 공기가 약 시속 88km로 속도가 높아지게 된다. 이로 인해 사람(대상)은 회전날개(도구) 없이도 선풍기보다 훨씬 시원한 바람을 얻을 수 있게 된다. 전기모터가 주는 힘을 날개에 전달할 전동축(전달체)이 필요가 없기 때문에 회전날개(도구)도 필요 없게 된다.[9]

활동 1

'시스템의 완전성 법칙'이 적용된 기술시스템 1개를 선정(예. 칫솔, 면도기)하고 기술시스템 진화과정을 조사한 후, 그 과정을 기술시스템 구성요소(도구, 전달체, 엔진, 통제 단위) 중심으로 자세히 설명하시오.

2.2. 에너지 전도성 증가의 법칙

에너지 전도성 증가의 법칙Trend of Optimization of Flows = Law of energy conductivity in a system은 기술시스템에서 에너지를 전달할 때 그 기능과 제어를 효과적으로 하기 위해

되었다. 비행기에 사용되는 제트엔진은 날개를 돌려 바깥 공기를 안으로 빨아들인다. 이 공기가 연료와 섞여 타면 고온의 기체가 나오는데, 이를 밖으로 배출하면서 비행기가 앞으로 가게 된다. 날개 없는 선풍기 받침대에도 작은 모터와 날개가 들어 있다. 이들이 돌아가면서 바깥에 있는 공기를 빨아들이는 것이다. 이 선풍기에 사용된 모터는 1초에 약 20ℓ의 공기를 빨아들일 수 있다. 받침대에서 빨아들인 공기는 위쪽 동그란 고리로 올라간다. 여기로 올라간 공기는 약 시속 88㎞ 정도로 빠르게 흐르다가 고리 안쪽에 있는 작은 틈으로 빠져나오게 된다. 이때 고리 모양 때문에 더 강한 공기 흐름이 만들어지게 된다. 속이 빈 비행기 날개처럼 생긴 고리의 단면이 바람을 몇 배나 강하게 만드는 비밀인 셈이다. 출처:

9 기술시스템이 진화할 때, 전달체transmission, 엔진engine, 통제 단위control unit, 도구tool 순으로 트리밍 trimming된다.

서 에너지 전달 경로를 짧게 하는 법칙이다(강시내, 2010). 기술시스템은 시스템 내의 에너지 전달 경로를 짧게 하는 방향으로 진화한다. 이 진화과정에서 에너지 전달 단계가 감소한다. 즉, 기술시스템은 엔진으로부터 도구working tool로의 에너지 전달에 있어서 효율이 증가하는 방향으로 진화한다. 또한 제어하기 좀 더 쉬운 에너지 형태(예. 중력장, 기계장, 열장, 전기장, 자기장 순)로 전환된다. 이를 통해 시스템 내부에서의 에너지 전달이 최대효과와 효율을 얻을 수 있게 되었다.

예를 들어, 증기/디젤기관차는 전기기관차, 자기부상열차로 발전하였다(Fey & Rivin, 2007). 증기/디젤기관차는 열에너지를 기계에너지로 바꾼 후, 기계적 전달장치를 통해 바퀴를 구동한다. 그러나 이 과정에서 에너지 손실이 많다는 단점이 발생하였다. 전기기관차는 전류를 이용하여 곧바로 기계적 전달장치를 구동한다. 자기부상열차는 자기장을 활용하여 바퀴와 레일 간의 마찰을 줄여 열차의 속도를 높이고 소음을 줄이는 혁신을 이룩해냈다.

| 증기기관차 | 디젤기관차 | 전기기관차 | 자기부상열차 |

[그림 8-9] **기술시스템 진화 사례: 에너지 전도성의 법칙-열차**

활동 2

'에너지 전도성 법칙'이 적용된 기술시스템 1개를 선정하고 기술시스템 진화과정을 조사한 후, 그 과정을 유익한 에너지 증가(예. 차도의 확장, 교차로를 고가도로화하기) 또는 유해한 에너지 감소(예. 스텔스 물질 활용하기, 프라이팬 나무 손잡이) 측면에서 자세히 설명하시오.

4단계 문제해결안 도출

2.3. 리듬조화성의 법칙

리듬조화성의 법칙Trend of increasing coordination = Law of coordinating rhythms of the system's parts은 기술시스템의 유익한 작용을 강화하기 위해서는 기술시스템의 동작 주기가 조화를 이루도록 해야 하고, 유해한 작용을 제거하기 위해서는 의도적으로 동작 주기의 비조화를 만들어서 해결해야 한다는 법칙이다.

예를 들어, 물건을 단단히 조이기 위해서는 너트와 볼트가 잘 맞도록 설계되어야 하며, 마우스도 손에 잘 맞도록 인체공학적으로 제작되어야 손의 피로도를 줄일 수 있다. 비행기의 날개 끝부분에 구부러진 듯 꺾인 부분을 윙렛Winglet이라고 한다. 윙렛이 있는 이유는 비행기 날개의 상하 압력차 때문에 발생하는 와류Vortex를 감소시키기 위해서이다.[10]

| 너트와 볼트 | 인체공학 마우스 | 비행기 |

[그림 8-10] 기술시스템 진화 사례: 리듬조화성의 법칙

---

10 비행기의 속도가 빨라지면 날개 윗면과 날개 아랫면의 압력차가 생긴다. 날개 윗면은 저기압, 날개 아랫면은 고기압이 되면서, 위쪽으로 뜨려고 하는 것이다. 그런데, 고기압의 아랫면에서 저기압의 윗면으로 공기가 휘어져 들어가면서, 공기의 회전이 소용돌이처럼 날개 끝부분에 생기는데, 이 현상은 Wingtip Vortex라고 하는 항력을 일으킨다. 항력은 비행기의 진행 방향에 반대 방향으로 작용하여, 연료 효율을 떨어뜨린다. 그래서 제작사와 항공사는 날개 끝에 윙렛을 달아 항력을 줄인다. 윙렛을 적용한 비행기는 약 4~6%의 연비 향상과 항속 거리 향상이 된다. 또, 연료가 적게 연소됨에 따라서 배기 가스 배출도 줄어든다. 약 6%의 이산화탄소, 8%의 질소산화물의 감소효과가 있다.

출처:

활동 3

'리듬조화성의 법칙'이 적용된 기술시스템 1개를 선정하고 기술시스템 진화과정을 조사한 후, 자세히 설명하시오.

2.4. 이상성 증가의 법칙

이상성 증가의 법칙Trend of increasing value = Law of increasing the degree of ideality은 모든 기술시스템은 이상 시스템을 추구하는 방향, 즉 이상성이 증가하는 방향으로 발전, 진화해 나간다는 법칙이다(Orloff, 2006). 모든 기술시스템은 이상적인 시스템을 지향한다. 즉, 시스템은 존재하지 않지만 기능은 존재하여, 사람의 간섭 없이 스스로 기능을 수행하는 것을 이상적 시스템이라고 본다(Altshuller, 1984). 이상성이 증가될수록 도구는 사라져가고, 유익한 기능은 증가되며, 사용은 단순해져간다(Fey & Rivin, 2007).

비용cost과 기능functionality의 함수로 표현되는 이상성ideality은, 유해한 작용(예. 공간, 시스템의 소비연료, 시스템이 만드는 소음과 폐기물 등)이 0이 되고 유익한 작용이 작동됨으로써 이상성이 무한대가 되는 것을 지향한다.

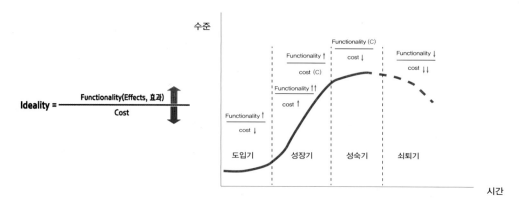

[그림 8-11] S-Curve와 이상성의 관계

2.5. 시스템 구성요소의 불균일적 발전 법칙

시스템 구성요소의 불균일적 발전 법칙Trend of uneven development of system components = Law of uneven development of parts of a system은 모든 기술시스템의 구성요소는 각각 독립적으로 발전해 나가며, 같은 속도로 발전하지 않고 다른 속도로 발전하는 경향[11]이 있다는 법칙이다. 이 법칙은 시스템의 각 구성요소들 사이에서 모순 문제를 발생시키기 때문에, 시스템 미래 예측이나 문제해결 시, 반드시 시스템의 구성요소별 변화를 파악해야 하는 것에 대한 근거가 되고(강시내, 2010), 모순을 찾는 시작점이 된다.

노트북을 예로 들어 보자. 노트북이라는 기술시스템이 전체적으로 개선되어 왔다. 그러나 노트북 구성요소는 개별 적합성 등을 고려하여 개별적으로 진행되었다. 구체적으로는 노트북의 무게를 줄이기 위해서, CD/DVD ROM 드라이브를 없애는 방향으로 개선이 이루어졌다. 자동차의 발전과정을 살펴보면, 초기에는 엔진 개발에 집중되었다가, 최근에는 자율주행기능, GPS 내비게이션과 같이 자동차 운전자 경험의 최적화를 위한 노력이 주를 이루고 있다.

---

11 구성요소 중 가장 느리게 발전하는 요소가 전체 기술시스템의 성능 향상의 제약조건으로 작동한다. 한 구성요소의 발전이 다른 구성요소의 발전을 방해하는 모순이 발생하게 된다.

| DVD ROM 장착 노트북 | DVD ROM 제거된 노트북 | 전기기관차 | 자율주행 차량 |

[그림 8-12] 기술시스템 진화 사례: 시스템 구성요소의 불균일적 발전 법칙-노트북, 자동차

활동 4

'시스템 구성요소의 불균일적 발전 법칙'이 적용된 기술시스템 1개를 선정하고 기술시스템 진화과정을 조사한 후, 자세히 설명하시오.

2.6. 상위시스템으로의 전이 법칙

상위시스템으로의 전이 법칙Trend of transition to the supersystem = Law of transition to a super-system은 현재 시스템mono system이 발전에 있어서 한계에 이르면, 다른 시스템과 결합하여 이중시스템bi-system 혹은 다중시스템poly-system을 만들어 새로운 시스템이 된다는 법칙이다.

예를 들어, 단색 볼펜이 2색 볼펜 또는 다색 볼펜으로 진화하는 경우이다. 또한 염색약이 샴푸를 하면서 염색이 되는 상태로 발전해 나간다.

| 단색 볼펜 | 2색/4색 볼펜 | 염색약 | 샴푸형 염색약 |

[그림 8-13] 기술시스템 진화 사례: 상위시스템으로의 전이 법칙

활동 5

'상위시스템으로의 전이 법칙'이 적용된 기술시스템 1개를 선정하고 기술시스템 진화과정을 조사한 후, 자세히 설명하시오.

2.7. 역동성 증가의 법칙

역동성 증가의 법칙Law of increasing dynamism은 물리적 구조와 시스템 기능 측면에서의 역동성 증가를 다루는 법칙이다. 물리적 구조 측면에서의 역동성은 기술시스템이 변화하는 주변 환경에 적응할 수 있도록 구조에 있어서 유연하게 진화하는 것이다. 시스템 기능 측면에서 역동성은 수동시스템에서 능동적응 시스템으로 진화하는 것이다(강시내, 2010).

예를 들어, 싱크대 수전은 물 나오는 부분이 구부릴 수 없는 하나의 금속으로 되어 있다가, 쉽게 구부려 필요한 곳에 물을 받고 씻을 수 있는 형태로 유연성을 확보하는 형태로 진화되었다. 또한 고체 금속에서 액체 금속으로 진화하기도 하였다. 액체 금속은 상황에 따라 그 모양이 변형가능하다. 영화 터미네이터에 나오는 액체 로봇도 액체 금속의 적용 사례 중 하나이다.

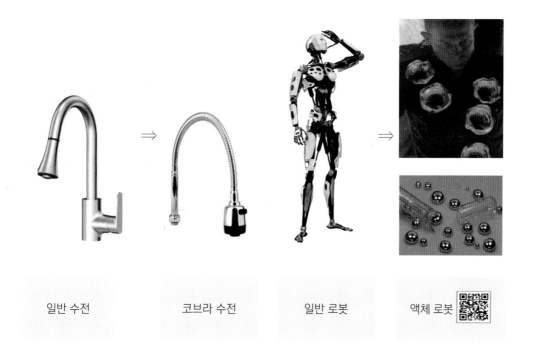

일반 수전   코브라 수전   일반 로봇   액체 로봇

[그림 8-14] 기술시스템 진화 사례: 역동성 증가의 법칙

활동 6

'역동성 증가의 법칙'이 적용된 기술시스템 1개를 선정하고 기술시스템 진화과정을 조사한 후, 자세히 설명하시오.

2.8. 거시계에서 미시계로의 전이 법칙

거시계에서 미시계로의 전이 법칙Law of transition from macro to micro level은 기술시스템 구성요소 중 도구tool는 거시계에서 미시계(예. 물체→분자→원자→전자)로 진화한다는 법칙이다. 즉, 고체, 액체, 가루, 기체, 장field으로 발전한다.

예를 들어, 어떤 물건을 자를 때, 일반 톱날(고체)을 활용했지만, 물(액체), 가스(기체), 레이저(장)를 활용하는 방식으로 새롭게 진화해 나가고 있다.

| 톱 | 액체 절삭 | 가스 절삭 | 레이저 절삭 |

[그림 8-15] 기술시스템 진화 사례: 거시계에서 미시계로의 전이 법칙

활동 7

'거시계에서 미시계로의 전이 법칙'이 적용된 기술시스템 1개를 선정하고 기술시스템 진화과정을 조사한 후, 자세히 설명하시오.

2.9. 물질-장 수준 증가의 법칙

물질-장 수준 증가의 법칙trend of increasing controllability = Law of increasing the Su-Field involvement은 모든 기술시스템은 시스템의 물질-장 요소의 개수가 증가하는 방향으로 진화해간다는 법칙이다. 장field은 일반적으로 기계장, 음파장, 열장, 화학장, 전기장, 자기장, 전자기장 순으로 발전한다.

3. 특성전이법 이해하고 적용하기

특성전이법feature transfer은 기본시스템을 개선하기 위해 대안시스템alternative system[12]의 유익한 특성을 가져오는 기법을 말한다. 예를 들어, 사람(기본시스템)의 뛰어난 두뇌와 강력한 힘을 가진 로봇(경쟁시스템, 대안시스템)의 결합을 통해 웨어러블 로봇이라는 새로운 영역이 탄생되었다.

 +  =

| 사람(기본시스템) | 로봇
(대안시스템, 경쟁시스템) | 웨어러블 로봇 |

[그림 8-16] 특성전이 사례: 웨어러블 로봇

---

12 대안시스템은 기본시스템과 특성(장점, 단점)을 서로 반대로 가지는 경쟁시스템(기본시스템과 주기능이 동일 또는 유사한 시스템)을 의미한다.

특성전이가 일어나는 절차는 아래 그림과 같다.

[그림 8-17] **특성전이 절차**

첫째, 주기능main function을 정의한다. 즉, 도구tool가 대상object에 어떤 주된 수행을 하는가를 기술하는 것이다. 예를 들어, 사람의 다리(도구)는 물건(대상)을 이동시킨다.

둘째, 경쟁시스템을 발굴한다. 사람 다리(시스템 A)는 짐을 이동시켜준다. 예를 들어, 로봇 다리(시스템 B)도 짐을 이동시킬 수 있다. 지게차(시스템 C)도 짐을 이동시킬 수 있다.

셋째, 각 시스템의 비교특성을 정하고 평가한다. 예를 들어, 사람 다리(시스템 A)는 짐을 언제, 어떻게, 왜 등을 판단하여 이동시킬 수 있지만(+), 너무 무거운 짐을 이동시키기에는 한계(-)를 가진다. 로봇 다리는 무거운 짐을 쉽게 옮길 수 있지만(+), 언제 어떻게 왜 짐을 옮겨야 하는지를 판단하는 데 한계(-)를 가진다. 지게차는 매우 무거운 짐을 쉽게 이동시킬 수 있지만(+), 언제, 어떻게, 왜 짐을 옮겨야 하는지 판단은 할 수 없다(-).

넷째, 기본시스템을 선정한다. 예를 들어, 사람 다리를 기본시스템으로 선정하였다.

다섯째, 전이 대상이 되는 특성을 선정한다. 로봇 다리의 튼튼함을 전이 대상 특성으로 선정하였다.

여섯째, 특성을 전이한다. 튼튼하여 무거운 것을 운반할 수 있는 로봇 다리의 특성을 기본시스템인 사람 다리에 특성전이한다.

특 성	사람 다리(시스템 A) 기본시스템	로봇 다리(시스템 B)	지게차(시스템 C)
무거운 물건 이동 (특성전이)	– ←	+	+
이성적 판단	+	–	–
이동성 / 유연성	+	+	–

[그림 8-18] **특성전이 사례**

활동 8

날개 없는 드론의 사례를 활용하여 특성전이 수행방법 및 절차(알고리즘)에 따라, 특성전이를 수행하시오.

[날개 없는 드론]

참고문헌

강시내(2010). 트리즈 진화 법칙과 디지털 컨버전스 아이디어 생성 프로세스. 국내석사학
위논문 제주대학교 경영대학원.

Altshuller, G. (1984). *Creativity as an exact science: The theory of inventive problem solving*. Gorden and Breach Publishers.

Chang, Y. S. (2021). Development of the Unmanned Automatic Test System for a Portable Detector using TRIZ TESE. *Journal of The Korea Society of Computer and Information, 26*(6), 63-71.

Fey, V. R., & Rivin, E. I. (2007). *Innovation on demand: New Product Development Using TRIZ*, Cambridge University Press.

Hong, I. S., Shin, S. J., & Lee, M. K. (2018). A Method ofTRIZ and Portfolio-based Core Technology Identification for Open 연구개발 Innovation in Small and Medium-sized Enterprises. *Korea Society of Innovation, Innovation Studies, 13(*4*)*, 65-97.

Orloff, M. A. (2006). *Inventive thinking through TRIZ*, Springer.

[참고 누리집]
http://triz.co.kr/TRIZ/frame1.html
http://trizcenter.co.kr

[기타 자료]
TRIZ Level 2, 3 인증과정 교재(국제트리즈협회 한국교육센터)

제9장

비표준 문제해결: ARIZ

비표준 문제해결을 위해 ARIZ를 이해하고 적용할 수 있다.

1. ARIZ 이해하기
2. ARIZ 수행하기(Part 1-3)
3. ARIZ 수행하기(Part 4-9)

이 장에서는 비표준non-typical 문제모델의 해결모델로서 ARIZ[1](러시아어 Algorithm Rezhenija Izobretatelskih Zadach, 영어 Algorithm of Inventive Problem Solving)에 대해서 다루고자 한다.

1. ARIZ 이해하기

'고전 트리즈classical TRIZ'의 집대성인 ARIZ는 여러 트리즈 도구들을 체계적으로 적용하여 문제를 해결해나가는 절차이다. ARIZ는 트리즈의 모든 개념과 사고 도구, 지식 베이스들을 종합적으로 활용하도록 개발된 문제해결 프로세스, 즉 알고리즘이다(김정선, 2008). ARIZ는 방향성의 고찰을 통해 현재 시스템 문제(모순)의 해결방안을 유추하고자 하는 노력의 산물이다. ARIZ는 1956년 처음 개발된 ARIZ-56부터 ARIZ-85C(1985년) 버전까지 지속적으로 수정보완되었다.[2] ARIZ는 다음과 같이 9개 Parts로 구성된다.

분석단계(Part 1~2)

| Part 1 | 문제 분석하기 |

'문제 분석하기'는 불명확한 초기 문제상황을 분명하고 매우 단순화한 모델로 기술하는 데 목적이 있다. 최소 문제 서술, 모순요소 정의, 기술적 모순 도식화, 도식 모델 선정, 모순의 심화, 문제모델링, 표준해 적용 등의 7가지 하위활동이 이루어진다.

---

1 기능분석, 트리밍, 다차원분석, 근본원인분석, 물질-장 분석 등 다양한 원인분석을 통해 도출된 모순(문제)모델에 따라 해결모델(발명원리, 분리원리, 76가지 표준해, 기능지향검색, ARIZ 등)을 적용한다. 문제모델problem model과 해결모델solution model의 결합은 다음과 같다. 예를 들어, 기술적 모순-40개 발명원리, 물리적 모순-분리원리, 기능분석/근본원인분석-기능지향검색(FOS), 물질-장분석-76가지 표준해결책, 비표준문제-ARIZ.

2 ARIZ는 계속 진화하여 다른 연구자에 의해 ARIZ 92까지 개발되었으며, ARIZ 85C는 약 60단계로 구성되어있고 ARIZ 92는 약 100단계로 구성되어있다.

Part 2   문제모델 분석하기

'문제모델 분석하기'는 문제해결에 유용할 수도 있는 공간, 시간, 물질, 장 등과 같은 활용가능한 자원들을 파악하는 데 목적이 있다. 작용영역(OZ) 정의, 적용시간(OT) 정의, 사용 가능한 물질과 장 탐색 등 3가지 하위활동이 이루어진다.

수행단계(Part 3~5)

Part 3   이상성(IFR)과 물리적 모순 정의하기

'이상성과 물리적 모순 정의하기'는 이상성이 어떤 모습인지 제시하고 이상성을 달성하는 방법으로 물리적 모순을 파악하는 데 목적이 있다. 이상해결책-1 정의, 이상해결책-1 심화, 거시수준의 물리적 모순 정의, 미시수준의 물리적 모순 정의, 이상해결책-2 정의, 표준해 적용으로 물리적 모순 해결 등의 6개 하위활동이 이루어진다.

Part 4   물질-장 자원 활용하기

'물질-장 자원 활용하기'는 자원의 활용가능성을 증대시킬 체계적인 절차를 포함한다. 작은 생물체 모델, IFR로부터 한 발짝 물러나기, 물질-장 자원들을 결합하여 활용, 공간/기공(void) 활용, 전기장 활용, 장과 그 장에 민감한 물질 활용 등 7개 하위활동이 이루어진다.

Part 5   지식 데이터베이스 활용하기

대부분의 경우, ARIZ의 Part 4는 해결방안을 획득할 수 있도록 도움이 되기 때문에, Part 7로 이동하게 된다. 그러나 해결방안을 획득할 수 없는 경우, Part 5가 필요하다. 표준해 활용, 유사문제 활용, 물리적 모순해결에 분리원리 활용, 물리적 모순해결에 물리적 효과 활용 등 4개 하위활동이 이루어진다.

평가 및 종합단계(Part 6~9)

Part 6　　문제 변경하기

단순한 문제는 물리적 모순을 제거함으로써 해결될 수 있다. 그러나 비정형적인 복잡한 문제해결은 문제진술을 변경함으로써 심리적 관성에 의한 초기의 제한을 제거하는 것과 연관이 있다. 즉, 문제해결과정은 문제진술을 수정하는 과정이라고 할 수 있다. 기술적 해결안으로 전환, 여러 문제가 결합된 문제인지 확인, 문제변경, 최소 문제 재진술 등 4개 하위활동이 이루어진다.

Part 7　　물리적 모순 해결방법 분석하기

'물리적 모순 해결방법 분석하기'는 획득된 해결방안의 질을 확인하는 데 목적이 있다. 물리적 모순을 해결하는 이상적인 방법은 아무것도 없애지 않아야 한다. 개념해결안 점검, 개념해결안 예비 평가, 특허 등록 가능성 점검, 실행 시 발생할 수 있는 부가문제 검토 등 4개 하위활동이 이루어진다.

Part 8　　도출된 해결안 적용하기

혁신적인 아이디어는 특정 문제를 해결할 뿐만 아니라, 다른 유사문제들을 해결하는 보편적인 열쇠를 제공한다. '도출된 해결안 적용하기'는 획득한 해결방안에 의해 보이는 자원의 활용을 최대화하는 데 목적이 있다. 상위시스템 변경 방향 검토, 도출된 해결안의 새로운 유용한 효과 검색, 다른 문제에 개념해결안 적용 등 3개 하위활동이 이루어진다.

Part 9　　문제해결과정 분석하기

ARIZ를 활용하는 문제해결과정을 통해 개인 창의적인 잠재력을 증대시킬 수 있다. 그러나 이를 위해서는 해결과정에 대한 온전한 분석이 필요하다. 이론적 해결과정과 실제 문제해결과정 비교, 도출된 개념안과 트리즈 지식 비교 등 2개 하위활동이 이루어진다.

비표준 문제해결

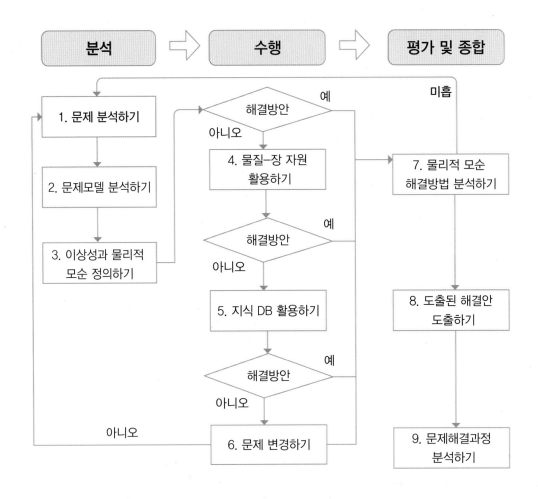

[그림 9-1] ARIZ 흐름도

2. ARIZ 수행하기[3](Part 1-3)

다음의 문제사례(운석 충돌 시뮬레이터)를 통해 ARIZ를 활용한 문제해결과정을 이해하고자 한다.

---

3 이 절에서 제시된 문제해결 사례의 주요 내용은 프랑스 LGECO-Laboratory of Engineering Design의 Dmitry Kucharavy(2006)(ARIZ : theory and practice)가 제시한 것을 수정 및 보완한 것임

지름 3~5밀리미터 정도 크기의 강철공을 고속 제트기에 주입하고 가속한 후, 우주선 샘플과 충돌하게 한다. 강철공의 속도가 초당 8킬로미터가 되면 작업이 잘 수행된다. 폭발실은 초당 50킬로미터의 속도까지 제공할 수 있다. 그런데 강철공이 초당 16킬로미터에 도달하면 높은 가속에 의한 스트레스로 인해 분해되었다. 강철공의 재질을 좀 더 강하거나 부드러운 것으로 또는 더 크게 바꾸어 보았지만 실패하였다. 강철공의 속도를 바꾸는 시도 역시 성공적이지 않았다. 따라서 초당 16킬로미터 이내의 속도로 우주선 샘플을 시험해 보아야 한다.

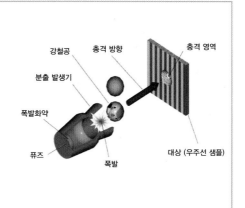

[그림 9-2] **문제상황**

Part 1. 문제 분석하기　1.1. 최소문제 정의하기

최소문제 정의formulate the mini-problem는 비정형 문제, 즉 서로 충돌하긴 하는데 모순이라고 보기엔 모호한 문제를 찾는 작업이다.

기술적 모순1	초당 16킬로미터 정도의 고속 하이퍼 제트가 있으면, 가속은 충족이 되지만 공이 파괴된다.
기술적 모순2	초당 8킬로미터 정도의 저속 하이퍼 제트가 있으면, 강철공은 파괴되지 않지만 요구되는 가속을 충족하지 못한다.
바람직한 결과	시스템을 최소한으로 변화시키면서, 강철공은 파괴되지 않고 요구되는 가속은 충족하는 상태

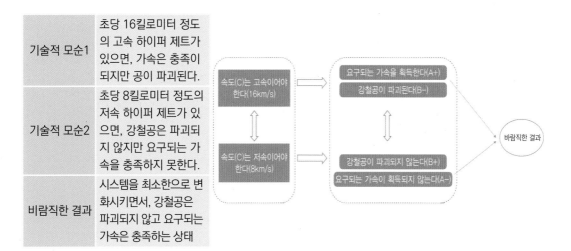

[그림 9-3] **최소문제 정의 사례**

Part 1. 문제 분석하기   1.2. 모순요소 정의하기

'모순요소 정의하기'는 이전 단계에서 모순을 일으키는 도구와 대상을 정의하는 작업이다.

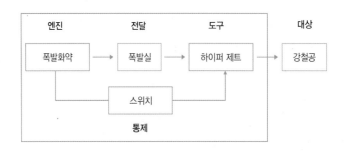

[그림 9-4] **모순요소 정의 사례**

Part 1. 문제 분석하기   1.3. 기술적 모순 도식화하기

'기술적 모순 도식화하기'는 기술적 모순1Technical Contradiction 1, 이하 TC1과 기술적 모순2Technical Contradiction2, 이하 TC2의 도식 모델을 작성하는 활동이다.

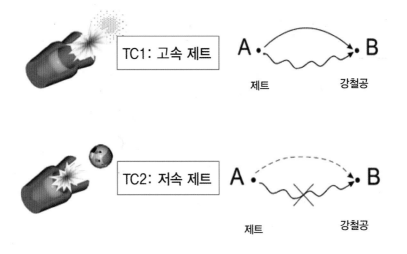

[그림 9-5] **기술적 모순 도식화 사례**

Part 1. 문제 분석하기 1.4. 도식 모델 선정하기

기술적 모순1과 기술적 모순2 중에서 주요 생산과정Main Manufacturing Process에서 가장 높은 수행을 제공해 주는 것 하나를 선정하는 활동이다. 예를 들어, 주요 생산과 정에서 핵심이 되는 유용한 기능이 '강철공을 가속시키는 것'이라고 한다면, 두 개의 기술적 모순 중에서 '기술적 모순1(TC1)'(초당 16킬로미터 정도의 고속 하이퍼 제트가 있으면, 가속은 충족이 되지만 공이 파괴된다)을 선정하게 된다.

[표 9-1] **기술적 모순 도식 모델 선정 사례**

구분	주요 내용
주요 생산과정의 핵심 유용기능	강철공 가속시키기
선정된 모순	기술적 모순1(TC1) 초당 16킬로미터 정도의 고속 하이퍼 제트가 있으면, 가속은 충족이 되지만 공이 파괴된다

Part 1. 문제 분석하기 1.5. 모순 정의 심화하기

구성요소의 상태나 작용을 극한 상황으로 표현하여 모순을 심화시키는 단계이다. 이 단계는 트리밍 작업과 유사하다. 예를 들어, 구성요소 수가 적은 경우, 아예 구성요 소를 없애는 극한 상황으로 심화하는 것이다. '고속의 제트(초당 16킬로미터) 대신에 초고속 제트(초당 16킬로미터 초과)를 사용하는 것'이 기술적 모순1에 대한 모순 심화의 방안이다.

[표 9-2] **모순 정의 심화하기 사례**

모순		심화된 모순
기술적 모순1(TC1) 초당 16킬로미터 정도의 고속 하이퍼 제트가 있으면, 가속은 충족이 되지만 공이 파괴된다	⇒	고속의 제트(초당 16킬로미터) 대신에 초고 속 제트(초당 16킬로미터 초과)를 사용하기

비표준 문제해결

Part 1. 문제 분석하기   1.6. 문제 모델링하기

모순되는 짝, 심화된 모순 정의, 해당 문제해결을 위해 도입된 'X요소X-element'가 해야 할 일을 기술하는 작업이다.

[표 9-3] 문제모델링 사례

구 분	주요 내용
모순 짝	강철공 – 하이퍼 제트
심화된 모순	초고속 제트는 강철공을 적절히 고속화하지만 강철공이 분해된다.
문제	강철공을 가속화시키는 초고속 제트의 능력을 유지하고 강철공이 분해되는 것을 방지하는 'X요소'를 찾아야만 한다.

Part 1. 문제 분석하기   1.7. 표준해 적용하기

심화된 모순을 해결하기 위해 물질-장 모델을 기반으로 표준해결책을 적용할 수 있는지를 점검하는 작업이다. 만일 표준해결책으로 문제가 해결되지 않는다면, 다음 단계인 Part 2로 가야 한다. 아래 그림에서 보는 바와 같이 문제모델을 물질-장 모델로 표현하고, 76가지 표준해결책(예. 1.2.1 또는 1.2.2, 1.2.4)을 활용해서 문제를 해결할 수 있다.

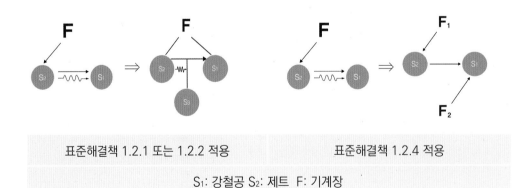

표준해결책 1.2.1 또는 1.2.2 적용   표준해결책 1.2.4 적용

S₁: 강철공 S₂: 제트 F: 기계장

[그림 9-6] 표준해 적용 사례

Part 2. 문제모델 분석하기   2.1. 작용 영역 정의하기

작용 영역Operational Zone, 이하 OZ을 분석하고 명칭과 그림으로 기술하는 작업이다.
예를 들어, 작용 영역은 강철공 주변periphery of the steel ball을 의미한다.

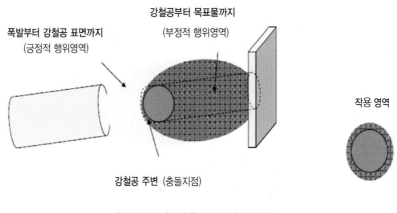

강철공부터 목표물까지
(부정적 행위영역)

폭발부터 강철공 표면까지
(긍정적 행위영역)

작용 영역

강철공 주변 (충돌지점)

[그림 9-7] **작용 영역 정의 사례**

Part 2. 문제모델 분석하기   2.2. 작용 시간 정의하기

작용 시간Operational Time, 이하 OT을 분석하고 명칭과 그림으로 기술하는 작업이다.
모순이 발생하는 시간을 'T1', 모순이 발생하기 전 시간을 'T2'로 표기한다.

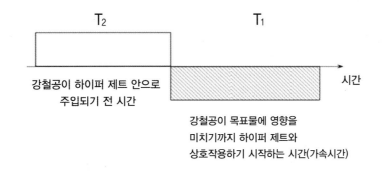

T_2

T_1

시간

강철공이 하이퍼 제트 안으로
주입되기 전 시간

강철공이 목표물에 영향을
미치기까지 하이퍼 제트와
상호작용하기 시작하는 시간(가속시간)

[그림 9-8] **작용 시간 정의 사례**

Part 2. 문제모델 분석하기   2.3. 물질-장 자원 정의하기

분석된 시스템, 환경, 산출물(대상)에 관한 물질-장 자원Substance and Field Resources, 이하
SFR을 정의하는 작업이다. 예를 들어, 시스템 (내부) 자원으로는 하이퍼 제트, 강철공, 기
계장 등이 있으며, 활용가능한 외부자원에는 하이퍼 제트의 열장thermal field, 목표물 등
이 있다. 상위시스템의 물질-장 자원에는 중력, 기압, 습도, 기온, 가스 등이 속한다.

[표 9-4] 물질-장 자원 정의 사례

구분	주요 내용
시스템 내부 자원	하이퍼 제트, 강철공, 기계장 등
활용가능한 외부자원	하이퍼 제트의 열장, 목표물 등
상위시스템의 물질-장 자원	중력, 기압, 습도, 기온, 가스 등

Part 3. 이상해결책과 물리적 모순 정의하기   3.1. 이상해결책-1 정의하기

이상해결책Ideal Final Result-1을 정의하는 작업이다. 정의하는 형식은 다음과 같다.
X요소X-element는 시스템을 복잡하게 하지 않으며 해로운 부작용이 없이 작용 시간
Operational Time과 작용 영역Operational Zone 안에서의 해로운 행동을 없애고 유익한 행동을
제공하는 도구의 능력을 유지해 준다.

[표 9-5] 이상해결책-1 정의 사례

구분	정의
이상해결책-1	X요소는 시스템을 복잡하게 하지 않으며, 해로운 부작용이 없이 가속시간(작용 시간)과 강철공 주변(작용 영역)에서의 강철공의 분해를 막아 주며, 강철공을 가속화시키는 하이퍼 제트의 능력을 유지시켜 준다.

Part 3. 이상해결책과 물리적 모순 정의하기　3.2. 이상해결책-1 정의 심화하기

추가적인 요구사항을 도입함으로써 이상해결책-1 Ideal Final Result-1 정의를 심화시키는 작업이다. 예를 들어, 해당 시스템 내에 새로운 물질과 장을 도입하지 않고 [2.3. 물질-장 자원 정의하기] 과정에서 제시된 물질-장 자원만을 사용하는 것이 필수적이다.

[표 9-6] 이상해결책-1 정의 심화하기 사례

구분	정의
이상해결책-1 심화	'강철공'은 시스템을 복잡하게 하지 않으며, 해로운 부작용이 없이 가속시간(작용시간)과 강철공 주변(작용 영역)에서의 강철공의 분해를 막아 주고 공을 가속화시킨다.
	'기계장'은 시스템을 복잡하게 하지 않으며, 해로운 부작용이 없이 가속시간(작용 시간)과 강철공 주변(작용 영역)에서의 강철공의 분해를 막아 주고 공을 가속화시킨다.
	'고속 가스'는 시스템을 복잡하게 하지 않으며, 해로운 부작용이 없이 가속시간(작용 시간)과 강철공 주변(작용 영역)에서의 강철공의 분해를 막아 주고 공을 가속화시킨다.

Part 3. 이상해결책과 물리적 모순 정의하기　3.3. 거시수준의 물리적 모순 정의하기

이 단계는 거시적 수준에서 물리적 모순을 인식하고 기술하는 작업이다.

[표 9-7] 거시수준의 물리적 모순 정의하기 사례

구분	정의
거시수준의 물리적 모순	강철공 주변(작용 영역)의 가스는 가속시간(작용 시간) 내에 강철공의 분해를 방지하기 위해서 고속으로 흐르는 가스가 스며들지 않아야 하며 강철공을 가속시키기 위해 저속으로 흐르는 가스가 누수되어야 한다.

Part 3. 이상해결책과 물리적 모순 정의하기　3.4. 미시수준의 물리적 모순 정의하기

이 단계는 미시적 수준에서 물리적 모순을 인식하고 기술하는 작업이다.

비표준 문제해결

[표 9-8] 미시수준의 물리적 모순 정의하기 사례

구분	정의
미시수준의 물리적 모순	하이퍼 제트를 전송하지 않도록 가속시간(작용 시간) 내에서 강철공 주변(작용 영역)에 가스분자가 있어야 한다. 또한 강철공에 하이퍼 제트 힘을 전송하도록 약한 가스입자가 있어야 한다.

Part 3. 이상해결책과 물리적 모순 정의하기   3.5. 이상해결책-2 정의하기

이 단계는 이상해결책-2를 인식하고 기술하는 작업이다.

[표 9-9] 이상해결책-2 정의 사례

구분	정의
이상해결책-2	강철공 주변(작용 영역)은 강철공을 유지시키기 위해 강한 가스입자를 제공해야 하고 (또는) 가속시간(작용 시간) 내에서 강철공에 가스 힘을 전달하기 위해 어떤 가스입자도 제공해서는 안 된다.

Part 3. 이상해결책과 물리적 모순 정의하기   3.6. 표준해 적용으로 물리적 모순 해결하기

이상해결책-2로 정의된 새로운 물리적 모순을 해결하기 위해 표준해를 적용하는 가능성을 확인하는 작업이다.

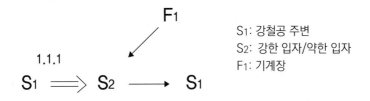

$$S_1 \Longrightarrow S_2 \longrightarrow S_1$$

1.1.1

F_1

S₁: 강철공 주변
S₂: 강한 입자/약한 입자
F₁: 기계장

[그림 9-9] 표준해 적용으로 물리적 모순 해결하기 사례

3. ARIZ 수행하기(Part 4-9)

Part 4. 물질-장 자원의 활용　　4.1. 작은 생물체 활용 시뮬레이션하기

이것은 작은 생물체Little Creature를 활용하는 시뮬레이션을 통해 그래픽 문제모델을 제시하는 작업이다. 작은 생물체가 모순(문제) 없이 이상해결책-2를 달성할 수 있도록 그래픽 모델을 변경한다.

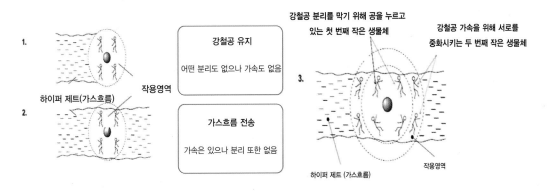

[그림 9-10] 작은 생물체 활용 시뮬레이션하기 사례

Part 4. 물질-장 자원의 활용　　4.2. 이상해결책으로부터 한 발짝 물러나기

현실적 문제해결 가능성을 높이기 위해서 기 정의한 이상해결책IFR으로부터 한 발짝 물러나는 작업이다.

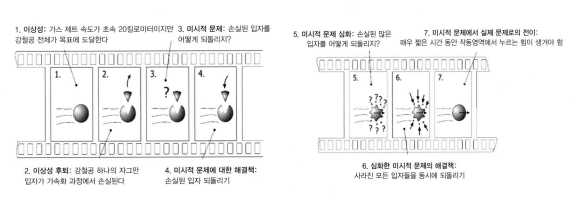

[그림 9-11] 이상해결책으로부터 한 발짝 물러나기 사례

Part 4. 물질-장 자원의 활용   4.3. 물질-장 자원들을 결합하여 활용

물질 자원의 결합 사용 가능성을 검토하는 작업이다. 즉, 새로운 물질을 도입하지 않고 기존 단일시스템mono system의 결합을 통해 새로운 특성을 가지는 다중시스템 poly system을 만들어 모순을 해결하고자 한다.

Part 4. 물질-장 자원의 활용   4.4. 공간, 기공 활용하기

기존 물질 자원을 빈 공간 또는 물질 자원과 빈 공간의 혼합물로 대체함으로써 해당 문제해결 가능성을 검토하는 작업이다.

Part 4. 물질-장 자원의 활용   4.5. 파생자원 활용하기

파생물질 자원을 활용하거나 빈 공간을 가진 파생물질의 혼합물을 가지고 문제해결 가능성을 검토하는 작업이다.

Part 4. 물질-장 자원의 활용   4.6. 전기장 활용하기

물질 대신 하나의 전기장 또는 두 개의 상호작용하는 전기장을 사용하여 문제해결 가능성을 검토하는 작업이다.

Part 4. 물질-장 자원의 활용   4.7. 장과 장에 민감한 물질 활용하기

짝(장과 물질)을 활용(예. 열-형상기억합금)해서 해당 문제해결 가능성을 검토하는 작업이다.

Part 5. 지식 데이터베이스 활용   5.1. 표준해 활용하기

표준해결책을 적용(예. 열-형상기억 합금)해서 해당 문제해결 가능성을 검토하는 작업이다.

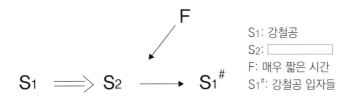

S1: 강철공
S2: ☐
F: 매우 짧은 시간
S1#: 강철공 입자들

[그림 9-12] 표준해 활용하기 사례

Part 5. 지식 데이터베이스 활용   5.2. 유사문제 활용하기

ARIZ를 활용해서 이미 해결된 비표준 문제에 대한 해결 개념을 적용함으로써 문제해결 가능성을 검토하는 작업이다.

두 사례의 직접적인 유사점은 없으나 짧은 시간 동안 내파에 의해 친밀도 물질 상태가 된다는 점은 참신한 개념이다.

* 역 유추: 폭발 에너지를 이용한 체적 수축으로 물체 내부에 빈 공간 만들기: 물체 캡슐화하기

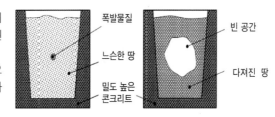

[그림 9-13] 유사문제 활용하기 사례

Part 5. 지식 데이터베이스 활용   5.3. 물리적 모순 해결에 분리원리 활용하기

전형적 변형을 활용해서 물리적 모순을 해결하는 가능성을 검토하는 과정이다. 상전이와 연관된 현상 사용하기, 물리적-화학적 전이를 예로 들 수 있다.

Part 5. 지식 데이터베이스 활용   5.4. 물리적 모순 해결에 물리적 효과 활용하기

이 단계는 물리적 효과를 활용해서 물리적 모순을 해결하는 과정이다.

비표준 문제해결

Part 6. 문제의 변경 또는 재구성   6.1. 기술적 해결안으로 전환하기

이 단계는 문제를 변경 또는 재구성하여 기술적으로 문제해결방안을 도출하는 작업이다. 이를 위해서 작동 원리를 기술하고 개념도를 그려 제시한다.

강철공을 폭발물로 둘러싼다. 내파로 인해 강철공이 하이퍼 제트에 들어갈 때, 파편이 날아가지 않고 요구되는 속도로 목표물에 충돌하는 중심 덩어리처럼 움직인다. 강철공은 스프링처럼 압축되어 풀려나지만, 보통 공처럼 목표물에 도달하기에 시간은 충분하다.

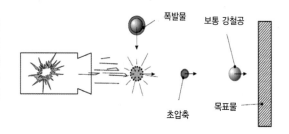

[그림 9-14] **기술적 해결안으로 전환하기 사례**

Part 6. 문제의 변경 또는 재구성   6.2. 여러 문제와 결합된 문제인지 확인하기

이 단계는 해결하고자 하는 문제가 여러 문제들이 결합된 문제인지 여부를 확인하는 과정이다. 결합된 문제인 경우, 각 문제를 분리하여 해결해 나가야 한다.

Part 6. 문제의 변경 또는 재구성   6.3. 문제 변경하기

이 단계는 문제 변경하기 과정이다. 문제가 해결되지 않으면 [문제 분석하기] 단계로 가서 다른 기술적 모순을 선택해야 한다.

Part 6. 문제의 변경 또는 재구성   6.4. 최소 문제 재서술하기

이 단계는 최소 문제를 재서술하는 과정이다. 문제가 해결되지 않으면 [문제 분석하기] 단계로 가서 상위시스템 관점에서 최소문제를 재서술한다.

Part 7. 물리적 모순 해결방법 분석   7.1. 해결안 개념 점검하기

이 단계에서는 해결안 개념solution concept을 점검한다. 예를 들어, 활용가능한 또는

파생된 물질-장 자원을 적용할 수 있는가? 자기통제 물질이 적용될 수 있는가?라는 질문을 점검하고 기술해결방안을 수정해 본다.

Part 7. 물리적 모순 해결방법 분석   7.2. 해결안 개념 예비평가하기

이 단계는 해결안 개념을 예비평가하는 과정이다. 다음과 같은 질문을 고려할 필요가 있다. 예를 들어, 해결안 개념이 이상해결책-1의 주요 요건을 제공하는가? 어떤 물리적 모순이 해결안 개념에 의해 해결되는가? 새로운 시스템은 쉽게 통제가능한 적어도 하나의 요소를 포함하는가? 그것은 어떤 요소이면 어떻게 통제되는가? 단일 주기 문제모델에서 발견되는 해결안 개념은 실제 상황에 적합한가?

Part 7. 물리적 모순 해결방법 분석   7.3. 특허 등록 가능성 점검하기

도출한 문제해결안의 특허 등록 가능성을 점검한다.

Part 7. 물리적 모순 해결방법 분석   7.4. 실행 시 발생할 수 있는 부가문제 검토

새로운 시스템 구체화 단계에서 예상되는 부가적인 문제를 검토한다.

Part 8. 도출된 해결안의 적용   8.1. 상위시스템 변화 예측하기

변화된 시스템을 포함한 상위시스템이 어떻게 변경되어야 하는지를 정의하는 작업이다.

Part 8. 도출된 해결안의 적용   8.2. 획득된 해결책에 대해 새롭게 적용하기

도출된 해결안이 가져올 효과의 유용성을 점검한다.

Part 8. 도출된 해결안의 적용   8.3. 해결 개념을 다른 문제에 적용하기

도출된 해결안을 다른 모순 사례에 적용해 본다.

Part 9. 문제해결과정 분석   9.1. 문제해결의 실제과정과 이론적 과정을 비교하기

문제해결의 실제 과정과 ARIZ 이론적 과정을 비교하고 차이점이 있다면 기술하는 과정이다.

Part 9. 문제해결과정 분석   9.2. 획득된 해결안 개념과 트리즈 지식을 비교하기

이 단계는 최종적으로 얻은 해결안과 트리즈로부터의 지식(예. 40개 발명원리, 분리원리, 70가지 표준해결책 등)을 비교한다. 이 과정에서 활용된 발명원리와 표준해결책 등을 기술한다.

참고문헌

김정선(2008). 창조적 사고훈련 알고리즘 ARIZ. 서울: 마이구루.

박일우(2014). 실용 ARIZ 개발 및 적용. 석사학위청구논문 상명대학교 대학원.

유호식, 백재욱(2004). 문제해결능력 신장을 위한 TRIZ 기법소개. 유신기술회보 제11호, 286-301.

Kucharavy, D. (2006). *ARIZ : theory and practice*. LGECO-Laboratory of Engineering Design.

제10장

트리즈와 인문학 문제해결

트리즈는 공학계열의 문제를 해결하는 데 최적화되었다고 할 수 있다. 그러나 최근 트리즈는 인문사회과학 분야(정치, 경제, 경영 등)의 문제를 해결하는 데 널리 활용되고 있다. 트리즈는 기술적인 문제뿐만 아니라, 사회에서 발생하는 갈등도 해결할 수 있고, 단순한 문제해결을 넘어서 철학적 사고의 수준에 해당한 것으로 볼 수 있다(박수홍, 2009).

1. 트리즈와 인문학 문제해결 I : 트리즈와 문학작품

사회구성원 간의 갈등상황과 문제는 문학작품에서 본질적인 요소이며, 문학적 측면에서 갈등은 '두 성격의 대립현상'이라고 볼 수 있다(하재철, 2017). 갈등 자체가 모순이기 때문에, 트리즈는 문학작품 속의 갈등을 해소할 수 있는 시사점을 제공해 줄 수 있다. 갈등의 플롯으로 구성되어 있는 문학작품은 트리즈를 활용한 창의적 문제해결을 연습해 볼 수 있는 좋은 자료인 셈이다. 문학작품을 읽는 독자는 수동적 수용자로서 작가가 제시하는 상황과 내용을 받아들이는 역할이었다. 그러나 트리즈라는 창의적 문제해결방법론을 문학작품 독해에 활용하면, 독일 극작가 브레히트가 실험한 '학습극'의 학습자 관객이 무대 위의 배우와 함께 가치를 생산해 내는 역할로 확대될 수 있다. OECD 2030 프로젝트에서 제시한 적극적인 학습자student agency로서의 역할뿐만 아니라, 교수자 및 주변 환경과의 상호작용을 통한 가치의 공동창출자co-creation of value로서도 역할을 담당할 수 있게 된다.

1930년도 작품 학습극 '긍정자'의 사례를 살펴보자(하재철, 2017).

문학에서의 갈등 사례: 긍정자 Der Jasager

한 마을에 전염병이 퍼진다. 이 병을 고칠 수 있는 약은 매우 험준한 산을 넘어야 갈 수 있는 이웃 마을에 있다. 전염병의 기세가 워낙 강해 한시라도 지체하지 말고 빨리 약을 구해와야 하는 상황이다. 그래서 젊은 대학생들로 조직된 원정대가 꾸려진다. 이들을 이끄는 지도자는 한 초등학교의 젊은 선생이다. 원정대가 출발을 앞두고 있을 때 선생에게 기별이 온다. 그의 반 학생의 어머니가 전염병에 걸렸다는 것이다. 선생은 어린 학생이 염려되어 출발하기 전 잠깐 병문안을 간다. 그런데 소년은 어머니의 병을 치유하기 위해 이 위험한 원정에 참여한다.

어머니와 선생이 말려보지만, 소년의 결심은 확고하다. 결국 그들은 전염병을 치유하는 데 힘을 보태겠다는 소년의 진정성을 칭찬하면서 원정대에 그를 포함시킨다. 그러나 소년은 산을 오르다 병에 걸린다. 병이 얼마나 위중한지 자신의 몸조차 가누지 못할 정도였다. 원정대는 소년을 데리고 산을 넘고자 갖은 방법을 다 써보지만, 험난한 산세 때문에 도저히 데리고 갈 수 없게 된다. 이제 원정대는 그를 산에 내버려두고 원정을 계속할 것인지 아니면 원정을 포기하고 소년을 데리고 다시 도시로 돌아갈 것인지 선택의 기로에 선다.

출처: 하재철(2017)

위 사례의 갈등상황을 모델링하면 아래 그림과 같다. 전염병 약(A)을 구하기 위해서(+) 원정(C+)을 가야 하지만, 이로 인해 소년(B)은 희생당하게 된다(-). 반면, 소년(B)을 구하기 위해서(+)는 전염병 약(A)을 구하는 것을 그만두어야 하기 때문에(-) 원정을 포기해야 한다(C-).

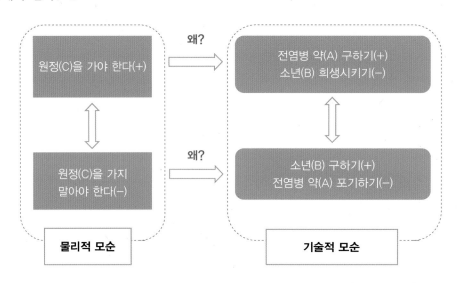

[그림 10-1] 문학작품에서의 갈등상황 1: 문제모델링

이러한 기술적 모순을 해결하기 위해서는 전염병 약도 구하고 소년도 구할 수 있는 해결책을 찾아내야 한다. 예를 들어, 40개 발명원리 중 『1번 분할』을 사용해서, 원정단원 중 1명이 남아 소년을 돌보고, 다른 원정단원들은 전염병 약을 구하기 위해서 원정을 계속하면 된다.

다른 문학작품의 사례로 셰익스피어의 '베니스의 상인'의 내용을 살펴보자(하재철, 2017).

문학에서의 갈등 사례: 베니스의 상인

이탈리아 베니스에는 고리대금업으로 막대한 부를 이룬 샤일록이라는 유대인이 살고 있다. 그의 눈엣가시는 안토니오인데, 안토니오는 돈이 필요한 사람들에게 무이자로 빌려주는 인정 많은 사람이었다. 어느 날, 안토니오에게 절친한 친구인 바사니오가 찾아온다. 포샤라는 아가씨와 결혼하기 위해 필요한 돈을 빌리기 위해서다. 안토니오는 때마침 상선을 사는 데 전 재산을 쏟아 부은 터라 돈이 없었다. 하지만 친구의 부탁을 거절할 수 없었던 그는 할 수 없이 샤일록을 찾아간다. 악독한 유대인은 돈을 빌려주는 조건으로 만약 정한 날에 갚지 못할 경우 안토니오의 살 1파운드를 벨 것을 내세운다. 안토니오는 바다로 나간 배가 돌아오면 충분히 갚을 수가 있는 정도의 액수였기에 그 조건에 동의한다. 하지만 배는 난파되고 안토니오는 정한 기일에 돈을 갚지 못한다. 샤일록이 안토니오를 고발하면서 안토니오는 감옥에 갇히게 된다. 이 사실을 들은 포샤는 남편 바사니오에게 돈을 주어 갚게 한다. 그러나 샤일록은 돈을 받지 않고 기어코 계약서대로 안토니오의 살을 베겠다고 고집한다. 제4막은 법정 장면으로 시작한다. 포샤는 유명한 법률가 벨라리오의 도움을 받아 재판관으로 변장하고 재판을 맡는다.

출처: 하재철(2017)

이 상황에서 재판관은 어떤 판결을 내려야 할까? 재판관이 계약서(C)에 따라 결정을 내리면(+), 법(A)은 준수(+)되지만, 안토니오 생명(B)은 잃게 된다(-). 반대로 재판관이 계약서(C)에 반한 결정을 내리면(-), 안토니오 생명(B)은 보장되지만(+), 법(A)은 훼손되게 된다(-). 그렇다면 계약서 내용도 지키고 안토니오도 살리는 방법은 없을까? 두 변인이 상충하는 갈등(모순)상황을 해결하기 위해서 40개 발명원리 중 『2번 추출』(물체에서 필요한 부분이나 특성만 선택하거나 반대로 필요없거나 방해가 되는 부분을 제거)을 적용할 수 있다. 소설 내용 속의 재판관은 추출의 원리를 활용해서, 살을 베되, 피가 나지 않도록 하라는 현명한 판결을 내린다.

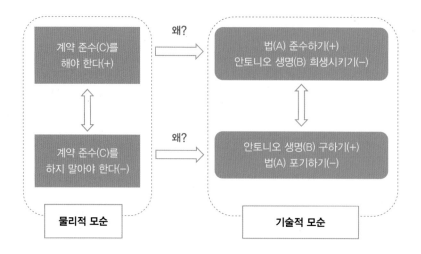

[그림 10-2] 문학작품에서의 갈등상황 2: 문제모델링

다음 사례로 '사천의 선인'이라는 작품을 보자(하재철, 2017).

문학에서의 갈등 사례: 사천의 선인

중국 사천의 한 마을에 세 신이 온다. 신들이 이 세상에 온 목적은 착한 사람을 찾는 것인데, 이전에 들른 몇몇 마을에서는 한 명도 찾을 수가 없었다. 이들은 마을에 도착해 우선 묵을 곳을 찾지만 아무도 재워주려 하지 않는다. 유일하게 방을 내준 사람은 창녀 센테다. 신들은 그녀에게 착한 센테라고 하지만 센테는 고개를 젓는다. 그녀는 방세를 내기 힘들 정도로 가난하며, 살기 위해 몸을 팔지만 그녀와 똑같은 상태에 처한 여자들이 너무 많아 벌이가 시원치 않다. 그래서 신들에게 말한다.

"물론 저는 효도와 성실의 계명을 지키고 싶어요. 그럴 수 있으면 행복하겠어요. 이웃을 탐내지 않으면 기쁘겠고, 한 남자에게 신의를 지키면 즐겁겠어요. 남을 이용하여 이익을 얻거나, 의지할 데 없는 사람들을 후려서 돈을 빼앗고 싶지도 않아요. 하지만 그 모든 것을 어떻게 실천하지요?"

착하고 싶어도 가난 때문에 그럴 수 없다는 센테의 말을 들은 신들은 상당한 액수의 돈을 숙박료로 내놓는다. 그러면서 착하게 살 것을 당부한다. 센테는 그 돈으로 작은 담뱃가게를 마련한다. 그리고 신들의 당부대로 살기 위해 가게에서 나오는 수익으로 이웃 사랑의 계명을 실천하기로 마음 먹는다. 하지만 그녀가 가게를 열려고 한다는 소식을 듣고 그녀의 지인들이 빌붙기 시작한다. 가게는 식객들로 넘쳐나고, 인테리어를 해준 목수는 담배 진열대 값을 뻥튀기해서 부른다. 건물주인은 보증인을 세우라는 등 센테가 감당할 수 없는 무리한 요구를 한다. 가게는 개업하기도 전에 파산에 직면한다. 센테는 착하게 굴면 담뱃가게를 꾸려 나갈 수 없고 나쁘게 행동하면 신들과의 약속을 저버리게 되는 상황에 처하게 된다.

작품에는 작가의 답이 나와 있다. 브레히트는 시간분리와 조건분리를 해결책으로 내놓는다. 센테는 착하기만 해서는 험난한 세상을 살아갈 수 없음을 깨닫고 때와 상황에 따라 가공의 인물인 사촌오빠 슈이타로 변장한다. 슈이타는 남들에겐 무자비한 사람으로서 센테에 빌붙어 있는 식객들을 인정사정없이 경찰에 넘기고, 목수가 얼토당토않게 부른 진열대 값을 원가에도 못 미치는 값으로 깎아내리는 사업수완을 발휘한다.

사악한 슈이타는 유능한 사업가로 명성을 떨치면서 파산 직전의 담뱃가게는 많은 수익을 내는 회사가 된다. 그 대신 이웃 사랑의 자리에는 착취가 들어선다. 마지막 장면에서 신들은 담뱃가게에서 벌어지는 참상을 조사하기 위해 사천으로 내려온다. 재판관의 모습으로 법정에 나타난 그들은 슈이타를 심문한다. 슈이타는 신들에게 자신이 바로 착한 셴테임을 고백한다.

출처: 하재철(2017)

이 작품에서는 주인공 '셴테'가 착하게 살면, 가게의 문을 닫아야 하는 상황이고, 착하지 않게 살면 '신'과의 약속을 어기게 되는 갈등상황이다. 이 사례에서 보는 바와 같이 작가는 이러한 착하기도 하고 착하지 않기도 해야 하는 물리적 모순을 극복하기 위해, 『시간과 조건 분리』라는 원리를 활용해서 이야기를 전개해 나간다. 시간과 상황에 따라 사악한 사촌오빠 '슈이타'로 변장하고 주어지는 환경에 대처해 나가는 모습을 설정한 것이다.

활동 1

여러분이 읽은 문학책 중 갈등 사례를 하나 선택하고 작가가 어떻게 문제해결을 제시했는지 간략히 기술하고 모둠원들과 함께 이야기해봅시다.

구분	내 용
갈등 사례	
문제모델링	
문제해결책	

　　지금까지 살펴본 소설 이외에도 시 창작의 원리나 시적사유에 트리즈 원리를 대입하여 그 소통의 가능성을 살펴본 사례(황보현, 2015)도 있다. 이지엽의 '작은 사랑'이라는 시는 긍정적인 미래를 지향하고 있고 그것을 위해 선행되는 긍정적인 사유의 세계관을 보여주는데, 이것은 40개 발명원리 중 『10번 선행조치』 원리를 잘 드러낸다(황보현, 2015).

　　서정주의 시 '내가 돌이 되면'은 40개 발명원리 중 『폐기 및 재생의 원리』와 관련이 있는 사례이다(황보현, 2015). 이 시는 내가 돌이 되고 돌이 연꽃이 되고, 연꽃이 호수가 되는 환생을 다루고, 내가 호수가 되면, 호수가 연꽃이 되고 연꽃은 돌이 된다는 환생을 다룬다.

시에서의 갈등 사례

	내가 돌이 되면
내 사랑 이런 방이라면 좋겠다 … 유자향 그윽한 내 사랑 이런 뜨락이라면 참 좋겠다 … 발자국 누군가 하나 꼭 찍어 놓고 간	돌은 연꽃이 되고 연꽃은 호수가 되고 내가 호수가 되면 호수는 연꽃이 되고 연꽃은 돌이 되고
출처: 이지엽의 시 '작은 사랑'	출처: 서정주의 시 '내가 돌이 되면'

　　이처럼 트리즈의 문제해결 원리(예. 40개 발명원리)를 시를 창작하는 원리로 활용하여, 시 창작하는 연습을 할 수도 있다.

2. 트리즈와 인문학 문제해결 II : 트리즈와 도덕성

도덕성 문제해결은 그 어떤 분야보다도 창의적인 접근이 요구된다. 도덕성이 합리적 이성에 기초해서 도덕적 판단을 내리는 추론능력이지만, 공감과 배려 등 정의적 측면 또한 포함된다는 측면에서 창의성과 양립할 수 있기 때문에, 도덕성과 창의성은 밀접한 관계에 있다[1](노희정, 2018). 따라서 도덕성 관련 문제(모순)를 해결하는 데 있어서, 창의적 문제해결방법론인 트리즈가 유용하게 활용될 수 있는 가능성이 있다.

콜버그Kohlberg의 도덕성 발달단계를 예시하는 하인즈 갈등상황은 암에 걸린 아내를 위해 라튬이라는 약을 훔친 것이 도덕적인가라는 문제를 잘 보여준다.

도덕성 갈등 사례: 하인즈의 갈등

어느 마을에 하인즈라는 가난한 사람이 살았다. 그에게는 암에 걸려 죽어 가는 아내가 있었다. 아내를 살리는 길은 같은 동네에 사는 약사가 개발한 라튬이라는 약이었다. 그러나 그 약은 재료비도 비쌌지만 그 약사는 원가의 10배나 더 비싸게 약을 팔았는데 아주 적은 양의 약을 2,000달러나 받았다. 하인즈는 그 약을 사려고 이 사람 저 사람에게 돈을 꾸었지만 약값의 절반인 1,000달러밖에 구하지 못했다. 그래서 하인즈는 약사에게 가서 자신의 아내가 죽어가고 있으니 그 약을 조금 싸게 팔든지 모자라는 것은 나중에 갚겠다고 부탁하였다. 그러나 약사는 그 약으로 돈을 벌 생각이라면서 끝내 하인즈의 부탁을 거절하였다. 절망한 그는 아내를 살리기 위해 몰래 약국에 들어가 약을 훔쳤다.

아내의 병(A)을 치료하기 위해서(+) 약(C)을 훔쳐야 한다. 그러나 이로 인해 해당 약국(B)은 손해(-)를 보게 된다. 다른 한편, 약국(B)의 이익을 보장(+)하면 아내의 병(A)은 치료하는 것이 불가능한 상황(-)이 된다. 하인즈 사례는 이러한 기술적 모순을 포함하고 있으며, 결국 약을 훔쳐야 하지만 훔쳐서는 안 되는 물리적 모순의 상황을 포함하고 있다.

---

[1] 도덕적 창의성은 긴박한 상황에서 발생하는 특정 도덕적 문제상황을 적합하고 합당한 창의적 방식에 따라 해결하고 실천하는 능력이다(노희정, 2012).

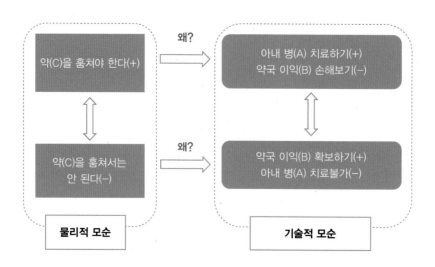

[그림 10-3] 하인즈 사례 문제모델링

이러한 도덕적 갈등상황을 해결하기 위한 도덕적 창의능력을 증진하기 위한 다음
과 같은 교수학습모형이 제안(노희정, 2018)되기도 하였다.

[그림 10-4] 트리즈 원리에 기초한 도덕적 창의성 신장을 위한 교수학습모형

첫째, 갈등의 문제상황을 표면적 대립상황과 본래적 대립상황으로 구분하여 분석
하고 정의를 내린다. 둘째, 대립상황을 어떤 자원을 활용하여 해결할 것인지를 분석한
다. 셋째, 최종적으로 달성하고자 하는 이상적 목표를 설정한다. 넷째, 이상적 목표점
을 달성하기 위한 해결책을 결정한다. 다섯째 도출한 해결책을 적용하고 잘 작동하는
지 평가한다. 여섯째, 전체 문제해결과정을 성찰하는 시간을 가진다.

활동 2

주변의 도덕적 갈등상황을 하나 선택하고 문제상황을 모델링하시오.

구분	내 용
갈등 사례	
문제모델링	
문제해결책	

3. 트리즈와 인문학 문제해결 Ⅲ: 트리즈와 민담

민담은 이야기 형식으로 제시되는데, 주로 인간의 욕망추구와 그것을 방해하는 세계와의 갈등을 보여준다. 한국민담의 유형연구(1994)에 따르면 갈등(부모와 자식 갈등, 형제 간 갈등, 이웃 간의 갈등)을 민담의 한 가지 유형으로 구분할 정도다. 또한 김익철(2012)은 선녀와 나무꾼이란 민담에 나타나는 문제를 트리즈로 해결하는 구체적인 사례를 제시하기도 하였다.

민담 '잃어버린 돈'의 사례를 살펴보자(천원석, 2017). 아들이 어렵게 마련한 논 다섯 마지기에 해당하는 돈을 잃었다가 노인의 도움으로 돈을 찾은 후, 물에 빠진 사람을 돕기 위해 그를 건지는 사람에게 논 다섯 마지기 돈을 주겠다고 공언한 상황이다. 물에 빠진 사람(C)을 도우러 나서면(+) 사람(A)은 구하지만(+) 돈(B)은 잃게 되고(-), 물에 빠진 사람(C)을 도우러 나서지 않으면(-) 돈(B)은 지키지만(+) 사람(A)은 구하지 못하는(-) 갈등의 상황이 이어진다.

민담에서의 갈등 사례: 잃어버린 돈

짚신을 팔아 끼니를 해결하는 가난한 아버지와 아들이 등장한다. 어느 날 외지로 돈을 벌러 나간 아들이 몇 년이 흐른 후 아버지에게 한양으로 올라오라는 편지 한 통을 보낸다. 아버지는 반가운 마음에 한양으로 올라가 아들을 만나니 아들이 논 다섯 마지기 값의 돈을 주며 우선 고향으로 내려가 논을 사놓고 기다리고 있으면 자신도 곧바로 뒤를 따라가겠노라고 말한다. 아버지는 감격에 겨워 아들이 준 돈을 가슴에 품고 고향으로 돌아오게 된다. 하지만 아버지는 집으로 내려오던 도중 길가에서 잠시 쉬다가 돈을 그대로 놓아둔 채로 길을 떠나 버린다. 도중에 자신이 돈을 두고 온 생각이 난 아버지는 급히 길을 되돌아가지만 돈이 제자리에 놓여 있을 리 만무하다. 아버지는 크게 낙심하여 울고만 있는데 이때 어떤 노인이 나타나 아버지가 울고 있는 사연을 묻고는 자신이 돈을 주웠다며 아버지가 잃어버린 그 돈을 내어주는 것이다. 아버지는 너무나 큰 기쁨에 일부라도 사례를 하려고 하지만 노인은 극구 사양한다. 아버지는 다시 돈을 품고 고향으로 길을 재촉하는데 도중에 큰비가 내려 사방에 큰물이 지게 된다. 냇물을 건너야 하는데 물이 철철 불어 넘쳐서 건널 엄두를 못 낸다. 이때 한 젊은이가 물에 빠져 허우적거리며 떠내려 오는 모습이 보였다. 하지만 그것을 지켜보는 모든 사람이 발을 동동거릴 뿐 아무도 선뜻 그를 구하려고 물에 뛰어들지 못한다. 이를 보다 못한 아버지는 자신도 모르게 소리를 쳤다. "저 사람을 구하는 자에게는 내가 논 다섯 마지기 값을 주리다. 제발 누가 나서 보오!" 이 말을 들은 사람 중 하나가 돈에 욕심을 내어 물에 뛰어 들어서는 마침내 다 죽어가는 젊은이를 구해내고는 아버지로부터 약속했던 돈을 건네받게 된다. 이 지점에 문제가 발생한다. 아버지가 가지고 있는 돈은 아들이 몇 년을 고생해서 모은 피 같은 돈이다. 이 돈은 이제 아버지와 아들의 미래의 희망이다. 그런데 물에 빠진 사람의 목숨을 구하고자 아버지는 아들이 준 돈을 걸고 물에 빠져 죽어가는 사람을 구하라고 소리친 것이다. 하지만 그 사람을 구한다고 해서 아버지에게 돌아오는 것은 아무것도 없다. 오직 자식이 수년간 피땀 흘려 모은 돈만 사라질 뿐이다.

출처: 천원석(2017)

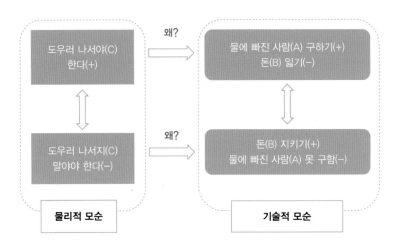

[그림 10-5] 민담 '잃어버린 돈' 사례 문제모델링

활동 3

민담 '잃어버린 돈' 사례의 문제상황에서 사람을 구하면서도(A+), 돈을 지킬 수 있는(B+) 문제해결방법은 무엇일까?

민담 '장모가 된 며느리'의 사례를 살펴보자(천원석, 2017). 부인과 외아들을 잃은 양반은 홀로 남은 며느리에게 재가를 권하지만 며느리는 불효라며 이를 거절한다. 시아버지인 양반은 며느리에게 봉양을 받으며 살 수는 있지만, 며느리는 힘든 삶을 살 수밖에 없는 상황이다. 며느리를 재가(C)시키면(+), 며느리(A)는 행복할 수 있지만(+), 시아버지(B)는 수발의 수단을 잃게 되고(-), 며느리가 재가(C)를 하지 않으면(-), 시아버지(B)는 수발을 받을 수 있지만(+) 며느리(A)의 행복은 보장받지 못하는(-) 갈등의 상황이 이루어진다.

민담에서의 갈등 사례: 장모가 된 며느리

민담 '장모가 된 며느리'에서는 상처한 양반과 남편을 잃은 양반의 며느리가 등장한다. 아내를 상처한 양반은 오직 외아들과 며느리만 의지하면서 살아가게 된다. 하지만 야속하게도 외아들 역시 젊은 아내를 두고 세상을 뜨게 된다. 아내와 외아들을 먼저 떠나보낸 양반은 자신의 처지도 한탄스럽지만 홀로 남은 젊은 며느리의 처지가 가엾기만 했다. 그래서 어느 날 단단히 결심하고는 며느리로 하여금 재가를 가도록 설득한다. 하지만 며느리는 어떻게 홀로 남은 시아버지를 두고 재가를 갈 수 있느냐며 이는 둘도 없는 불효라며 완강히 거절한다.

출처: 천원석(2017)

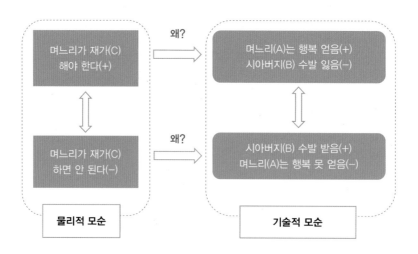

[그림 10-6] 민담 '장모가 된 며느리' 사례 문제모델링

활동 4

민담 '장모가 된 며느리' 사례의 문제상황에서 며느리(A)가 행복을 얻으면서도(+), 시아버지(B)가 수발을 받을 수 있는(+) 문제해결방법은 무엇일까?

참고문헌

김익철(2012). 트리즈로 풀어보는 민담. 서울: 성안당.

노희정(2018). 트리즈 원리를 활용한 도덕적 창의성 신장 교육. 윤리교육연구, 47, 155-180.

박수홍, 홍광표(2009). 트리즈 원리를 이용한 사회과 창의적 문제해결 교수설계모형의 개념적 모형 구안. 교육공학연구, 25(1), 235-263.

천원석(2017). 한국 민담의 갈등 양상 분석을 통한 독서 지도 가능성 탐구. 국내석사학위논문 경기대학교 예술대학원.

하재철(2017). 트리즈(창의적 문제해결) 연습으로서 문학작품의 활용. 인문과학연구, 31, 77-100.

황보현(2015). 트리즈 원리와 현대시의 소통 가능성 -시간과 반복의 시적 묘사성을 중심으로-. 현대문학이론연구, 61(0), 481-512.

제11장

트리즈와 비즈니스 문제해결

트리즈는 기술 및 공학분야를 넘어 인문학과 경영학 분야에서도 창의적 문제해결을 통해 가치를 창출하는 도구로 확산되었다. 경영 혁신 사례와 창의적인 서비스, 생활 속의 아이디어들을 트리즈 관점에서 재해석하면 갈등(모순)을 해소하고 자원을 효과적으로 활용하는 데 유익하다는 인식(예. 세르게이 파에르의 선거캠페인 활용사례[1])에 기반해서 비즈니스 트리즈Business TRIZ로 발전하게 되었다(이경원, 2010).

비즈니스 트리즈는 전통적인 트리즈의 일부 방법론을 활용하여 마케팅, 인사 관리, 갈등 관리 등 비기술적인 영역의 문제를 해결하고자 한다. 비즈니스 트리즈는 영국 Darrell Mann과 Simon Dewulf가 대학의 지원을 받아 비즈니스 분야에서의 트리즈 적용 가능성을 연구하면서 시작되었다. 이들은 알트슐러가 만든 39개의 기술특성technical parameter 매트릭스 대신에 31개의 특성parameter을 사용한 새로운 비즈니스 매트릭스를 만들었다. Mann과 Domb(1999)는 40가지 해결원리에 비즈니스 사례를 접목하고, Retseptor(2007)가 품질관리, 고객 만족, 마케팅 분야에의 40개 해결원리 적용 사례를 발표했다. Zhang 외(2004)는 '40 inventive principles with applications in service operations'를 발표하며 최초로 서비스 분야에 40가지 해결원리를 접목했다(김희민, 2011). 한국트리즈협회는 39개 기술특성을 35개 비즈니스 특성으로 변형하여 제시하였다([표 11-1]).

1. 국내외 기업의 트리즈 활용 현황[2]

국내 트리즈는 LG전자에서 1995년 최초로 도입되었으며, LG 생산기술원에서 『에어컨 소음절감』 프로젝트팀을 통해 트리즈를 적용하여 문제해결에 성공한 사례가 있다. 삼성은 1997년 트리즈에 대한 관심을 가지게 되었으며, 1998년 삼성인력개발원을 중심으로 연구개발 생산성 향상의 수단으로 도입을 추진하였고, 이후 트리즈 전문

---

1 기술, 생산분야에서만 사용되었던 트리즈를 최초로 비기술 분야에 적용한 트리즈 전문가 세르게이 파에르Sergey Fear는 1990년경에 선거 캠페인에서 트리즈를 적용하였으며, 홍보를 위해 전단지가 있어야 하기도 하고 사람들이 읽지 않기 때문에 없기도 해야 한다는 '모순', 최소비용은 존재하지 않는다는 '이상성', 해를 이익으로 바꾸기 발명원리 등을 활용하였다(하성민, 2016).

2 하성민(2016)의 연구내용 중 일부 내용을 발췌 및 요약정리한 것임

가 러시아인을 채용하여 트리즈를 보급 및 확산하고자 하였다. 포스코[3], KT와 같은 대기업과 한국산업기술대학교, 아주대학교, 포항공대, KAIST 등의 대학교에서 트리즈 강의가 개설되기도 하였다.

국외에서는 P&G, 보잉 항공사, 지멘스, 3M, HP, 엘리 릴리, 허니웰, NASA, 도요타, 인텔, 존슨 앤 존슨 등의 여러 혁신 선도기업이 트리즈를 활용하였다. 모 제조회사는 2,000명의 직원에게 트리즈를 교육시킨 결과, 5년 후의 특허출원이 300%까지 증가하였고, 새로운 고객요구를 파악하여 경쟁 회사들로부터 시장을 빼앗아 올 수 있었으며, 이 회사에서 개선된 연구개발 생산성은 혁신의 원동력이 되어서 구조, 방법, 정밀도를 크게 증가시켰다. 트리즈 이용 대표적인 신기술 개발 프로젝트 사례는 다음과 같다: 국제우주정거장, 자가 발열 용기, 트라이던트 미사일, 시울프 잠수함, 카시니 위성, 프리우스 하이브리드 자동차, 인텔 CPU 칩의 열 발산, 인텔의 기판 조립, 록히드의 발사용 로켓 등.

2. 비즈니스 트리즈 절차

공학적 문제는 기술적 모순과 물리적 모순이 함께 존재하지만, 비즈니스 문제는 거래(또는 교환)trade off가 존재하는 기술적 모순인 경우가 많다. 따라서 대부분 기술적 모순을 해결하는 비즈니스 트리즈는 혁신과제 설정Task, 문제원인 분석Reason Analysis, 창의적 해결안 탐색Imagination, 실행계획 짜기Zap 순으로 진행된다(박상찬, 2013).

첫째, 혁신과제를 설정단계는 고객의 가치를 증대시킬 수 있는 가치 혁신 포인트Value Innovation Point, 이하 VIP를 목표 과제로 선정targeting하는 과정이다. 예를 들어, A 휴지생산회사는 러시아와 우크라이나 전쟁으로 인해 원자재 값이 급등하는 상황을 맞았다. 국내외 소비자와의 신뢰를 위해 기존 공급가격은 유지하면서도 생산원가를 낮추어야 하는 문제에 봉착하게 된 것이다.

둘째, 문제원인 분석 단계에서는 자원분석, 근본원인분석 등을 통해 근본문제를 찾

---

3 포스코는 인재양성, 성과창출, 동반성장을 달성하기 위해 트리즈를 활용하여 창의적 사고와 문제해결 기법을 활용하고자 하였다.

아냄으로써, 35개 비즈니스 특성([표 11-1]) 중에서 2개의 특성(개선되는 특성: 문제요인, 악화되는 특성: 원인요인)을 도출(선택)한다.

[표 11-1] 비즈니스 트리즈 35개 특성[4]

번호	비즈니스 특성	번호	비즈니스 특성
1	연구개발 능력	19	서비스 위험요소
2	연구개발 비용	20	서비스 연결
3	연구개발 시간	21	고객 수요
4	연구개발 위험요소	22	고객 가치
5	연구개발 연결	23	고객 판촉
6	생산 품질	24	고객 유통
7	생산 비용	25	인간 관계
8	생산 시간	26	정보의 양
9	생산 위험요소	27	커뮤니케이션 흐름
10	생산 연결	28	시스템에 미치는 유해한 요소
11	공급 품질	29	시스템이 만들어내는 유해한 요소
12	공급 비용	30	편리성
13	공급 시간	31	적응성/융통성
14	공급 위험요소	32	시스템 복잡성
15	공급 연결	33	통제 복잡성
16	서비스 품질	34	긴장/스트레스
17	서비스 비용	35	안정성
18	서비스 시간		

출처: 김희민 (2011), 김영한(2014) 내용 수정 및 보완함

---

4 기업의 경영 활동은 고객에게 가치value를 제공하고 이익을 창출하는 과정이다. 이를 기능별로 분류하면 8가지 활동이 되는데 이들 기능은 고객 가치 창출을 위해 유기적으로 연결되어 비즈니스 가치 시스템business value system을 이루고 있다. 비즈니스 가치시스템은 다음 8가지 활동, 즉 연구 개발R&D, 생산Production, 공급Supply, 마케팅Marketing, 서비스Service, 관리Administration, 시스템System, 문화Culture를 세분화하면, 35가지 비즈니스 특성이 도출된다(박상찬, 2013).

목표 과제가 가지고 있는 모순요소를 발굴하여 이를 해결할 수 있는 특성parameter
을 설정하는 단계로서, 모순해결을 위한 속성이 설정되어지면 이를 모순해결 검색엔진
에 대입하는 절차를 거치게 된다. 예를 들어, A 휴지생산회사는 직면한 모순상황을 해
결하기 위해 비즈니스 트리즈 특성에서 12번 '공급 비용'과 7번 '생산 비용'에 해당하
는 특성으로 전환할 수 있다.

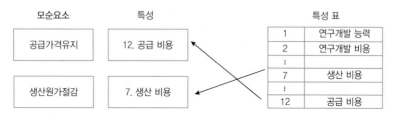

[그림 11-1] 모순요소의 속성화

셋째, 비즈니스 트리즈 매트릭스([부록 2])를 활용하여 창의적 해결안을 탐색한다. 해
결원리를 보고 새로운 아이디어를 상상해 나가는 과정이다. 모순해결 검색 엔진을 통
하여, 자신과 비슷한 문제에 직면한 과거의 문제 해결자들이 어떻게 해결했는지를 참
조할 수 있지만, 완전한 답을 주는 것은 아니다. 해결원리에 맞는 아이디어 사례들을
보면서 자신의 문제를 해결할 수 있는 새로운 아이디어를 상상해 나가는 것이 중요하
다. 예를 들어, A 휴지생산회사는 12번(공급 비용)은 개선되는 속성(문제요인), 7번(생산 비용)
은 악화되는 속성(원인요인)이 되어, 이 두 개의 핵심어가 교차 비용되는 점에서 해당 해
결원리(26번-대체수단, 10번-사전조치, 1번-분할 , 25번-제 시중, 12번-높이 맞추기)를 찾을 수 있다.

[표 11-2] 비즈니스 트리즈 해결원리 선정 사례

악화되는 특성 (원인요인) / 개선되는 특성 (문제요인)	1 연구개발 능력	2 연구개발 비용	3 연구개발 시간	4 연구개발 위험요소	5 연구개발 연결	6 생산 품질	7 생산 비용
1 연구개발 능력		2,4,15,38	21,8,35,23,15	3,9,24,23,36,11	3,13,24,33,38,25	23,29,35,4,13,5	37,35,10,3,6
2 연구개발 비용	2,4,15,38		26,34,1,10,3	27,9,34,16,37	13,26,35,10,1	5,2,27,1	26,35,1,7,27,34,3
3 연구개발 시간	21,8,35,23,15	26,34,1,10,3		1,29,10,40,11	15,25,35,1,40	5,6,20,35,2	5,29,35,2
4 연구개발 위험요소	3,9,24,23,36,11	27,9,34,16,37	1,29,10,40,11		6,29,15,14,17,25	24,35,10,3,13,11	5,35,40,23,1,12
5 연구개발 연결	3,13,24,33,38,25	13,26,35,10,1	15,25,35,1,40	6,28,15,14,17,25		5,6,17,40,33,10,26	15,23,29,5,13
6 생산 품질	23,29,35,4,13,5	5,2,27,1	5,6,20,35,2	24,35,10,3,13,11	5,6,17,40,33,10,26		15,25,3,10,5,8
7 생산 비용	37,35,10,3,6	26,35,1,7,27,34,3	5,29,35,2	5,35,40,23,1,12	15,23,29,5,13	15,25,3,10,5,8	
8 생산 시간	35,6,10,2,20	10,2,6,15	7,26,10,15,3	5,40,20,15	15,40,23,3,24,13	1,35,21,15,4,10	1,24,19,10,27,3,14

9	생산 위험요소	5,7,37,1,4	15,35,10,25,24	25,23,35,29,2,13	7,3,17,23,24	28,40,6,29,13,31,30	3,25,17,35,12,13	26,1,37,25,2,28
10	생산 연결	6,2,35,25,3	23,6,11,28	11,6,23,19,18,2	5,35,13,26,6	6,35,15,13,14	7,13,22,6,36	5,2,30,35,17,8,25
11	공급 품질	15,6,1,5,13	10,5,35	5,13,23,25	1,11,2,34	2,33,3,15,10	15,35,13,22	5,35,31,2,17,24
12	공급비용	3,5,10,2,23,12	6,7,23,26,13	6,15,7,37,13,9	11,23,39,7,9,33	7,5,3,37,10	6,27,35,22,12,37	26,10,1,3,25,12

[표 11-3] 비즈니스 트리즈 40개 해결원리

번호		해결원리	번호		해결원리
1	분할	독립적인 하위시스템으로 나누기	21	고속처리	위험요소배제하기 위해 고속으로 진행하기
		조립과 분해 쉽게 만들기			
2	추출	불필요한 부분 뽑아내기	22	전화위복	유해요소 활용해서 유해함 제거하기
		필요한 부분 뽑기			유해정도를 증가시켜 더 유해하지 않게 하기
3	국부적 품질	각 부분이 다른 기능하게 하기	23	환류	환류를 받아 반응 살피기
		상황을 비균질상태로 만들기			
4	비대칭	비대칭화하거나 그 비율을 높이기	24	매개체 활용	작용을 수행하거나 전달하기 위해 매개체 사용하기
		기존의 것과 차별화하기			중간 매개체 임시 도입하기
5	통합	동일, 유사, 연관기능 결합하기	25	제 시중	시스템이 스스로 기능을 완성하도록 하기
					유휴자원 활용하기
6	다용도	여러 용도로 기능하도록 만들기	26	대체수단	최고의 실행방안 살피기
					대체수단활용으로 본래 효과 얻기
7	포개기	하나의 객체를 다른 객체 속에 넣기	27	일회용품 활용	저렴한 방법으로 바꾸기
		하나의 객체가 다른 객체를 통과하기			일회용으로 바꾸기
8	평형추	상승력을 가지는 다른 것에 결합하여 활성화시키기	28	기계시스템 대체	비유로 표현하기
		침체경향을 여러 가지 힘을 이용하여 활성화시키기			다른 감각이나 시스템으로 바꾸기
9	사전 반대 조치	유해효과제거를 위해 미리 반대조치하기	29	유연성	단단한 것을 유연한 것으로 대체하기
		미리 반대의 응력주기			소프트웨어 기능 부가하기
10	사전 조치	요구되는 작업을 미리 수행하기	30	유연한 막 또는 얇은 막 활용	유연하고 얇은 막을 활용하여 유해한 환경으로부터 격리하기
					효과를 높일 보조수단 찾기
11	사전 예방	미리 안전과 예방조치 취하기	31	다공질 물질 사용	가볍게 하기
					단순화하기
12	높이 맞추기	효과적인 자원을 이용하여 환경변화시키기	32	색 변경	시류에 맞게 관점변화시키기
					물체나 환경의 투명성 변화시키기
13	반대로 하기	반대작용 실행하기	33	동질화	본래 성질 유지하기
		움직이는 부분을 고정시키고 고정된 부분을 움직이게 하기			상호작용하는 객체를 같거나 비슷한 성질로 만들기
		돌리거나 뒤집기			
14	곡선화	직선부분을 곡선으로	34	폐기 혹은 재생	기능소진 후 폐기하거나 변형하기
		직선운동을 회전운동으로			낭비요소 제거하기
15	역동성	다른 상황에서도 최고 능력 발휘하도록 바꾸기	35	속성 변환	디지털 시스템으로 변화시키기
		자유롭게 움직이기 하기			유연성 정도 변화시키기
16	부족/초과 조치	많거나 적게 해서 문제해결하기	36	상전이	영향을 주어 성질변화시키기
17	차원 바꾸기	차원 바꾸기	37	관계 변화	유용한 효과를 위해 요소 간 관계변화시키기
		반대측면 바라보기			효과가 있는 부분의 팽창 정도 높이기
18	진동	고정상황 바꾸기	38	활성화	활성화 요소 활용하여 환경 활성화하기
		고정변수와 요소 바꾸기			재미있게 하기
19	주기적 작동	연속조치를 주기조치로 바꾸기	39	비활성화	현 환경을 비활성된 환경으로 바꾸기
		작용과 작용 사이의 시간 간격 이용하기			첨가물 활용하여 안정된 분위기 만들기
20	유익한 작용 지속	중단 없이 가동하기	40	복합재료 사용	재료를 합하여 새로운 구조 만들기
		동작중단이나 간헐적 동직 없애기			

출처: 김영한(2014) 내용 수정 및 보완함

넷째, 실행계획을 수립하는 단계이다. 지금까지와는 다른 실행방안Zap을 마련하는 단계이다. 새로운 아이디어들이 나오면 그것이 실무적으로 실행 가능한지 여부를 검증해 본다. 해결원리를 응용해서 창출된 새로운 아이디어가 자신의 업무에 적합하게 실행되려면 어떻게 해야 하는가를 생각해서 실행방안을 마련해 나가야 한다. 다양한 해결방법 중 최우선 방안을 선택할 때, 실행력 평가 매트릭스pay off matrix는 유용한데, 이것은 X축에 실행용이성, Y축에 효과성을 놓고 평면은 4개의 면으로 구분하여 각각의 해결방안을 위치시킨 후, 우선순위를 선정한다(김영한, 2014). 평가결과의 객관성 확보를 위해 관련 전문가 집단이 평가과정에 참여하면 좋을 것이다.

예를 들어, A 휴지회사는 비즈니스 트리즈 해결원리(26번-대체수단, 10번-사전조치, 1번-분할, 25번-제 시중, 12번-높이 맞추기)에 기반해서 저렴한 펄프 제공 업체로 수입선 대체하기, 펄프 등 주재료 다량 선구매 조치, 소량구매 고객과 대량구매 고객사 분리 대응, 직영점 개설을 통해 직접 판매 실시 등 다양한 해결방안을 도출할 수 있다.

[표 11-4] 비즈니스 트리즈 해결원리에 기반한 해결방안 도출 사례

해결원리		해결방안
26번	대체수단	저렴한 펄프 제공 업체로 수입선 대체
10번	사전조치	펄프 등 주재료 다량 선구매 조치
1번	분할	소량구매 고객과 대량구매 고객사 분리 대응
25번	제 시중	직영점 개설을 통해 직접 판매 실시
12번	높이 맞추기	판매지역의 지역언어를 사용한 제품 포장지 사용

이 중에서 우선순위를 정하기 위해 실행력 평가 매트릭스를 활용한 평가한 결과 다음과 같다면, 1사분면에 있는 해결방안 '소량구매 고객과 대량구매 고객사 분리 대응'을 우선적으로 선택해서 실행한다.

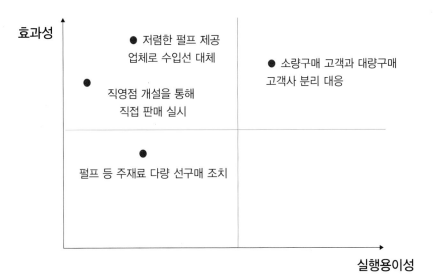

[그림 11-2] **실행력 평가 매트릭스 활용 사례**

참고문헌

김영한(2014). 엔지니어처럼 생각하라. 서울: 왕의 서재.

김희민(2011). "TRIZ의 해결 원리에 근거한 서비스품질 개선 방법에 대한 연구". 성균관대학교 대학원 석사학위논문.

박상찬(2013). "비즈니스 트리즈를 이용한 리스크 대응 전략". 국내석사학위논문 한양대학교 이노베이션대학원, 2013. 서울.

이경원(2010). 품질혁신과 창조경영을 위한 트리즈의 활용. 한국경영학회 융합학술대회, 1-7.

하성민(2016). 비즈니스 트리즈를 활용한 경영혁신 방안에 관한 연구. 국내석사학위논문 한양대학교 기업경영대학원.

Mann, D. and E. Domb(1999). "40 inventive principles with examples," www.triz-journal.com/archives.

(2000). "Application of TRIZ tools in a non-technical problem context," www.triz-journal.com/archives.

(2001). "Using TRIZ to overcome business contradictions: profitable e-commerce," www.triz-journal.com/archives.

(2002). "Systematic win-win problem solving in a business environment," www.triz-journal.com/archives.

Retseptor. G. (2007). 40 inventive principles in customer satisfaction enhancement. www.triz-journal.com/archives,2007.

Zhang, J., Chai,K., & Tan, K. (2004). 40 inventive principles with applications in service operations. www.triz-journal.com/archives,2004.

[부록 1] 기술적 모순의 39개 기술특성에 따른 40개 발명원리 매트릭스

39개 기술특성

1. 움직이는 물체의 무게	6. 고정된 물체의 면적	11. 장력, 압력
2. 고정된 물체의 무게	7. 움직이는 물체의 부피	12. 모양
3. 움직이는 물체의 길이	8. 고정된 물체의 부피	13. 물체의 안정성
4. 고정된 물체의 길이	9. 속도	14. 강도
5. 움직이는 물체의 면적	10. 힘	15. 움직이는 물체의 내구성

16. 고정된 물체의 내구성
17. 온도
18. 밝기
19. 움직이는 물체가 소비하는 에너지
20. 고정된 물체가 소비하는 에너지

모순테이블

개선＼악화	1	2	3	4	5	6	7	8	9	10	11	12	13	14	15	16	17	18	19
1			15, 8, 29, 34		29, 17, 38, 34		29, 2, 40, 28		2, 8, 15, 38	8, 10, 18, 37	10, 36, 37, 40	10, 14, 35, 40	1, 35, 19, 39	28, 27, 18, 40	5, 34, 31, 35		6, 29, 4	19, 1, 32	35, 12, 34, 31
2				10, 1, 29, 35		35, 30, 13, 2		5, 35, 14, 2		8, 10, 19, 35	13, 29, 10, 18	13, 10, 29, 14	26, 39, 1, 40	28, 2, 10, 27			2, 27, 19, 6	28, 19, 32, 22	19, 32, 35
3	8, 15, 29, 34				15, 17, 4		7, 17, 4, 35		13, 4, 8	17, 10, 4	1, 8, 35	1, 8, 10, 29	1, 8, 15, 34	8, 35, 29, 34	19		10, 15, 19	32	8, 35, 24
4		35, 28, 40, 29					17, 7, 10, 40		35, 8, 2, 14	28, 10	1, 14, 35	13, 14, 15, 7	39, 37, 35	15, 14, 28, 26		1, 10, 35	3, 35, 38, 18	3, 25	-
5	2, 17, 29, 4		14, 15, 18, 4				7, 14, 17, 4		29, 30, 4, 34	19, 30, 35, 2	10, 15, 36, 28	5, 34, 29, 4	11, 2, 13, 39	3, 15, 40, 14	6, 3		2, 15, 16	15, 32, 19, 13	19, 32
6		30, 2, 14, 18		26, 7, 9, 39						1, 18, 35, 36	10, 15, 36, 37		2, 38	40			2, 10, 19, 30	35, 39, 38	
7	2, 26, 29, 40		1, 7, 4, 35		1, 7, 4, 17				29, 4, 38, 34	15, 35, 36, 37	6, 35, 36, 37	1, 15, 29, 4	28, 10, 1, 39	9, 14, 15, 7	6, 35, 4		34, 39, 10, 18	2, 13, 10	35
8		35, 10, 19, 14	19, 14	35, 8, 2, 14						2, 18, 37	24, 35	7, 2, 35	34, 28, 35, 40	9, 14, 17, 15	35, 34, 38		35, 6, 4		
9	2, 28, 13, 38		13, 14, 8		29, 30, 34		7, 29, 34			13, 28, 15, 19	6, 18, 38, 40	35, 15, 18, 34	28, 33, 1, 18	8, 3, 26, 14	3, 19, 35, 5		28, 30, 36, 2	10, 13, 19	8, 15, 35, 38
10	8, 1, 37, 18	18, 13, 1, 28	17, 19, 9, 36	28, 10	19, 10, 15	1, 18, 36, 37	15, 9, 12, 37	2, 36, 18, 37	13, 28, 15, 12		18, 21, 11	10, 35, 40, 34	35, 10, 21	35, 10, 14, 27	19, 2		35, 10, 21		19, 17, 10
11	10, 35, 37, 40	13, 29, 10, 18	35, 10, 36	35, 1, 14, 16	10, 15, 36, 28	10, 15, 36, 37	6, 35, 10		35, 24	6, 35, 36		36, 35, 21	35, 4, 15, 10	35, 33, 2, 40	9, 18, 3, 40	19, 3, 27	35, 39, 19, 2		14, 24, 10, 37
12	8, 10, 29, 40	15, 10, 26, 3	29, 34, 5, 4	13, 14, 10, 7	5, 34, 4, 10		14, 4, 15, 22	7, 2, 35	35, 15, 34, 18	35, 10, 37, 40			33, 1, 18, 4	30, 14, 10, 40	14, 26, 9, 25		22, 14, 19, 32	13, 15, 32	2, 6, 34, 14
13	21, 35, 2, 39	26, 39, 1, 40	13, 15, 1, 28	37	2, 11, 13	39	28, 10, 19, 39	34, 28, 35, 40	33, 15, 28, 18	10, 35, 21, 16	2, 35, 40	22, 1, 18, 4		17, 9, 15	13, 27, 10, 35	39, 3, 35, 23	35, 1, 32	32, 3, 27, 16	13, 19
14	1, 8, 40, 15	40, 26, 27, 1	1, 15, 8, 35	15, 14, 28, 26	3, 34, 40, 29	9, 40, 28	10, 15, 14, 7	9, 14, 17, 15	8, 13, 26, 14	10, 18, 3, 14	10, 3, 18, 40	10, 30, 35, 40	13, 17, 35		27, 3, 26		30, 10, 40	35, 19	19, 35, 10
15	19, 5, 34, 31		2, 19, 9		3, 17, 19		10, 2, 19, 30		3, 35, 5	19, 2, 16	19, 3, 27	14, 26, 28, 25	13, 3, 35	27, 3, 10			19, 35, 39	2, 19, 4, 35	28, 6, 35, 18
16		2, 27, 19, 16		1, 40, 35				35, 34, 38					39, 3, 35, 23				19, 18, 36, 40		
17	36, 22, 6, 38	22, 35, 32	15, 19, 9	15, 19, 9	3, 35, 39, 18	35, 38	34, 39, 40, 18	35, 6, 4	2, 28, 36, 30	35, 10, 3, 21	35, 39, 19, 2	14, 22, 19, 32	1, 35, 32	10, 30, 22, 40	19, 13, 39	19, 18, 36, 40		32, 30, 21, 16	19, 15, 3, 17
18	19, 1, 32	2, 35, 32	19, 32, 16		19, 32, 26		2, 13, 10		10, 13, 19	26, 19, 6		32, 30	32, 3, 27	35, 19	2, 19, 6	32, 35, 19			32, 1, 19
19	12, 18, 2, 8, 31		12, 28		15, 19, 25		35, 13, 18		8, 35, 35	16, 26, 21, 2	23, 14, 25	12, 2, 29	19, 13, 17, 24	5, 19, 9, 35	28, 35, 6, 18		19, 24, 3, 14	2, 15, 19	
20		19, 9, 6, 27								36, 37			27, 4, 29, 18	35			19, 2, 35, 32		
21	8, 36, 38, 31	19, 26, 17, 27	1, 10, 35, 37		19, 38	17, 32, 13, 38	35, 6, 38	30, 6, 25	15, 35, 2	26, 2, 36, 35	22, 10, 35	29, 14, 2, 40	35, 32, 15, 31	26, 10, 28	19, 35, 10, 38	16	2, 14, 17, 25	16, 6, 19	16, 6, 19, 37
22	15, 6, 19, 28	19, 6, 18, 9	7, 2, 6, 13	6, 38, 7	15, 36, 17, 30	17, 7, 30, 18	7, 18, 23	7	16, 35, 38	36, 38			14, 2, 39, 6		26		19, 38, 7	1, 13, 32, 15	
23	35, 6, 23, 40	35, 6, 22, 32	14, 29, 10, 39	10, 28, 24	35, 2, 10, 31	10, 18, 39, 31	1, 29, 30, 36	3, 39, 18, 31	10, 13, 28, 38	14, 15, 18, 40	3, 36, 37, 10	29, 35, 3, 5	2, 14, 30, 40	35, 28, 31, 40	28, 27, 3, 18	27, 16, 18, 38	21, 36, 39, 31	1, 6, 13	35, 18, 24, 5
24	10, 24, 35	10, 35, 5	1, 26		30, 26	30, 16		2, 22	26, 32						10		10		19
25	10, 20, 37, 35	10, 20, 26, 5	15, 2, 29	30, 24, 14, 5	26, 4, 5, 16	10, 35, 17, 4	2, 5, 34, 10	35, 16, 32, 18		10, 37, 36, 5	37, 36, 4	4, 10, 34, 17	35, 3, 22, 5	29, 3, 28, 18	20, 10, 28, 18	28, 20, 10, 16	35, 29, 21, 18	1, 19, 26, 17	35, 38, 19, 18
26	35, 6, 18, 31	27, 26, 18, 35	29, 14, 35, 18		15, 14, 29	2, 18, 40, 4	15, 20, 29		35, 29, 34, 28	35, 14, 3	10, 36, 14, 3	35, 14	15, 2, 17, 40	14, 35, 34, 10	3, 35, 10, 40	3, 35, 31	3, 17, 39		34, 29, 16, 18
27	3, 8, 10, 40	3, 10, 8, 28	15, 9, 14, 4	15, 29, 28, 11	17, 10, 14, 16	32, 35, 40, 4	3, 10, 14, 24		2, 35, 24	21, 35, 11, 28	8, 28, 10, 3	10, 24, 35, 19	35, 1, 16, 11		11, 28	2, 35, 3, 25	34, 27, 6, 40	3, 35, 10	11, 32, 13
28	32, 35, 26, 28	28, 35, 25, 26	28, 26, 5, 16	32, 28, 3, 16	26, 28, 32, 3	26, 28, 32, 3	32, 13, 6		28, 13, 32, 24	32, 2	6, 28, 32	6, 28, 32	32, 35, 13	28, 6, 32	28, 6, 32	10, 26, 24	6, 19, 28, 24	6, 1, 32	3, 6, 32
29	28, 32, 13, 18	28, 35, 27, 9	10, 28, 29, 37	2, 32, 10	28, 33, 29, 32	2, 29, 18, 36	32, 23, 2	25, 10, 35	10, 28, 32	28, 19, 34, 36	3, 35	32, 30, 40	30, 18	3, 27	3, 27, 40		19, 26	3, 32	32, 2
30	22, 21, 27, 39	2, 22, 13, 24	17, 1, 39, 4	1, 18	22, 1, 33, 28	27, 2, 39, 35	22, 23, 37, 35	34, 39, 19, 27	21, 22, 35, 28	13, 35, 39, 18	22, 2, 37	22, 1, 3, 35	35, 24, 30, 18	18, 35, 37, 1	22, 15, 33, 28	17, 1, 40, 33	22, 33, 35, 2	1, 19, 32, 13	1, 24, 6, 27
31	19, 22, 15, 39	35, 22, 1, 39	17, 15, 16, 220		17, 2, 18, 39	22, 1, 40	17, 2, 40, 1	30, 18, 35, 4	35, 28, 3, 23	35, 28, 1, 40	2, 33, 27, 18	35, 1	35, 40, 27, 39	15, 35, 22, 2	15, 22, 33, 31	21, 39, 16, 22	22, 35, 2, 24	19, 24, 39, 32	2, 35, 6
32	28, 29, 15, 16	1, 27, 36, 13	1, 29, 13, 17	15, 17, 27	13, 1, 26, 12	16, 40	13, 29, 1, 40	35	35, 13, 8, 1	35, 12	35, 19, 1, 37	1, 28, 13, 27	11, 13, 1	1, 3, 10, 32	27, 1, 4	35, 16	27, 26, 18	28, 24, 27, 1	28, 26, 27, 1
33	25, 2, 13, 15	6, 13, 1, 25	1, 17, 13, 12		1, 17, 13, 16	18, 16, 15, 39	1, 16, 35, 15	4, 18, 39, 31	18, 13, 34	28, 13, 35		2, 32, 12	15, 34, 29, 28	32, 35, 30	32, 40, 3, 28	29, 3, 8, 25	1, 16, 25	26, 27, 13	13, 17, 1, 24
34	2, 27, 35, 11	2, 27, 35, 11	1, 28, 10, 25	3, 18, 31	15, 13, 32	16, 25	25, 2, 35, 11	1	34, 9	1, 11, 10	13	1, 13, 2, 4	2, 35	11, 1, 2, 9	11, 29, 28, 27	1	4, 10	15, 1, 13	15, 1, 28, 16
35	1, 6, 15, 8	19, 15, 29, 16	35, 1, 29, 2	1, 35, 16	35, 30, 29, 7	15, 16	15, 35, 29		35, 10, 14	15, 17, 20	35, 16	15, 37, 1, 8	35, 30, 14	35, 3, 32, 6	13, 1, 35	2, 16	27, 2, 3, 35	6, 22, 26, 1	19, 35, 29, 13
36	26, 30, 34, 36	2, 26, 35, 39	1, 19, 26, 24	26	14, 1, 13, 16	6, 36	34, 26, 6	1, 16	34, 10, 28	26, 16	19, 1, 35	29, 13, 28, 15	2, 22, 17, 19	2, 13, 28	10, 4, 28, 15		2, 17, 13	24, 17, 13	27, 2, 29, 288
37	27, 26, 28, 13	6, 13, 28, 1	16, 17, 26, 24	26	2, 13, 18, 17	2, 39, 30, 16	29, 1, 4, 16	2, 18, 26, 31	3, 4, 16, 35	30, 28, 40, 19	35, 36, 37, 32	27, 13, 1, 39	11, 22, 39, 30	27, 3, 15, 28	19, 29, 39, 25	25, 34, 6, 35	3, 27, 35, 16	2, 24, 26	35, 38
38	28, 26, 18, 35	28, 26, 35, 10	14, 13, 17, 28	23	17, 14, 13		35, 13, 16		28, 10	2, 35	13, 35	15, 32, 1, 13	18, 1	25, 13	6, 9		26, 2, 19	8, 32, 19	2, 32, 13
39	35, 26, 24, 37	28, 27, 15, 3	18, 4, 28, 38	30, 7, 14, 26	10, 26, 34, 31	10, 35, 17, 7	2, 6, 34, 10	35, 37, 10, 2		28, 15, 10, 36	10, 37, 14	14, 10, 34, 40	35, 3, 22, 39	29, 28, 10, 18	35, 10, 2, 18	20, 10, 16, 38	35, 21, 28, 10	26, 17, 19, 1	35, 10, 38, 19
개선＼악화	1	2	3	4	5	6	7	8	9	10	11	12	13	14	15	16	17	18	19

출처: 신정호(2019). 트리즈씽킹. 서울: 두경엠엔피(일부 수정).

21. 동력　26. 물질의 양　31. 유해한 부작용　36. 장치의 복잡성
22. 에너지 손실　27. 신뢰성　32. 제조 용이성　37. 조절의 복잡성
23. 물질 손실　28. 측정의 정확성　33. 사용 편의성　38. 자동화 정도
24. 정보 손실　29. 제조의 정확성　34. 수리보수 편의성　39. 생산성
25. 시간 손실　30. 물체에 작용하는 유해한 요인　35. 적응성

20	21	22	23	24	25	26	27	28	29	30	31	32	33	34	35	36	37	38	39	악화 / 개선
	12,36,18,31	6,2,34,19	5,35,3,31	10,24,35	10,35,20,28	3,26,18,31	1,3,11,27	28,27,35,26	28,35,26,18	22,21,27,39	22,35,31,39	27,28,1,36	35,3,2,24	2,27,28,11	29,5,15,8	26,30,36,34	28,39,26,32	26,35,18,19	35,3,24,37	1
18,19,28,1	15,19,18,22	18,19,28,15	5,8,13,30	10,15,35	10,20,35,26	19,6,18,26	10,28,8,3	18,26,28	10,1,35,17	2,19,22,37	35,22,1,39	28,1,9	6,13,1,32	2,27,28,11	19,15,29	1,10,26,39	25,28,17,15	2,26,35	1,28,15,35	2
	1,35	7,2,35,39	4,29,23,10	1,24	15,2,29	29,35	10,14,29,40	28,32,4	10,28,29,37	1,15,17,24	17,15	1,29,17	15,29,35,4	1,28,10	14,15,1,16	1,19,26,24	35,1,26,24	17,24,26,16	14,4,28,29	3
	12,8	6,28	10,28,24,35	24,26	30,29,14		15,29,28	32,28,3	2,32,10	1,18		15,17,27	2,25	3	1,35	1,26	26		30,14,7,26	4
	19,10,32,18	15,17,30,26	10,35,2,39	30,26	26,4	29,30,6,13	29,9	26,28,32,3	2,32	22,33,28,1	17,2,18,39	13,1,26,24	15,17,13,16	15,13,10,1	15,30	14,1,13	2,36,26,18	14,30,28,23	10,26,34,2	5
	17,32	17,7,30	10,14,18,29	30,16	10,35,4,18	2,18,40,4	32,35,40,4	26,28,32,3	2,29,18,36	27,2,39,35	22,1,40	40,16	16,4	16	15,16	1,18,36	2,35,30,18	23	10,15,17,7	6
	35,6,13,18	7,15,13,16	36,39,34,10	2,22	2,6,34,10	29,30,7	14,1,40,11	25,26,28	25,28,2,16	22,21,27,35	17,2,40,1	29,1,40	15,13,30,12	10	15,29	26,1	29,26,4	35,34,16,24	10,6,2,34	7
	30,6		10,39,35,34		35,16,32,18	35,3	2,35,16			35,10,25	34,39,19,27	30,18,35,4	35		1		1,31	2,17,26	35,37,10,2	8
	19,35,38,2	14,20,19,35	10,13,28,38	13,26		10,19,29,38	11,35,27,28	28,32,1,24	10,28,32,25	1,28,35,23	2,24,35,21	35,13,8,1	32,28,13,12	34,2,28,27	15,10,26	10,28,4,34	3,34,27,16	10,18		9
1,16,36,37	19,35,18,37	14,15	8,35,40,5		10,37,36	14,29,18,36	3,35,13,21	35,10,23,24	28,29,37,36	1,35,40,18	13,3,36,24	15,37,18,1	1,28,3,25	15,1,11	15,17,18,20	26,35,10,18	36,37,10,19	2,35	3,28,35,37	10
	10,35,14	2,36,25	10,36,3,37		37,36,4	10,14,36	10,13,19,35	6,28,25	3,35	22,2,37	2,33,27,18	1,35,16	11	2	35	19,1,35	2,36,37	35,24	10,14,35,37	11
	4,6,2	14	35,29,3,5		14,10,34,17	36,22	10,40,16	28,32,1	32,30,40	22,1,2,35	35,1	1,32,17,28	32,15,26	2,13,1	1,15,29	16,29,1,28	15,13,39	15,1,32	17,26,34,10	12
27,4,29,18	32,35,27,31	14,2,39,6	2,14,30,40		35,27	15,32,35		13	18	35,24,30,18	35,40,27,39	35,19	32,35,30	2,35,10,16	35,30,34,2	2,35,22,26	35,22,39,23	1,8,35	23,35,40,3	13
35	10,26,35,28	35	35,28,31,40		29,3,28,10	29,10,27	11,3	3,27,16	3,27	18,35,37,1	15,35,22,2	11,3,10,32	32,40,25,2	27,11,3	15,3,32	2,13,25,28	27,3,15,28	29,35,10,14		14
	19,10,35,38		28,27,3,18	10	20,10,28,18	3,35,10,40	11,2,13	3	3,27,16,40	22,15,33,28	21,39,16,22	27,1,4	12,27	29,10,27	1,35,13	10,4,29,15	19,29,39,35	6,10	35,17,14,19	15
	16		27,16,18,38	10	28,20,10,16	3,35,31	34,27,6,40	10,26,24		17,1,40,33	22	35,10	1	1	2	25,34,6,35		20,10,16,38		16
2,14,17,25	21,17,35,38	21,36,29,31		35,28,31,40	3,17,30,39	19,35,3,10	32,19,24	24	24	22,33,35,2	22,35,2,24	26,27	26,27	4,10,16	2,18,27	2,17,16	3,27,35,31	26,2,19,16	15,28,35	17
32,35,1,15	32	13,16,1,6	13,1	1,6	19,1,26,17	1,19		11,15,32	3,32	15,19	35,19,32,39	19,35,28,26	28,26,19	15,17,13,16	15,1,13	6,32,13	32,15	2,26,10	2,25,16	18
6,19,37,18	12,22,15,24	35,24,18,5			35,38,19,18	34,23,16,18	19,21,11,27	3,1,32		1,35,6,27	2,35,6	28,26,30	19,35	1,15,17,28	15,17,13,16	2,29,27,28	35,38	32,2	12,28,35	19
			28,27,18,31			3,35,31		10,36,23		10,2,22,37	19,22,18	1,4				19,35,16,25			1,6	20
		10,35,38	28,27,18,38	10,19	35,20,10,6	4,34,19	19,24,26,31	32,15,2	32,2	19,22,31,2	2,35,18	26,10,34	26,35,10	35,2,10,34	19,17,34	20,19,30,34	19,35,16	28,2,17	28,35,34	21
	3,38		35,27,2,37	19,10	10,18,32,7	7,18,25	11,10,35	32		21,22,35,2	21,35,2,22		35,32,1	2,19		7,23	35,3,15,23	2	28,10,29,35	22
28,27,12,31	28,27,18,38	35,27,2,31			15,18,35,10	6,3,10,24	10,29,39,35	16,34,31,28	35,10,24,31	33,22,30,40	10,1,34,29	15,34,33	32,28,2,24	2,35,34,27	15,10,2	35,18,10,13	35,10,18	35,10,18	10,23	23
10,19		19,10			24,26,28,32	24,28,35	10,28,23			22,10,1	10,21,22	32	27,22			35,33		13,23,15		24
1	35,20,10,6	10,5,18,32	35,18,10,39	24,26,28,32		35,38,18,16	10,30,4	24,34,28,32	24,26,28,18	35,18,34	35,22,18,39	35,28,34,4	4,28,10,34	32,1,10	35,28	6,29	18,28,32,10	24,28,35,30		25
3,35,31	35	7,18,25	6,3,10,24	24,28,35	35,38,18,16		18,3,28,40	13,2,28	33,30	35,33,29,31	3,35,40,39	29,1,35,27	35,29,25,10	2,32,10,25	15,3,29	3,13,27,10	3,27,29,18	8,35	13,29,3,27	26
36,23	21,11,26,31	10,11,35	10,35,29,39	10,28	10,30,4	21,28,40,3		32,3,11,23	11,32,1	27,35,2,40	35,2,40,26		27,17,40	1,11	13,35,8,24	13,35,1	27,40,28	11,13,27	1,35,29,38	27
3,6,32	3,6,32	26,32,27	10,16,31,28		24,34,28,32	2,6,32	5,11,1,23			28,24,22,26	3,33,39,10	6,35,25,18	1,13,17,34	1,32,13,11	13,35,2	27,35,10,34	26,24,32,28	28,2,10,34	10,34,28,32	28
	32,2	13,32,2	35,31,10,24		32,26,28,18	32,30	11,32,1			26,28,10,36	4,17,34,26		1,32,35,23	25,10		26,2,18		26,28,18,23	10,18,32,39	29
10,2,22,37	19,22,31,2	21,22,35,2	33,22,19,40	22,10,2	35,18,34	35,33,29,31	27,24,2,40	28,33,23,26	26,28,10,18			24,35,2	2,25,28,39	35,10,2	35,11,22,31	22,19,29,40	22,19,29,40	33,3,34	22,35,13,24	30
19,22,18	2,35,18	21,35,2,22	10,1,34	10,21,29	1,22	3,24,39,1	24,2,40,39	3,33,26	4,17,34,26							19,1,31	2,21,27,1	2	22,35,18,39	31
1,4	27,1,12,24	19,35	15,34,33	32,24,18,16	35,28,34,4	35,23,1,24		1,35,12,18		24,2			2,5,13,16	35,1,11,9	2,13,15	27,26,1	6,28,11,1	8,28,1	35,1,10,28	32
	35,34,2,10	2,19,13	28,32,2,24	4,10,27,22	4,28,10,34	12,35	17,37,8,40	25,13,2,34	1,32,35,23	2,25,28,39		2,5,12		12,26,1,32	15,34,1,16	32,26,12,17		1,34,12,3	15,1,28	33
15,10,32,2	15,1,32,19	2,35,34,27		32,1,10,25	2,28,10,25		11,10,1,16	10,2,13	25,10	35,10,2,16		1,35,11,10	1,12,26,15		7,1,4,16	35,1,13,11		34,35,7,13	1,32,10	34
19,1,29	18,15,1	15,10,2,13		35,28	3,35,15		35,13,8,24	35,5,1,10		35,11,32,31		1,13,31	15,34,1,16	1,16,7,4		15,29,37,28	1	27,34,35	35,28,6,37	35
	20,19,30,34	10,35,13,2	35,10,28,29		6,29	13,3,27,10	13,35,1	2,26,10,34	26,24,32	22,19,29,40	19,1	27,26,1,13	27,9,26,244	1,13	29,15,28,37		15,10,37,28	15,1,24	12,17,28	36
19,35,16	18,1,16,10	35,3,15,19	1,18,10,24	35,33,27,22	18,28,32,9	3,27,29,18	27,40,28,8	26,24,32,28		22,19,29,28	2,21	5,28,11,29	2,5	12,26	1,15	15,10,37,28		34,21	35,18	37
	28,2,27	23,28	35,10,18,5	35,33	24,28,35,30	35,13	11,27,32	28,26,10,34	28,26,18,23	2,33	2	1,26,13	1,12,34,3	1,35,13	27,4,1,35	15,24,10	34,27,25		5,12,35,26	38
1	35,20,10	28,10,29,35	28,10,35,23	13,15,23		35,38	1,35,10,38	1,10,34,28	18,10,32,1	22,35,13,24	35,22,18,39	35,28,2,24	1,28,7,10	1,32,10,25	1,35,28,37	12,17,28,24	35,18,27,2	5,12,35,26		39
20	21	22	23	24	25	26	27	28	29	30	31	32	33	34	35	36	37	38	39	개선 / 악화

[부록 2] 비즈니스 트리즈 매트릭스-1

개선되는 특성 (문제요인) \ 악화되는 특성 (원인요인)	1 연구개발 능력	2 연구개발 비용	3 연구개발 시간	4 연구개발 위험요소	5 연구개발 연결	6 생산 품질	7 생산 비용	8 생산 시간	9 생산 위험요소
1 연구개발 능력		2,4,15,38	21,8,35,23,15	3,9,24,23,36,11	3,13,24,33,38,25	23,29,35,4,13,5	37,35,10,3,6	35,6,10,2,20	3,5,10,2,23,12
2 연구개발 비용	2,4,15,38		26,34,1,10,3	27,9,34,16,37	13,26,35,10,1	5,2,27,1	26,35,1,7,27,34,3	10,2,6,15	6,7,23,26,13
3 연구개발 시간	21,8,35,23,15	26,34,1,10,3		1,29,10,40,11	15,25,35,1,40	5,6,20,35,2	5,29,35,2	7,26,10,15,3	6,15,7,37,13,9
4 연구개발 위험요소	3,9,24,23,36,11	27,9,34,16,37	1,29,10,40,11		6,29,15,14,17,25	24,35,10,3,13,11	5,40,23,1,12	5,40,20,15	11,23,39,7,9,33
5 연구개발 연결	3,13,24,33,38,25	13,26,35,10,1	15,25,35,1,40	6,28,15,14,17,25		5,6,17,4,0,33,10,26	15,23,29,5,13	15,40,23,3,24,13	7,5,3,37,10
6 생산 품질	23,29,35,4,13,5	5,2,27,1	5,6,20,35,2	24,35,10,3,13,11	5,6,17,4,0,33,10,26		15,25,3,10,5,8	1,35,21,15,4,10	6,27,35,22,12,37
7 생산 비용	37,35,10,3,6	26,35,1,7,27,34,3	5,29,35,2	5,35,40,23,1,12	15,23,29,5,13	15,25,3,10,5,8		1,24,19,10,27,3,14	26,10,1,3,25,12
8 생산 시간	35,6,10,2,20	10,2,6,15	7,26,10,15,3	5,40,20,15	15,40,23,3,24,13	1,35,21,15,4,10	1,24,19,10,27,3,14		10,27,15,6,3,22,29
9 생산 위험요소	5,7,37,1,4	15,35,10,25,24	25,23,35,29,2,13	7,3,17,23,24	28,40,6,29,13,31,30	3,25,17,35,12,13	26,1,37,25,2,28	10,15,38,20,27,6,3	
10 생산 연결	6,2,35,25,3	23,6,11,28	11,6,23,19,18,2	5,35,13,26,6	6,35,15,13,14	7,13,22,6,36	5,2,30,3,5,17,8,25	5,17,16,3,10	5,6,23,20,7,10,25
11 공급 품질	15,6,1,5,13	10,5,35	5,13,23,25	1,11,2,34	2,33,3,15,10	15,35,13,22	5,35,31,2,17,24	5,2,35,13,25	5,25,3,35,2,10
12 공급비용	3,5,10,2,23,12	6,7,23,26,13	6,15,7,37,13,9	11,23,39,,7,9,33	7,5,3,37,10	6,27,35,22,12,37	26,10,1,3,25,12	10,27,15,6,3,2,29	5,35,23,25,2
13 공급 시간	2,3,12,26,19,38	10,19,35,22	10,25,7,2	1,2,11,38,15	5,2,35,10,12	35,5,13,22	2,35,24,10,13,5	3,10,23,40,13,4	13,22,25,1,10
14 공급 위험요소	11,39,30,31	11,13,2,16	23,7,29,2,24,37	13,7,937,12	5,35,13,40,3,9	15,16,3,2,24,6	2,13,10,26,29	13,23,5,10,24	5,26,35,2,25
15 공급 연결	11,26,2,35,27	10,38,13	11,7,40,38,24,2	13,22,25,9,35,26	28,40,6,15,29	10,25,3,33,12	12,3,35,2,10,7	23,12,3,24,13,7	5,10,40,2,4,25
16 서비스 품질	36,11,2,35,27	27,6,1,10	6,10,3,35,20	6,1,26,37,15	6,1,3,35,21,12	35,23,1,24	1,35,10,29,27	1,35,10,38,29,25,13	13,35,2,15,24
17 서비스 비용	15,35,28,25,29	6,1,10,25,13	7,15,40,26,5	11,7,28,35	6,7,40,38,13	13,10,17,2,27,34	3,2,35,10,27	3,13,25,5,35	3,35,19,24
18 서비스 시간	5,2,6,27,25	6,1,25,10,27	7,40,1,26,15	1,2,32,28,7	6,38,20,10,37	5,6,10,12,27,25	27,3,10,25,24	35,25,5,4,19	24,14,13,35,2
19 서비스 위험요소	15,27,40,12,27	10,25,22,2	23,24,2,37,7	40,36,6,10,26,13	5,35,40,13	6,10,2,27,12	10,25,27,3,35	35,29,13,25,2,31	7,5,3,10,25
20 서비스 연결	11,2,5,9,26	6,10,1,7,20	6,10,26,24,2,38	6,10,7,26,13	28,40,6,7,30	6,40,10,2,7	10,35,7,24,25	13,9,26,23,7	5,35,33,7,25,10
21 고객수요	14,13,22,17,10	7,25,30,21,10,9,2	7,19,21,29,30	36,13,25,22,37,3	4,7,25,40,13,35,28	5,15,35,25,33	7,13,1,24,25	13,1,37,17,31,29	13,22,7,24,39
22 고객가치	23,24,28,17,10,5	7,25,30,10,27	7,19,21,39,26,3	36,13,25,2,1	37,7,25,24,13,33	3,15,35,6,33,28	7,39,1,24,25,34	13,1,21,26,31,29	31,22,7,11,24,39
23 고객판촉	23,14,13,8,31	27,25,7,10,39	21,29,30,31,5	25,22,37,3,24	7,25,40,5,37	23,11,33,5,35	7,13,3,24,25	21,1,31,29,19	39,7,34,15,7
24 고객유통	14,13,22,17,10	7,25,30,21,10,9	7,19,21,30	36,13,25,22,37,3	4,7,25,40,13,35	5,15,35,25,33	7,13,1,24,25	13,1,37,17,31,2	13,22,7,11,24,39
25 인간관계	2,23,8,32	10,31,13,7,2	1,21,24,13,15	11,24,27,2,31	29,33,30,37,7	33,10,11,1,20	31,24,10,39,3	20,17,21,10,15	36,3,26,2,20
26 정보의 양	37,13,25,10,39	37,25,28,2,32	7,2,37,20,25	1,3,10,26,25,4,37	1,6,3,40,25	13,32,15,23,24,18,16	26,27,25,34,37	13,15,23,25,3,37	5,25,3,37,32,28,13
27 커뮤니케이션 흐름	6,25,31,29,7,23	6,18,37,13,25,22	6,26,18,19,40	30,6,31,4,9,13,33	2,6,35,3,25,18	6,2,13,25,10	6,35,37,18	2,37,18,19,25	25,38,3,26,1013
28 시스템에 미치는 유해한 요소	11,25,2,26,3	35,27,3,28,2	26,2,358,24,11	35,2,15,26,3	3,26,35,28,24	22,24,35,13,24,2	2,35,5,34,15	22,35,3,13,24	35,2,26,34,25
29 시스템이 만들어내는 유해한 요소	25,29,2,37,13	28,26,2,22,8,35	26,2,15,19,35,40	2,3,35,15,12,9	3,26,35,37,2,403	35,22,18,39	1,35,27,10,2	35,22,18,10,24,2	25,10,39,24,29
30 편리성	15,35,25,16,28	25,2,6,5,40	1,2,15,19,25,28	26,3,11,24,5,13,40	16,13,25,28,37	2,15,1,5,28,7,10,13,16,12	1,25,2,27,29	19,2,35,26,13,30	3,26,6,11,35
31 적응성/융통성	30,25,29,1,35	35,28,19,18	15,1,35,24,4	2,40,31,28,35,29,7	29,37,40,1,35,17,30	1,15,2,28,38	1,30,10,38,29,35	10,15,30,7,2,29,25,13	2,40,38,30,35,29
32 시스템 복잡성	17,25,1,19,35	5,2,35,1,29	5,6,25,10,2,37	28,30,35,1,17	25,28,1,3,10	12,17,27,26,1,28,24,13	35,5,1,2,29,25	25,28,2,35,10,15	25,2,26,5,29,35
33 통제 복잡성	25,15,19,35	25,19,2,37,32	25,28,15,2,6,37	25,1,3,37,40,12,24	6,28,1,3,40,25,13,9	28,1,13,16,25,37	6,3,25,10,32,37	25,37,3,13,28	30,12,25,40,2,37
34 긴장/스트레스	3,2,25,35,9	1,19,35,27,2,18	2,38,24,10,4,3	1,23,2,25,13,39	35,3,37,32,9,18	35,1,3,10,16	1,35,2,25,13,17	2,20,12,25,3,13,14	25,9,24,39,7,19
35 안정성	25,2,15,36,29	11,25,27,15,2	10,3,35,22,27	9,14,1,12,4	15,17,25,3,4,26	35,1,23,3,19,13,5,39,40	10,1,35,27	10,15,29,2,19,7	9,1,37,3,19

출처: 한국트리즈협회(2009). 비즈니스 트리즈. 파주: 교보문고(일부 수정).

비즈니스 트리즈 매트릭스-2

악화되는 특성 (원인요인) / 개선되는 특성 (문제요인)	10 생산 연결	11 공급 품질	12 공급 비용	13 공급 시간	14 공급 위험요소	15 공급 연결	16 서비스 품질	17 서비스 비용	18 서비스 시간
1 연구개발 능력	57,37,1,4	6,2,35,25,3	15,6,1,5,13	2,3,12, 26,19,38	11,39, 30,31	11,26, 2,5,13	36,11, 2,35,27	15,35,28, 25,29	5,2,6, 27,25
2 연구개발 비용	15,35, 10,25,24	23,6, 11,28	10,5,35	10,19, 35,22	11,13, 2,16	10,38,13	27,6, 1,10	6,1,10, 25,13	6,1,25, 10,27
3 연구개발 시간	25,23,35, 29,2,13	11,6,23, 19,18,2	5,13, 23,25	10,25,7,2	23,7,29, 2,24,37	11,7,40, 38,24,2	6,10,3, 35,20	7,15,40, 26,5	7,40,1, 26,15
4 연구개발 위험요소	7,3,17, 23 24	5,32,13, 26,6	1,11, 2,34	1,2,11, 38,15	13,7,9, 37,12	13,22,25, 9,35,26	28,40,6,15, 296,1,3,35, 21,12	6,7,40, 38,13	6,38,20, 10,37
5 연구개발 연결	28,40,6,29, 13,31,30	6,35,15, 13,14	2,33,3, 15,10	5,2,35, 10,12	5,35,13, 40,3,9	28,40,6, 15,29	6,1,3,25, 21,12	6,7,40, 38,13	6,38,20, 10,37
6 생산 품질	3,25,17, 35,12	7,13,22, 6,35	15,35, 13,22	35,5, 13,22	15,16,3, 2,24,6	10,25,3, 33,12	35,23, 1,24	13,10,17, 2,27,34	5,6,10,12, 27,25
7 생산 비용	26,1,37, 25,2,28	5,2,30,35, 17,8,25	5,35,31, 2,17,24	2,35,24, 10,13,5	2,13,10, 26,29	12,3,35, 5,10,7	1,35,10, 29,27	3,2,35, 10,27	27,3,10, 25,24
8 생산 시간	10,15,38, 20,27,6,3	5,17,16, 26,3	5,2,35, 13,25	3,10,23, 40,13,4	13,2,35, 10,24	23,12,3, 24,13,7	1,35,10,38, 29,25,13	3,13,25, 5,35	35,25, 5,4,19
9 생산 위험요소	5,6,23,20, 7,10,25	5,25,3, 35,2,10	5,35,23, 25,2	13,22, 25,1,10	5,26,35, 2,25	5,10,40, 2,4,25	13,35,2, 15,24	3,35, 19,24	24,14, 13,35,2
10 생산 연결		6,2,37, 40,10	5,30,10, 15,2,12	5,35,6,13, 17,10,24	23,33,5, 26,2	33,5,2, 26,10	23,11,40, 2,32,29	23,10,3, 13,22	23,13, 10,1,2
11 공급 품질	6,2,37, 40,10		7,35,19, 1,10,29	35,1,13, 2,24	7,8,11,10, 24,12,25	6,30,15, 40,12,2	11,23,35, 1,29,17	23,11,2, 6,26	23,11, 26,2,7
12 공급 비용	5,30,10, 15,2,12	7,35,19, 10,29		3,24,38, 10,19	27,3,19, 24,8	1,28,6, 38,4	35,24,5, 13,27,17	27,5,35, 25,10,2	10,27, 30,35,2,5
13 공급 시간	5,35,6,13, 17,10,24	35,1,13, 2,24	3,24,38, 10,19		10,27,15, 13,2,3	5,19,3, 15,10,18	25,10, 29,19,4	25,27, 10,2	27,2,13, 35,10
14 공급 위험요소	23,33, 5,26,2	7,8,11,10, 24,12,25	27,3,19, 24,8	10,29, 13,2,3		5,10,25, 37,2,14,38	1,35,6, 5,27,2	19,10, 5,27,2	2,27,10, 5,25
15 공급 연결	33,5,2, 26,10	6,30,15, 40,12,2	1,28,6, 38,4	5,19,3, 15,10,18	5,10,25, 37,2,14,38		10,31, 24,35,3	5,10,26, 1,13,25	29,30,2, 25,5,32
16 서비스품질	23,11,40, 2,32,29	11,23,35, 1,29,17	35,24,5, 13,27,17	25,10, 29,19,4	1,35,6, 24,25	10,31, 24,35,3		2,25,10, 34,15	22,25, 15,3,32
17 서비스 비용	23,10,3, 13,22	23,11, 2,6,26	27,5,35, 25,10,2	25,27, 10,2	19,10,5, 27,2	5,10,26, 1,13,25	2,25,10, 35,15		5,4,25,10, 17,14,13
18 서비스 시간	23,13, 10,1,2	23,11, 26,2,7	10,27,30, 35,2,5	27,2,13, 35,10	2,27,10, 5,25	29,30,2, 25,5,32	22,25,15, 3,32	5,4,25,0, 17,14,13	
19 서비스 위험요소	10,14,2, 25,29	11,23,24, 2,9,17	10,12,2, 27,7,5	10,25, 35,6,13	24,25, 10,7,1	5,25,10, 9,2,35	13,22,10, 35,4,6	27,35,25, 14,1,31	15,29,9,19, 1,18,35,31
20 서비스연결	40,33,6, 10,26,2	23,11,2, 25,35,32	10,24, 25,1,6	24,5,35, 25,7,10	5,35,2, 13,19	5,6,38, 40,25,10	28,25,5, 7,2,24	26,25,37, 3,24,2	15,29,10, 1,35,30
21 고객수요 (Customer demand)	7,5,10,40, 4,2,2,25	10,3,25, 5,15	2,35,13, 25,26,16	35,13,25, 1,22,26	25,22,2, 35,10,17	13,25,39, 24,7,17	28,25,7, 22,5,13	24,25,37, 3,7,28,18	7,20,24, 35,25,26
22 고객가치(Customer value)	7,5,10, 40,37,2	10,3,39, 5,15	2,17,13, 25,26,16	35,21,25, 1,28,26	25,22, 35,11.16	37,35,39, 24,7,17	28,38,7, 23,5,33	24,25,39, 3,7,28	17,34,24, 21,25,39
23 고객판촉 (Customer promotion)	7,5,1, 24,37	3,5,15, 10,37	39,10,2, 25,27	13,25, 31,26,1	25,2, 10,6,29	37,24,7, 40,25	23,6, 28,39	39,25, 24,3,28	20,24, 25,26,7
24 고객유통 (Customer channel)	7,5,10, 40,4,2	10,3,25, 5,15	2,35,13, 25,26,16	35,13,25, 1,22,26	25,22,2, 35,10,17	13,25,39, 24,7,17	28,25,37, 5,7,18	24,25,37, 3,7,28	7,20,24, 35,25,20
25 인간관계	28,19,20, 29,24	23,11,20, 33,15	7,34, 24,10	21,31, 33,1,17	6,30,15, 17,40	14,12,28, 29,21	20,10,12, 8,15	29,27,3, 40,17	25,21,1, 17,21
26 정보의 양	2,37,4, 13,37,25	13,4,28, 37,17,7	28,35,2, 37,34,7	28,2,37, 32,35,7	5,37,15, 6,32	3,6,37,28, 32,35	10,28,3, 25,37,4	28,3,17, 37,32,4	1,2,15,35, 25,4,37
27 커뮤니케이션 흐름	2,28,3,37, 32,25,10	5,25,23, 10,35,28	35,6,1,27, 25,12,28	6,31,25, 35,37,16	6,16,13, 35,7,2	1,3,13,4, 12,25	10,28, 37,3,7	25,1,28,32, 20,35	6,31,2, 35,28,37
28 시스템에 미치는 유해한 요소	33,26,35, 28,10,24	13,17,29, 2,35,15,13	11,35,2, 3,39,19	35,3,29, 2,10,12	2,13,35, 31,24,12	3,35,13, 14,39	27,35, 34,2,40	1,35,22, 2,19	35,15, 1,3,10
29 시스템이 만들어내는 유해한 요소	3,26,35, 29,24	10,1,34, 35,15,13	10,35,2, 12,31,30	25,10,29, 13,12,21	2,15,19, 23,40,24	2,30,40, 22,26	2,35,40, 24,39	2,24,35,22, 13,31,10	35,15,29, 3,1,19
30 편리성	5,19,28, 32,2,10	35,3, 13,2,15	30,2,15, 3,5,13	24,35, 28,1,19	5,16,10, 13,25,2	5,25, 3,40,20	27,17, 40,3,8	25,1,12, 26,10,15	5,25, 13,2,10
31 적응성/융통성	29,1,17, 40,38	13,17, 7,15,19	1,17, 40,3,29	15,1, 10,27,7	15,17,40, 3,29,15	29,28, 30,3,15	35,13,8, 24,29	17,35,15, 1,3,2	3,30,40, 29,17
32 시스템 복잡성	10,18,28, 2,35	29,30, 35,17,3	35,19,1, 25,2	38,24, 16,15,3	2,4,15, 28,35,32	28,5,3,25, 37,40	13,35, 1,21,9	35,1,25, 2,17	28,15,17, 32,17
33 컨트롤 복잡성	10,28,19, 15,40,2,25	6,5,28, 37,3,25	22,2,37, 4,32,25	28,32,25, 2,37	2,28,15, 24,37	25,8,22,28, 332,37	11,13, 2,35,25	15,25,19, 28,37	28,25,37, 15,3,1,4
34 긴장/스트레스	3,40, 19,1,24	2,23,5,30, 10,13,35	10,3,25, 7,40	1,10,15,25, 24,2,19	1,19,13, 10,39	5,3,17,29, 2,32,29	11,35,24, 19,2,25	35,24,10,2, 25,31,19	2,24,10, 40,25,8
35 안정성	11,25, 1,3,4	15,5,25, 10,35	19,3,35, 10,4	35,3,5, 27,20,18	9,13,1, 25,14,15	33,15, 23,17,7	25,26, 1,10,12	1,35,2, 29,10	10,15,2, 30,29,12

비즈니스 트리즈 매트릭스-3

개선되는 특성 (문제요인)		19 서비스 위험요소	20 서비스 연결	21 고객수요	22 고객가치	23 고객판촉	24 고객유통	25 인간관계	26 정보의 양	27 커뮤니케이션 흐름
1	연구개발 능력	15,27,40,12,2	11,2,5,9,26	14,13,22,7,10	23,24,28,17,10,5	23,14,13,8,31	14,13,22,17,10	2,23,8,32,8	37,13,25,10,39	6,25,31,29,7,23
2	연구개발 비용	10,25,22,2	6,10,1,7,20	7,25,30,21,10,9,2	7,25,30,21,10,27	27,25,7,10,39	7,25,30,21,10,9	10,31,13,7,2	37,25,28,2,32	6,18,37,13,25,22
3	연구개발 시간	3,24,2,37,7	6,10,26,24,2,38	7,19,21,29,30	7,19,21,39,26,3	21,29,30,31,5	7,19,21,30	1,21,24,13,15	7,2,37,20,25	6,26,18,19,40
4	연구개발 위험요소	40,36,6,10,26,13	6,10,7,26,13	36,13,25,22,37,3	36,13,25,22,1	25,22,40,5,37	36,13,25,22,37,3	11,24,27,2,31	1,3,10,26,25,4,37	30,6,31,4,9,13,22
5	연구개발 연결	5,35,40,13	28,40,6,7,30	4,7,25,40,13,35,28	37,7,25,24,13,33	7,25,40,5,37	4,7,25,40,13,35	29,33,30,37,7	1,6,3,40,25	2,6,35,3,25,18
6	생산 품질	6,1,10,2,27,12	6,40,10,2,7	5,15,35,25,33	3,15,35,6,33,28	23,11,33,5,35	5,15,35,25,33	33,10,11,1,20	13,32,15,23,24,18,16	6,2,13,25,10
7	생산 비용	10,25,27,3,35	10,35,7,24,25	7,13,1,24,25	7,39,1,24,25,34	7,13,3,24,25	7,13,1,24,25	31,24,10,39,3	26,27,25,34,37	6,35,37,18
8	생산 시간	35,29,13,25,2,31	13,9,26,23,7	13,1,37,17,31,29	13,1,21,25,31,29	21,1,31,29,19	13,1,37,17,31,29	20,17,21,10,15	13,15,23,25,3,37	2,37,18,19,25
9	생산 위험요소	7,5,3,10,25	5,35,33,7,25,10	13,22,7,24,39	31,22,7,11,24,39	39,7,34,15,7	13,22,7,11,24,39	36,3,26,2,29	5,25,3,37,32,28,13	25,38,3,26,10,13
10	생산 연결	10,14,2,25,29	40,33,6,10,26,2	7,5,10,40,4,2,25	7,5,10,40,37,2	7,5,1,24,37	7,5,10,40,4,2,25	28,19,20,29,24	2,37,4,13,25	2,28,3,37,32,25,10
11	공급 품질	11,23,24,2,9,17	23,11,2,25,35,32	10,3,25,5,15	10,3,39,5,15	3,5,15,10,37	10,3,25,5,15	23,11,20,33,15	13,4,28,37,17,7	5,25,23,10,35,28
12	공급비용	10,12,2,27,7,5	10,24,25,1,6	2,35,13,25,26,16	2,17,13,25,26,16	39,10,2,25,27	2,35,13,25,26,16	7,34,24,10	28,35,2,37,34,7	25,6,1,27,25,12,28
13	공급시간	10,25,35,6,13	24,5,35,25,7,10	35,13,25,1,22,26	35,21,25,1,28,26	13,25,31,26,1	35,13,25,1,22,26	21,31,33,1,17	28,2,37,32,35,7	6,31,25,35,37,16
14	공급 위험요소	24,25,10,7,1	5,35,2,13,19	25,22,2,35,10,17	25,22,2,35,11,16	25,2,10,6,29	25,22,2,35,10,17	6,30,15,17,40	5,37,15,6,32	6,16,13,35,7,2
15	공급연결	5,25,10,9,2,35	5,6,38,40,25,10	13,25,39,24,7,17	37,25,39,24,7,17	37,24,7,40,25	13,25,39,24,7,17	24,12,28,29,21	3,6,37,28,32,35	2,3,13,4,12,25
16	서비스품질	13,22,10,35,4,6	28,25,5,7,2,24	28,25,7,22,5,13	28,38,7,23,5,33	23,3,6,28,39	28,25,7,22,5,13	20,10,12,8,15	10,28,3,25,37,4	10,28,37,3,7
17	서비스비용	27,35,25,14,1,31	26,25,37,3,24,2	24,25,37,3,7,28,18	24,25,39,3,7,28	39,35,24,3,28	24,25,37,3,7,28	39,27,3,40,17	28,3,17,37,32,4	25,1,28,32,20,35
18	서비스 시간	15,29,9,19,1,18,35,31	15,29,10,1,35,30	7,20,24,35,25,26	17,34,24,21,25,39	20,24,25,26,7	7,20,24,35,25,20	25,31,1,17,21	1,2,15,35,25,4,37	6,31,2,35,25,37
19	서비스 위험요소		5,6,40,33,7,24	20,7,4,13,35,25,24	37,23,4,13,335,25	31,20,7,25	20,7,4,13,35,25	34,39,11,30,40	25,3,28,35,37,10	29,31,6,2,30,15,10
20	서비스연결	5,6,40,33,7,24		16,17,401,13,10,25	37,17,40,15,10,34	37,13,40,10,25	16,17,40,13,10,25	40,5,29,3,25	1,3,37,2,28,7,4	2,3,15,10,25
21	고객수요 (Customer demand)	20,7,4,13,35,25,24	16,17,40,13,10,25		40,3,35,2,5	38,6,5,28,37	13,26,23,7,37	23,29,15,37,28	2,29,3,4,28,35	29,31,30,17,38
22	고객가치 (Customer value)	37,23,4,13,35,25	37,17,40,15,10,34	40,3,35,2,5		28,32,31,35,23	3,12,13,35,17	5,32,24,15,21	2,29,3,39,20,1	29,31,30,15,17,24
23	고객판촉 (Customer promotion)	31,20,7,4,25	37,13,40,10,25	38,37,32,23,12	28,32,31,35,23		26,9,7,1,23	37,38,8,32,28	28,10,12,15,21	38,24,33,21,30
24	고객유통 (Customer channel)	20,7,4,13,35,25	16,17,40,13,10,25	38,3,25,7,24	3,12,13,35,17	3,38,6,20,40		38,37,30,4,24	2,29,3,35,13,1	29,31,30,7,13,17
25	인간관계	34,39,11,30,40	40,5,29,3,25	29,1,6,8,12	5,32,24,15,21	3,6,15,37,32	37,20,3,5,6		17,15,21,23,2	7,23,19,38,15
26	정보의 양	25,3,28,35,37,10	1,3,37,2,28,7,4	2,29,3,35,13,1,37,28,4	2,29,3,39,20,1	38,10,12,15,21	2,29,3,35,13,1	17,15,21,12,3		2,37,3,4,31,28,7
27	커뮤니케이션 흐름	29,31,6,35,15,10	2,3,15,18,25	29,31,30,7,13,17,38	29,31,30,15,17,24	38,24,33,21,30	29,31,30,7,13,17	7,23,19,38,15	2,37,3,4,31,28,7	
28	시스템에 미치는 유해한 요소	25,35,11,15,19,1	11,24,35,5,21,14	39,3,5,17,26,35	39,3,5,17,30,35	39,22,34,37,35	39,3,5,17,26,35	13,2,35,11,9	22,10,1,2,35	6,30,15,28,13,36,2
29	시스템이 만들어내는 유해한 요소	25,3,4,35,15,19	25,13,22,10,17	38,10,6,5,35,24	36,10,22,5,35,16	31,6,5,35,24	38,10,6,5,35,24	36,22,2,10,28	10,21,22,2,9,19	1,28,4,35,7,24
30	편리성	2,3,25,10,16,5	7,5,6,20,26,2,31	28,27,35,40,1,30	28,27,31,40,1,32	27,30,28,40,2	28,27,35,40,1,30	30,40,17,20,12	27,25,4,10,22,13,6,19	25,1,19,29,35,28
31	적응성/융통성	1,30,40,17,14,15	29,30,17,14,18,1	40,17,16,14,15,1	40,29,16,14,15,4	40,5,14,16,37	40,17,16,14,15,1	20,15,37,26,12	15,10,2,13,29,3,4	25,3,37,40,15,19
32	시스템 복잡성	13,35,4,2,37	28,17,29,3,7,10,4,13	25,1,2,19,10,4	25,1,2,39,34,4	39,25,1,2,4	25,1,2,19,10,4	10,13,9,19,10,4	10,25,13,40,2	1,25,4,37,6,18
33	컨트롤 복잡성	10,15,1,34,37	25,15,10,30,29	25,2,7,37,6,4,19	25,2,7,39,34,4	25,2,37,11,34	25,2,7,37,6,4	31,26,29,2,5,2	2,7,25,19,1,40,37	25,1,19,37,10
34	긴장/스트레스	10,11,39,1,24,35	10,8,2,24,6,21,13	2,10,12,24,25	2,11,12,39,25	2,12,24,21,18	2,10,12,24,25	12,15,39,37,1	2,28,35,10,24,31	3,4,6,7,13,36
35	안정성	10,35,7,9,19,1	11,1,40,13,22,23	10,40,29,30,28,26	6,19,29,30,20	20,40,30,38,26	10,40,29,30,28,26	20,12,30,14,19	11,13,25,2,24	37,1,39,40,9,31

비즈니스 트리즈 매트릭스-4

개선되는 특성 (문제요인) \ 악화되는 특성 (원인요인)		28 시스템에 미치는 유해한 요소	29 시스템이 만들어 내는 유해한 요소	30 편리성	31 적용성/융통성	32 시스템복잡성	33 컨트롤 복잡성	34 긴장/스트레스	35 안전성
1	연구개발 능력	11,25, 26,3	25,29, 2,37,13	15,35,25, 16,28	30,25, 29,1,35	17,25,1, 19,35	25,15, 19,35	3,2,25, 35,9	25,2,15, 36,29
2	연구개발 비용	35,27, 3,28,2	28,26,2, 22,8,35	25,2,6, 5,40	35,28,19, 1,15,8	5,2,35, 1,29	25,19,2, 37,32	1,19,35, 27,2,18	11,25,27, 15,2
3	연구개발 시간	26,2,35, 24,11	26,2,15, 19,35,40	1,2,15,19, 25,28	15,1,35, 14,4	5,6,25, 10,2,37	25,28,15, 2,6,37	2,39,24, 10,4,13	10,3,35, 22,27
4	연구개발 위험요소	35,2,15, 26,3,15	2,3,35, 15,12,9	26,3,11, 24,5,13,40	2,40,31,28, 35,29,7	28,30,35, 1,17	25,1,3,37, 40,12,24	1,23,2, 25,13,39	9,14,1, 12,4
5	연구개발 연결	3,26,35, 28,24	3,26,35, 37,2,40	16,13, 25,28,37	29,37,40, 1,35,17,30	25,28,1, 3,10	6,28,1,3, 40,25,13,9	35,3, 37,9,18	15,17,25, 3,4,36
6	생산 품질	22,24, 35,13,2	35,22, 18,39	2,15,1,5, 28,7,10,13, 16,12	1,15,17, 2,28,38	12,17,27,26, 1,28,24,13	28,1,13, 16,25,37	35,1,3, 10,16	35,1,23, 3,19,13,5, 39,40
7	생산 비용	2,35,5, 34,15	1,35,27, 10,2	1,25,2, 27,29	1,30,10, 38,29,35	35,5,1, 2,29,25	6,3,25,10, 32,37	1,35,2,25, 13,17	10,1, 35,27
8	생산 시간	22,35,3, 13,24	35,22,18, 10,24,2	19,2,35, 26,13,30	10,15,30,7, 2,29,25,13	25,28,2, 35,10,15	25,37,3, 13,28	2,20,12,25, 3,13,14	10,15,29, 2,19
9	생산 위험요소	35,2,26, 34,25	25,10,39, 24,29	3,26,6, 11,35	2,40,38, 30,35,29	25,2,265, 5,39,35	30,12,25, 40,2,37	25,9,24, 39,7,19	9,1,37, 3,19
10	생산 연결	3,26,35, 28,10,24	3,26,35, 29,24	5,19,28, 32,2,10	39,1,17, 40,38	10,18, 28,2,35	10,28,19,15, 40,2,25	3,40,19, 1,24	11,25, 1,3,4
11	공급 품질	13,17,29, 2,35,15	10,1,34,35, 15,13	35,3, 13,2,15	13,17,7, 15,19	29,30,25, 17,3	6,5,58, 37,3,25	2,23,5,30, 10,13,35	15,5,25, 10,35
12	공급비용	11,35,2, 3,39,19	10,35,2, 12,31,30	30,2,15, 3,5,13	1,17,40, 3,29	35,19,1, 25,2	22,2,37, 4,32,25	10,3,25, 7,40	19,3,35, 10,4
13	공급시간	35,3,29, 2,10,12	25,10,29, 13,12,21	24,35, 28,1,29	15,1,10, 21,7	38,24,16, 15,3	28,32,25, 24,2,19	1,10,15,25, 24,2,19	35,3,5, 27,20,18
14	공급 위험요소	2,13,35, 31,24,12	2,15,19, 23,40,24	5,16,10, 13,25,2	15,17,410, 3,29,2	2,4,15,28, 35,32	2,28,15, 24,37	1,19,13, 10,39	9,13,1, 25,14
15	공급연결	3,35,13, 14,39	2,30,40, 22,26	5,25,3, 40,20	29,28, 30,3,15	28,5,3, 25,37,40	25,8,2, 28,32,37	5,3,17,29, 13,35,2	33,15, 23,17,7
16	서비스품질	27,35,34, 2,40	2,35,40, 24,26,39	27,17, 40,3,8	35,13,8, 24,29	13,35, 1,2,9	11,13,2, 35,25	11,35,24, 19,2,25	25,26,1, 10,12
17	서비스비용	1,35,22, 25,17	2,24,35,22, 13,31,10	25,1,12, 26,10,15	17,35,15, 1,3,2	35,1,25, 2,17	15,25,19, 28,37	35,24,10,2, 25,31,19	1,35,2, 29,10
18	서비스 시간	35,15,1, 3,10	35,15,29, 3,1,19	5,25, 13,2,10	3,30,40, 29,17	28,15,17, 32,37	28,25,37, 15,3,1,4	2,24,10, 40,25,8	10,15,2, 30,29,12
19	서비스 위험요소	25,35,11, 15,19,1	25,3,4, 35,15,19	2,3,25, 10,16,5	1,30,40, 17,14,15	13,35,4, 2,37	10,15,1, 34,37	10,11,39, 1,24,35	10,35,7, 9,19,1
20	서비스연결	11,24,35, 5,21,14	25,13,22, 10,17	7,5,6,20, 26,2,31	29,30,17, 14,18,1	13,35,4, 2,37	25,15,10, 30,29	10,8,2,24, 6,21,13	11,1,40, 13,22,23
21	고객수요 (Customer demand)	39,3,5, 17,26,35	38,10,6, 5,35,24	28,27,35, 40,1,30	40,17,16, 14,15,1	25,1,2, 19,10,4	25,2,7,37, 6,4,19	2,10,12, 24,25	10,40,29, 30,28,26
22	고객가치 (Customer value)	39,3,5, 17,30,35	36,22, 5,35,16	28,27,31, 40,1,32	40,29,16, 14,15,4	25,1,2, 29,10,4	25,2,7, 39,34,4	2,11,12, 39,25	6,19,29, 30,20
23	고객판촉 (Customer promotion)	39,22,34, 37,35	31,6,5, 35,24	27,30,28, 40,21	40,5,14, 16,37	39,25, 1,2,4	25,2,37, 11,34	2,12,24, 21,18	20,40,30, 28,26
24	고객유통 (Customer channel)	39,3,5, 17,26,35	38,10,6, 5,35,24	28,27,35, 40,1,30	40,17,16, 14,15,1	25,1,2, 19,10,4	25,2,7, 37,6,4	2,10,12, 24,25	10,40,29, 30,28,26
25	인간관계	13,2,35, 15,28	36,22,2, 10,28	30,40,17, 20,12	20,15, 37,20,12	10,13,9, 12,36	31,26, 29,25,2	12,15,39, 37,1	20,12,30, 14,19
26	정보의 양	22,10, 1,2,35	10,21,22, 29,19	27,25,4,10, 22,13,6,19	15,10,2,13, 29,3,4	10,25,13, 40,2	2,7,25,19, 1,40,37	2,28,35, 10,24,31	11,13,25, 2,24
27	커뮤니케이션 흐름	6,30,15,28, 13,36,2	1,28,4, 35,7,24	25,1,19, 29,35,28	25,6,37, 40,15,19	1,25,4, 37,6,18	25,1,19, 37,10	3,4,6,7, 13,26	37,1,39, 40,9,31
28	시스템에 미치는 유해한 요소		35,3,24, 13,31,15	2,25,28,3, 9,15,10	35,11,22, 32,31	22,19,29, 40,35,15,10	3,15,2,22, 25,9,28,26	11,25,30, 2,35,28	35,24,30, 18,33
29	시스템이 만들어내는 유해한 요소	35,3,24,4, 13,31,15		1,15,13, 34,31,16	3,1,29,15, 40,24	19,1,31, 3,35,10	25,3,15,22, 10,23,13	11,25,12, 8,37,25	35,40,27, 39,2
30	편리성	2,25,28, 39,15,10	1,15,16, 34,21,16		15,34,1,16, 29,36,19	26,27,32,9, 12,24,17	25,5,10, 12,24,28,3	10,5,14, 12,13,35	32,35,30, 25,13,19,3
31	적응성/융통성	35,11,22, 32,31	3,1,29, 15,10,24	15,34,1,16, 29,36,19		15,29,28,5, 37,6,35,25	25,15,1, 28,37,3	17,40,30,3, 15,19,16	35,30,14, 34,2,19,10
32	시스템 복잡성	22,16,29, 40,35,15,10	19,1,31, 3,35,10	26,27,32,9, 12,24,17	15,29,28,5, 3,6,35,25		25,19,1,28, 37,3,26	1,10,2, 24,4,19	2,22,35,17, 19,26,24
33	컨트롤 복잡성	3,15,2,22, 25,9,28,26	25,3,15,22, 10,23,13	25,5,10, 12,24,28,3	25,15,1, 28,37,3	25,19,28, 37,3,26		11,24,35, 2,40,25	11,28,32, 37,25,24
34	긴장/스트레스	11,25,30, 2,35,28	11,25,12, 8,37,35	10,5,14, 12,13,35	17,40,30, 3,15,19,16	1,10,2, 24,4,19	11,24,35, 2,40,25		29,35,11, 24,19,13
35	안정성	35,24,30, 18,33	35,40, 27,39,2	32,35,30,25, 13,19,3	35,30,14, 34,2,19,10	2,22,35, 17,19,26,2	11,28,32, 37,25,24	29,35,11, 24,19,13	

◆ 찾아보기

• 저자 소개 •

김성완

현 나사렛대학교 교수
전 아주대학교 교육대학원 교수
　　에티오피아 교육부 자문관(KOICA 중장기 자문단)

연세대학교 교육학과 교육학 박사(교육공학전공)

MATRIZ Level 3 인증자격 보유

[주요 저서]
창의적 문제해결을 위한 디자인씽킹
이러닝 2.0과 교육
원격교육활용론
지성·인성·영성을 위한 교육학
메타버스 유니버시티 (공저)
MOOC (공저)
Virtual Learning (공저)
E-Books and E-Readers for E-Learning (공저) 등 다수

트리즈를 활용한 창의적 문제해결

초판발행   2023년 2월 28일

지은이   김성완
펴낸이   노 현

편 집   김다혜
기획/마케팅   허승훈
표지디자인   이영경
제 작   고철민 · 조영환

펴낸곳   ㈜ 피와이메이트
            서울특별시 금천구 가산디지털2로 53, 한라시그마밸리 210호(가산동)
            등록 2014. 2. 12. 제2018-000080호
전 화   02)733-6771
f a x   02)736-4818
e-mail   pys@pybook.co.kr
homepage   www.pybook.co.kr
ISBN   979-11-6519-366-9   93370

* 파본은 구입하신 곳에서 교환해 드립니다. 본서의 무단복제행위를 금합니다.
* 저자와 협의하여 인지첩부를 생략합니다.

정 가   25,000원

박영스토리는 박영사와 함께하는 브랜드입니다.